银行营销实训系列

营销方法新说

宋炳方 著

经济管理出版社

图书在版编目（CIP）数据

营销方法新说/宋炳方著. —北京：经济管理出版社，2014.5
ISBN 978－7－5096－3098－3

Ⅰ.①营… Ⅱ.①宋… Ⅲ.①市场营销学 Ⅳ.①F713.50

中国版本图书馆 CIP 数据核字（2014）第 088958 号

组稿编辑：谭　伟
责任编辑：谭　伟　王　琰
责任印制：黄章平
责任校对：张　青

出版发行：经济管理出版社
　　　　　（北京市海淀区北蜂窝 8 号中雅大厦 A 座 11 层　100038）
网　　址：www.E－mp.com.cn
电　　话：(010) 51915602
印　　刷：北京银祥印刷厂
经　　销：新华书店
开　　本：720mm×1000mm/16
印　　张：14.5
字　　数：202 千字
版　　次：2014 年 11 月第 1 版　2014 年 11 月第 1 次印刷
书　　号：ISBN 978－7－5096－3098－3
定　　价：38.00 元

·版权所有　翻印必究·
凡购本社图书，如有印装错误，由本社读者服务部负责调换。
联系地址：北京阜外月坛北小街 2 号
电　话：(010) 68022974　　邮编：100836

关于本丛书的几点说明

一、本丛书以银行营销人员为主要阅读对象，以可操作性和时间性为着力点，围绕"如何做营销"（营销方法）和"用什么做营销"（银行产品）两大主题组织内容，基本涵盖了银行营销人员开展业务所需的主要方面。

二、本丛书的部分内容以我曾公开出版过的著作为底本，纳入丛书时，做了相应的修改与完善。

三、本丛书参考了众多金融类和非金融类图书，并得到了众多金融同业人士的帮助与指点，在此深表谢意。不当之处，亦敬希谅解。

四、本丛书利用业余时间完成，时间较紧，加之水平有限，肯定仍有不甚完善之处，今后如有机会将再加以认真修订。

五、为广大银行营销人员提供更多、更有价值的帮助，是作者多年以来的心愿，希望本丛书的出版能达到该目标。

六、本丛书各册内容简介如下：

1.《营销方法新说》：本书基于中国历史文化传统，立足于中国当前社会现实，提出了一种用来知道银行营销人员如何开展营销工作的新框架，并分析了这一营销框架的运作基础。本书还提供了知道"个人"开展营销工作的具体策略。

2.《营销基础述要》：本书尽可能详细地介绍了银行营销人员应该掌握的基础内容，包括：客户经理制度、学习方法、素质提升方法、银行产品分类、营销工作规则、金融学及管理学等基础知识。

3.《营销能力训练》：本书对银行营销人员营销技能类别及内容、作为营销技能提升重要途径的案例整理与观摩分别进行了介绍，并附大量试题提供读者自测使用。

4.《营销流程与技巧》：尽管银行营销人员的营销工作是高度个性化的，但了解营销工作的一般流程仍非常必要。本书将客户营销流程概括为确定客户拓展战略、搜寻和确定目标客户、摆放客户、围绕目标客户调研、识别关系维护众八个依次进行的环节，并对每个环节中应该掌握的工作技巧进行了介绍。

5.《授信与融资》：本书在介绍授信知识及其操作要求的基础上，对流动资金贷款、法人账户透支、固定资产贷款、项目贷款、银团贷款、并购贷款、杠杆贷款、信贷资产转让等常见的融资产品进行了介绍。此外，本书还专门分析了房地产融资这一银行当前非常重要的业务品种，并对银行如何向政府平台公司、普通高等院校、船舶制造企业、文化创意企业和中小企业等具有一定特殊性的客户提供融资服务进行了介绍。

6.《票据融资》：本书在介绍商业汇票理论知识的基础上，对普通商业汇票贴现、买方与协议付息票据贴现、无追索权贴现、承兑后代理贴现、承兑与无追索权贴现组合、商业汇票转贴现与再贴现等票据融资具体业务品种进行了重点介绍。

7.《供应链融资》：本书首先介绍了供应链及供应链融资的基础知识，然后分权利融资、传统贸易融资和新型贸易融资三部分对特别适合于向中、小企业提供的融资品种进行了介绍。

8.《信用金融》：本书主要介绍了承兑、开征、保函、承诺与代理五大类信用金融业务。

9.《智慧金融》：智慧金融与融资、信用金融相辅相成，构成了完整的银行业务体系。本书重点介绍了财智管理、顾问咨询和同业合作三大类智慧金融业务。

前 言

在中国市场上如何开展营销工作？这个问题宏大而又具体。市面上很多介绍市场营销的专业书籍，里面充斥着从西方引进的营销理论，大学里采用的营销学教科书无论内容体系还是语言风格也大多反映的是外国的理论与经验。这些书籍谈得大多是战略层面的东西，如：产品线管理、品牌管理、市场细分、目标市场选择、营销战略、环境分析、产品生命周期、新产品开发、定价策略、分销渠道选择、广告策略等。在一定意义上讲，这些专业书籍把"企业"看作一个"黑匣子"，是在研究这些"黑匣子"如何做营销，而不是研究"黑匣子"里面的"个人"（经理人）如何做营销。试看，对一个营销人员来讲，他是无法决定如何做广告宣传的，因为这是他所在组织要做的事。他甚至只能按照企业确定的价格去卖商品而无自我决定价格的权力。试想，在这种情况下，书籍中所列出的那么多的品牌策略、定价策略对他而言又有什么意义呢？因而在一定意义上可以说，这些专业书籍是写给"企业"而非写给"个人"看的。阅读完这些书籍，我们收益良多，懂得了很多营销理论与策略，但对"个人"来讲，对如何在中国市场条件下做营销工作往往还是不得要领、一头雾水。

我个人认为，在中国市场条件下做好营销工作的要领有二：①要重视经验的作用。营销工作需要理论做指导，但营销理论不应晦涩、不应高深，不能只讲理论，不能做理论的奴隶。其实，营销工作更多的是靠经验而不是靠理论。对企业来讲，理论的作用可能更大一些。

对营销人员来讲，经验的功用也许更大一些。营销经验，可以是从自己的营销实践中总结出来的，也可以是从别人的营销实践或其他实践活动中借鉴来的。②要跳出营销看营销，就像我们看地球一样。我们在地球上看地球，容易得出人口膨胀、污染严重、环境恶化、交通拥堵等负面结论，而当人们从太空看地球的时候，就会发现地球被蔚蓝色包围着，是那么的漂亮。这就是换个角度看地球的结果，其实地球还是那个地球，并没有成为别的星球。对营销工作而言，亦是如此。我们中国有着几千年的文明史，在这几千年的发展历程中，我们积淀了厚重的历史文化。我们既然在这样的社会环境下做营销，那就要站在中国这块沃土上、从中国几千年来形成的厚重的历史文化中汲取营销活动的营养。

　　从以上两点出发，本书试图建构一个既基于中国历史文化传统又立足于中国当下社会现实的营销框架。这个框架试图打开企业这个"黑匣子"，从"黑匣子"里"个人"的角度来探讨营销。或者说，这本书是指导"个人"如何做营销的，而不是指导"企业"如何做营销的。本书在分析传统营销组合理论局限的基础上，提出了基于中国文化与实践的营销组合新方法，并分析了这一方法的运行基础。在本书最后，提出了指导"个人"如何开展营销的一些具体策略。

目 录

第一章 传统营销组合理论及其局限 ... 1

第一节 传统营销理论与理念 ... 3
第二节 对传统营销理论的简单评析 ... 22

第二章 "人性化"营销新组合 ... 23

第一节 营销新组合的逻辑关系 ... 25
第二节 理念导入 ... 26
第三节 客户认知 ... 68
第四节 关系介入 ... 72
第五节 领导参与 ... 82
第六节 方案设计 ... 85
第七节 利益跟进 ... 93
第八节 后续维护 ... 99

第三章 营销新组合的运作基础 ... 101

第一节 心理行为基础 ... 103
第二节 思想认识基础 ... 125
第三节 文学艺术基础 ... 164

第四章 围绕人性做营销 ... 183

第一节 树立自信心 ... 185

第二节 保持高昂的士气与斗志 …………………………… 189
第三节 了解客户细微之处 ………………………………… 194
第四节 善于总结客户的运作规律 ………………………… 196
第五节 重视与客户的谈话 ………………………………… 198
第六节 考虑客户的感受与需求 …………………………… 201
第七节 赞美客户要讲艺术 ………………………………… 205
第八节 关注客户的真实用意 ……………………………… 207
第九节 对客户的发问做有技巧的回应 …………………… 209
第十节 体现自己的修养 …………………………………… 212
第十一节 妥善处理与客户的关系 ………………………… 215
第十二节 调动多方力量向客户打一通"营销组合拳" …… 217

后 记 …………………………………………………………… 219

第一章
传统营销组合理论及其局限

　　既有的营销理论与理念大都站在企业或企业高管角度阐释营销问题，很少站在具体营销人员角度考虑营销问题。即便是指导具体营销人员开展营销的策略性论述，也大都就事论事，迫切需要在更深入层面上探讨适合中国营销人员开展营销活动的指导性的营销方法与理念。

第一节 传统营销理论与理念

一、从厂商角度出发的营销理论——4Ps 营销理论及其衍生理论

从本质上讲，4Ps 营销理论及其衍生理论的出发点都是以厂商为中心。企业高管层要生产什么产品、期望获得怎样的利润而制定相应的价格、要将产品怎样进行卖点传播和促销，以及以怎样的路径选择来进行销售。

（一）4Ps 营销理论

杰罗姆·麦卡锡于 1960 年首次把企业营销要素归结为四个基本策略的组合，即著名的"4Ps 营销理论"：产品（Product）、价格（Price）、渠道（或分销）（Place）、促销（Promotion），由于这四个词的英文字头都是 P，再加上策略（Strategy），所以简称为"4Ps"。它的伟大在于它把营销简化并便于记忆和传播。

在以 4Ps 为核心的营销组合方法中各概念定义如下：

（1）产品。指企业以向目标市场提供各种适合顾客需求的有形和无形产品的方式来实现其营销目标。包括对同一产品有关的品种、规格、式样、质量、包装、特色、商标、品牌以及各种服务措施等可控因素的组合和运用。

（2）价格。根据不同的市场定位，制定不同的价格策略，包括对同一定价有关的基本价格、折扣价格、津贴、付款期限、商业信用以及各种定价方法和定价技巧等可控因素的组合和运用。

（3）渠道（或分销）。企业通过分销商来接触最终顾客，故而应注重中间商的培育和销售网络的建立。包括对同一分销有关的渠道覆盖面、商品流转环节、中间商、网点设置以及储存运输等可控因素的

组合和运用。

（4）促销。指企业以利用各种信息传播手段刺激顾客购买欲望，促进产品销售的方式来实现其营销目标。传统意义的促销包括对同一促销有关的广告、人员推销、营业推广、公共关系等可控因素的组合和运用。

4Ps 作为战术策略，是在 STP 战略决策后由企业高管层推动实施的。STP 即市场细分（Segmentation）、目标市场选择（Targeting）、定位（Positioning）。

（二）6Ps 营销理论

20 世纪 80 年代以来，世界经济发展滞缓，市场竞争日益激烈，加之贸易保护主义的回潮和政府干预的加强，形成了一些壁垒森严的封闭型或保护型市场。1986 年，菲利普·科特勒适时提出"大市场营销"概念，即在原来的 4Ps 组合的基础上，增加了两个"P"：

（1）政治力量（Political Power）。即公司在国际化经营中必须了解其他国家的政治状况。

（2）公共关系（Public Relations）。即利用新闻宣传媒体的力量，在目标顾客群中树立产品的良好形象，消除或减缓对企业不利的形象报道。

"6Ps"与"4Ps"相比，有两个明显的特点：

（1）认为企业与外部环境构成一个更大的系统，故应十分注重协调企业与外部各方面的关系，该理论要求企业在分析并满足目标顾客需要的同时，必须研究来自各方面的阻力，并制定相应对策，这在相当程度上依赖于公共关系工作。

（2）打破了传统的关于环境因素之间的分界线。也就是突破了市场营销环境是不可控因素的认识，重新认识市场营销环境及其作用，认为某些环境因素可以通过企业的各种活动施加影响或运用权力疏通关系来加以改变。

（三）7Ps 营销理论

学者们认为，服务及服务市场具有特殊性，服务营销组合策略也

应有所不同。他们在传统的4Ps基础上又增加了三个"P",即:

(1) 人员(Participant)。即公司的服务人员与顾客。在服务业营销实践中,企业的服务人员极为关键,他们可以完全影响顾客对服务质量的认知与喜好。

(2) 有形展示(Physical Evidence)。通过有形展示,把顾客无法触及的东西变成有形的服务。

(3) 过程管理(Process Management)。即对顾客在获得服务前必须排队等待的时间耗费进行管理。

4Ps与7Ps之间的差别主要体现在7Ps的后三个"P"上。从总体上看,4Ps侧重于实物营销,而7Ps侧重于服务营销。从营销过程上讲,4Ps注重宏观层面上的过程(从产品诞生到价格制定,然后通过营销渠道和促销手段使产品最终到达消费者手中),7Ps则增加了微观元素,开始注重一些营销细节,故7Ps比4Ps更加细致和具体。从营销对象来讲,4Ps侧重于对产品的推销,而7Ps侧重于对顾客的说服。此外,4Ps是从企业高管角度提出的,而7Ps更倾向于顾客的一面。

(四) 10Ps营销理论

菲利普·科特勒根据研究进展又提出为了精通"4Ps"(他称之为战术上的),必须先做好另一个"4Ps"(他称之为战略上的):

(1) 探查(Probing)。即市场调研,通过调研了解市场由哪些人组成,市场如何细分,市场对某种产品的需求状况如何,有什么更具体的要求,竞争对手是谁以及如何才能使竞争更有成效等。

(2) 细分(Partitioning)。即把市场分成若干性质不同的细分市场,从而识别不同类型的购买者。

(3) 优先(Prioritizing)。即确定对自己最重要的顾客,选出自己的目标市场,并在最大限度上满足其需要。

(4) 定位(Positioning)。即为自己生产的产品赋予一定的特色,在顾客心目中形成一定的印象。或者说就是确立产品竞争优势。

加上科特勒之前提出的两个"P"(政治力量和公共关系),合称为 10Ps 营销理论。

此外，在科特勒的理解中，应该还有第 11 个"P"，即"人"（People）。"只有发现需求，才能满足需求"，这个过程要靠员工实现。因此，企业应该想方设法调动员工的积极性。亦即企业高管应该了解和掌握员工需求动向和规律，解决员工的实际困难，适当满足职工物质和精神需求，以此来激励员工的工作积极性。第 11 个"P"贯穿营销活动的全过程，是实现前面 10 个"P"的成功保证。这里的"People"不单单是指员工，也指顾客。顾客也是企业营销过程的一部分，比如网上银行，顾客参与性就很强。

二、从满足顾客需求角度出发的营销理论——4Ps + 3Rs 营销组合理论和 4C 营销理论

由于 4Ps 及其衍生理论以满足市场需求为目标，重视产品导向而非顾客导向，忽略了顾客作为购买者的利益特征，忽略了顾客是整个营销服务的真正对象，故随着以顾客为中心的新型营销思路的出现，也随之出现了一些与之相适应的新营销理论。

（一）4Ps + 3Rs 营销组合理论

20 世纪 80 年代以来，学者们注意到以顾客忠诚度为标志的市场份额的质量比市场份额的规模对利润更具有影响，鉴于上述要求最终都会落实到如何提高现有顾客的满意度和忠诚度方面，学者们提出了 4Ps + 3Rs 营销组合理论。其中，"3Rs"是指：

（1）顾客保留（Retention）。即通过持续地、积极地与顾客建立长期关系以留住现有顾客，并取得稳定收入。

（2）相关销售（Related Sales）。即对现有顾客销售企业生产的升级换代和相关产品。

（3）顾客推荐（Referrals）。指通过建立老顾客对企业产品的品牌忠诚，带动他们向自己的亲戚朋友推荐自己使用过或者正在使用的产品。

（二）4C 营销理论

20 世纪 90 年代初，世界进入电子商务时代，消费个性化和消费感性化更加突出，企业为了了解顾客的需求和欲望，迫切需要与顾客进行双向信息沟通。美国学者劳特朋以顾客需求为导向，于 1990 年提出与传统 4Ps 理论相对应的 4C 营销理论。"4C" 即：

（1）顾客的需要与欲望（Customer's Needs and Wants）。企业必须首先了解、研究、分析顾客的需要与欲求，而不是先考虑企业能生产什么产品，需根据顾客的需求来提供产品。同时，企业提供的不仅仅是产品和服务，更重要的是由此给顾客带来的价值。

（2）顾客获取满足的成本（Cost and Value to Satisfy Consumer's Needs and Wants）。要先了解顾客为购买商品所愿支付的成本，即了解顾客满足需要与欲求愿意付出多少钱（成本），而不是先给产品定价。这里所讲的成本，不仅指企业的生产成本，或者说 4P 中的 Price（价格），还包括顾客购买成本。顾客购买成本不仅指其货币支出，还包括其为此耗费的时间、体力消耗和精力消耗以及购买风险。

（3）顾客购买的方便性（Convenience to Buy）。即企业要考虑为顾客提供最大的购物和使用便利，而不是先考虑销售渠道的选择及策略。要通过好的售前、售中和售后服务让顾客在购物的同时，也享受到便利的好处。

（4）与顾客沟通（Communication with Consumer）。企业应通过与顾客进行积极有效的互动沟通，将企业内外各种营销要素不断进行整合，把顾客和企业双方的利益诉求无形地整合在一起，建立起基于共同利益的新型企业——顾客关系。

4C 营销理论反映了以顾客为核心的商业社会对企业营销的新要求。针对产品策略，该理论认为，应该先研究顾客的欲望和需求，而不是先卖企业所能生产的产品。企业要卖顾客想要购买的产品。针对价格策略，该理论认为企业应该了解顾客为满足其需求所愿意付出的成本。该理论强调促销过程应该是一个与顾客保持双向沟通的过程，应优先考虑如何向顾客提供便利以购得商品。与产品导向的 4P 营销理论相比，4C营销理论更加重视顾客导向，其思想基础便是以顾客为中心，强调企业的营销活动应围绕顾客的所求、所欲、所能来进行，这实际上是顾客在营销中越来越居主动地位的市场经济对企业营销的必然要求。

有学者又在4C基础上加上机会（Market Chance）和市场变化（Market Change），并将其称为6C理论。

（三）以建立顾客忠诚为目标的营销理论——4R营销理论

以顾客导向为核心的4C营销理论说，依然存在不足。首先，4C营销理论以顾客为导向，着重寻找并满足顾客需求，而市场经济是竞争经济，企业不仅要满足顾客的需求，而且还需要更多地注意竞争对手的反应。为了能在激烈的市场竞争中立于不败之地，必须冷静分析自身在竞争中的优、劣势并采取相应的策略。其次，根据4C营销理论，企业往往处于被动适应顾客的需求，从而为满足顾客需求被动地付出更大成本。如何将满足顾客需求与企业长期获利有效结合，是4C营销理论依然没有解决的问题。此外，随着时代的发展，4C营销理论也日益显示出其局限性。当顾客需求与社会原则相冲突时，顾客导向战略也是不恰当的。比如，在倡导节约、反对浪费的社会背景下，部分顾客的奢侈需求就不应被满足。这不仅是企业营销问题，还是社会道德问题。因此，市场经济的发展，需要企业从更高层次上建立与顾客更加有效且巩固的长期关系。于是4R营销理论应运而生。4R营销理论不仅停留在满足顾客需求和追求顾客满意度上，而且是以建立顾客忠诚度为最高目标。4R营销理论侧重于用更有效的方式在企业和顾客之间建立起有别于传统的新型关系。

4R营销理论由美国的唐·E.舒尔茨于2001年提出。"4R"即：

（1）关系（Relationship）。

（2）节省（Retrenchment）。

（3）关联（Relevancy）。

（4）报酬（Rewards）。

21世纪初，艾略特·艾登伯格也在自己所著的《4R营销》一书中提出自己的 4R 营销理论。他的 "4R" 是指：

（1）关联（Relativity）。

（2）反应（Reaction）。

（3）关系（Relation）。

（4）回报（Retribution）。

这两个 4R 营销理论的最大特点是以竞争为导向，在新的层次上提出营销思路。它们根据市场不断成熟和竞争日趋激烈的新形势，着眼于企业与顾客互动与双赢，不仅积极地适应顾客需求，而且主动创造顾客需求，通过关联、关系、反应等形式与顾客形成独特联系，把企业与顾客"胶合"在一起。由此可见，4R 营销理论真正体现并落实了关系营销的思想。

三、网络时代的营销理论——4I 理论

在传统媒体时代，信息传播方式是自上而下、单向线性流动、顾客只能被动接受的"教堂式"，而在网络媒体时代，声音多元、嘈杂、互不相同，信息传播方式变成了多向、互动式流动的"集市式"。网络媒体带来了多种"自媒体"（博客、论坛、IM、SNS 等）的非线性增长。借助于此，每个顾客都有了自己"嘴巴"和"耳朵"，都能发出自己的声音，都能对得到的信息做出自己独特的判断。如何营销这样的顾客？奥美的网络整合营销 4I 原则给出了自己的答案。

（1）趣味原则（Interesting）。互联网的本质是娱乐属性的，在互联网这个"娱乐圈"中，广告、营销也必须娱乐化、趣味化，通过趣味化、娱乐化，将营销信息的"鱼钩"巧妙地包裹在趣味的情节当中，吸引顾客们上钩。

（2）利益原则（Interests）。营销活动要能为目标顾客提供利益，否则寸步难行。"利益"除物质实利外，还包括信息、资讯、功能或服务、心理满足或者荣誉。

（3）互动原则（Interaction）。不应让顾客仅仅单纯接受信息，而应充分地利用网络特性与顾客进行交流。

（4）个性原则（Individuality）。专属、个性更易俘获顾客的内心，引起顾客共鸣。通过个性化营销，让顾客心中产生被"焦点关注"的满足感与成就感。

四、其他一些营销理论

（一）整合营销

整合营销就是把企业各种营销方式加以综合集成，使之产生协同效应，从而使得企业及其产品和服务的总体效果达到明确、连续、一致和提升。这些本来相互独立的营销方式包括广告、直接营销、销售促进、人员推销、包装、事件、赞助、促销、公关和客户服务等。换句话讲，整合营销就是为了建立、维护和传播品牌，以及加强企业与顾客关系，而对所有营销活动进行计划、实施和监督的一系列营销工作。该理论包括以下四点：

（1）以整合为中心，着重于企业所有资源的综合利用，以实现企业的高度一体化营销。整合既包括企业营销过程、营销方式以及营销管理等方面的整合，又包括对企业内外的商流、物流以及信息流的整合。

（2）讲求系统思维和系统化管理。整体配置企业所有资源，必须系统考虑企业中各层次、各部门和各岗位，以及总公司、子公司、产品供应商、经销商及相关合作伙伴等多方面的关系，才能形成协调一致的行动，形成竞争优势。

（3）强调协调与统一。不仅企业内部各环节、各部门需协调一致，企业与外部环境之间，各种营销手段之间均需协调一致。

（4）注重规模化、范围化和技术手段的现代化。规模化使企业获得规模经济效益，范围化使企业获得范围经济效益，两者都为企业有效实施整合营销提供了客观基础。整合营销也依赖于现代科学技术、现代化的管理手段。技术的现代化可为企业实施整合营销提供有效保障。

（二）数据库营销

数据库营销就是企业通过收集和积累顾客信息（一般体现为该企业的会员信息），经过分析筛选后针对性地使用 DM（Direct Mail，定向直邮）、EDM（Email DM，电子邮件营销）、E－Fax（网络传真营销）和 SMS（Short Message Server，短消息服务）等在内的多种形式的数据库营销手段进行顾客深度挖掘与关系维护。或者说，数据库营销的目的就是与顾客建立一对一的互动沟通关系，并依赖庞大的顾客信息库进行长期促销。数据库营销的核心是数据挖掘，这需要企业以特定的方式广泛收集顾客的消费行为资讯、厂商的销售资讯，并将这些资讯以固定格式累积在数据库当中。通过深入分析该数据库的信息得出分析结果，以分析结果指导行销行为。一般来讲，数据库营销一般经历数据采集、数据存储、数据处理、数据遴选（寻找理想目标顾客）、数据使用、数据完善六个基本阶段。

与传统广告形式不同（报纸、杂志、电视等传统广告形式只能面对一个模糊的大致群体，究竟目标人群占多少无法统计，效果和反馈率无法让人满意），数据库营销能够准确地知道如何获得顾客的反应以及这些反应的来源。因此，数据库营销作为一种可测度的营销形式，有利于降低企业营销成本，提高营销效率，获得更多的长期忠实顾客。

（三）网络营销

网络营销是企业整体营销战略的一个组成部分，是为实现企业总体经营目标所进行的，以互联网为基本手段营造网上经营环境的各种活动。网络营销贯穿于企业通过互联网展开营销活动的整个过程，包括建设营销型网站、网络推广、网站运营、在线接待、在线交易等一系列线上营销活动。该理论产生的背景有三，即网络信息技术的发展，顾客价值观的改变和激烈的商业竞争。由于网络媒介具有传播范围广、速度快、无时间地域限制、无时间版面约束、内容详尽、多媒体传送、形象生动、双向交流、反馈迅速、无需实体店面等诸多特点，网络营销具有降低企业营销信息传播成本和经营成本的优势。但该种营销方式也具有缺乏信任感、广告效果不佳等不足之处。

网络营销理论对如何在网上开店、网上营销有何策略、如何提升网站排名、如何优化网站页面、如何进行网上页面广告宣传等网络营销的一系列理念、技术、策略等方面进行探讨，形成了一个相对独立的营销理论分支。

(四) 直复营销

美国直复营销协会（DMA）对直复营销的定义是："一种互动的营销系统，运用一种或多种广告媒介在任意地点产生可衡量的反应或交易。"直复营销是指在没有中间行销商的情况下，利用顾客直接（Consumer Direct，CD）途径来接触及传送货品和服务给顾客。其最大特色为"直接与顾客沟通或不经过分销商而进行的销售活动"，乃是利用一种或多种媒体，理论上可到达任何目标对象所在区域，且是一种可以衡量回应或交易结果的行销模式。直复营销具有如下优点：

（1）降低了顾客成本，包括商品价格（因为剔除了中间商加价环节）和购货成本（因为可让顾客无需出门就可购物，使他们的时间、体力和精神成本几乎为零）。

（2）直复营销电话（或网络）订货、送货上门的优点为顾客购物提供了极大便利，顺应了顾客讲求时间效率的趋势。

（3）顺应顾客个性化需求的趋势。通常直复营销所使用的媒体沟通工具与大众或特定大众营销媒体（如电视广告）不同，而是以小众或非定众的营销媒体为主，故更易为当今时代追求个性化产品和服务的顾客所认可。

从类型上看，直复营销包括：

（1）直接邮购营销。即企业自身或委托广告公司制作宣传信函，分发给目标顾客，引起顾客对商品的兴趣，再通过信函或其他媒体进行订货和发货，最终完成销售行为。

（2）目录营销。即企业编制商品目录，并通过一定的途径分发到顾客手中，由此接受订货并发货。该种营销与邮购营销的最大区别就在于目录营销适用于经营一条或多条完整产品线的企业。

（3）电话营销。即企业通过电话向顾客提供商品与服务信息，顾客再借助电话提出交易要求。

（4）电视营销。即企业购买一定时段的电视时间，播放某些产品的录像，介绍产品功能、价格，从而使顾客产生购买意向并最终达成交易。其实质是电视广告的延伸。

（5）电脑网络营销。即企业借助电脑、通信和数字交互式媒体进行营销等。

（五）关系营销

关系营销把营销活动看作一个企业与顾客、供应商、分销商、竞争者、政府机构及其他公众发生互动作用的过程，其核心是建立和发展与这些公众的良好关系。美国得克萨斯州 A&M 大学的伦纳德·L. 贝瑞教授于 1983 年在美国市场营销学会的一份报告中最早对关系营销做出如下定义："关系营销是吸引、维持和增强客户关系。" 1996 年，他又给出更为全面的定义："关系营销是为了满足企业和相关利益者的目标而进行的识别、建立、维持、促进同顾客的关系并在必要时终止关系的过程。"就其实质来讲，关系营销就是在市场营销中与各关系方建立长期稳定的相互依存的营销关系，以求彼此协调发展。对关系营销的理论研究大致分三个流派，即英澳流派、北欧流派以及北美流派。其中英澳流派强调的是将质量管理、服务营销理念和客户关系经济学紧密联系在一起。北欧流派建立在工业营销的互动网络原理、服务营销理念以及客户关系经济学三者相结合的理论基础之上。北美流派则主张在企业内部就买卖双方的关系进行强化教育，并相应提高企业在这方面的经营管理水平。

（六）绿色营销

绿色营销以保护生态环境为宗旨，强调企业在营销活动中，要顺应可持续发展战略的时代要求，注重地球生态环境保护，促进经济与生态环境协调发展，以实现企业利益、消费者利益、社会利益及生态环境利益的协调统一。一定意义上讲，绿色营销是在人们追求健康（Health）、安全（Safe）、环保（Enviroment）的意识形态下所发展起来的营销方式和方法，包括树立绿色营销观念、设计绿色产品、制定绿色产品价格、选择绿色营销渠道、搞好绿色营销促销等。

（七）社会营销

社会营销是基于人具有"经济人"和"社会人"的双重特性，运用类似商业上的营销手段达到社会公益的目的，或者运用社会公益价值推广其商品或商业服务。由于社会事件或公益主题一向是最吸引媒体和民众关注的目标，同时由于它具有广泛的社会性，故很多企业把商业运营模式放到公共领域，以此来开展营销活动从而获得良好的效果。社会营销往往以某个具有极度聚焦效应的社会新闻事件或相关社会主题为契机，因此在很多时候表现为事件行销。

与一般商业营销模式不同的是，社会营销所追求的行为改变动力更多来自非商业动力，或者将非商业行为模拟出商业性卖点。当然，其最终目的仍然是为了经济利益，社会效益只是一个逐渐发展起来的比较好的可资利用的手段而已。

（八）病毒营销

病毒的特点是隐蔽性极强，直到纯粹靠数量赢得优势之后人们才意识到它的庞大数目。它寄生在其他宿主身上，并利用宿主的资源繁衍自己的后代。在合适的环境中，病毒会呈指数级增长。在短短几代之后，病毒的数量就会爆炸。根据病毒的这一特性，人们提出病毒营销。所谓病毒营销（Viral Marketing），是指利用公众的积极性和人际网络，把想要推广的信息像病毒（病原体）一样传递给周围的人（病毒感染者），让每一个受众都成为传播者，让推广信息在曝光率和营销上产生几何级的增长速度。也就是说，通过提供有价值的产品或服务，"让大家告诉大家"，通过别人为你宣传，实现"杠杆营销"效应。美国著名的电子商务顾问 Ralph F. Wilson 认为，一个有效的病毒性营销战略应包括六项基本要素：①提供有价值的产品或服务，②提供无须努力就能向他人传递信息的方式，③信息传递范围很容易从小规模向很大规模扩散，④利用公众的积极性和行为，⑤利用现有的通信网路，⑥利用别人的资源。对一个病毒性营销战略而言，不一定要包含所有要素，但是包含的要素越多，营销效果可能就会越好。病毒营销过去以论坛、社区为主，现在则主要依靠微博。

（九）卖萌营销

"萌"是从日本流传进中国的一种文化现象，本意是指读者在看到"美少女"角色时产生的一种热血沸腾的精神状态（热血类作品经常用"燃烧"来形容这种状态），后延伸至可爱到让人爱怜的意思。最初"萌"的对象，仅限于"美少女"，后延展至更多的事物，甚至到了"万事万物皆可萌"的地步。"萌"的目标是"可爱到让自己觉得要燃烧起来"。另外，大众对"萌"文化具有强劲需求，导致企业、品牌、电视上的综艺节目大靠卖萌来吸引客户（观众）。如淘宝体的盛行，让"亲"这个字一下子流行为打招呼最好的语言。卖萌，最直接的含义就是"装可爱"，以拉近客户与自己的距离，进而实现自己的营销目标。卖萌营销作为一种品牌亲民化沟通方式，也是互联网时代品牌与客户互动的方式。不同的品牌有不同的卖萌方式，有的通过小孩，有的通过动物，有的通过追逐流行文化，有的通过把产品赋予生命，等等。例如，依云公司在广告中出现一群小孩做高难度溜旱冰动作以及几个大人发现自己在镜子中变成了小孩，从而唤醒了成年人心中的那份纯净与活力，较好地传达了依云公司的品牌精神。又如，淘宝商城改名为"天猫"，引发市场热捧。再如，可口可乐通过在包装上印有"高富帅"、"天然呆"、"有为青年"等流行语，力图拉近与年轻顾客的距离。在卖萌营销中，寻找准确的萌点非常关键。萌点就是"能让人感受到萌的点"，亦即"最可爱之处"。每个企业（或个人）都有萌点，但需要寻找、挖掘。不易挖掘的，甚至可根据自己的特点和营销需要特意制造萌点。一个成功的萌点一定能与客户产生互动和话题，只有这样才能在客户的津津乐道中不断延续品牌的市场形象和影响。卖萌过程中，也不能刻意展示自己的萌点，应该卖得恰到好处，否则会引起受众方反感，进而给品牌带来巨大损害。

（十）微博营销

微博当前已成为互联网传播的"主战场"，其传送的信息非常丰富且多样化，受众人数众多，因而受到人们喜爱。通过微博对一个信息的多次转发，受众人数就会海量增长。微博本身兼具即时营销、品牌宣传、公关传播和客户管理四大功能，因而又受到众多企业的青睐，纷纷围绕微博搭建各种需求对接平台。当然，企业会通过向转发微博的人员提供一定报酬的方式刺激他们转发微博的积极性。不过这种支出要远远低于利用传统媒体的广告支出。这也是微博营销大行其道的一个重要原因。

在利用微博进行营销宣传时，要注意每天发布的内容应该控制在一定数量之内，否则就会有"刷屏"嫌疑，引起粉丝们的反感。经验数据表明，一个以即时营销为主的微博，一天发布信息数量在十条左右比较合适，过多则会造成不好的用户体验。为使微博营销更具针对性，可根据产品、品牌、功能、地域、业务需求、高管类型、领导职务等不同定位需求建立多个子微博，以实现通过不同账号精准覆盖各个目标用户群体的目的，在战略上通过布点、连线、成面、引爆、监测来实现营销效果的最大化。进行此种营销时，要注意各个子微博账号，都要围绕主账号展开，保持信息的协调一致；各个子微博账号，要保持风格一致，但内容可各有侧重。在运营策略上，一般以大号带小号、以强带弱，先集中精力打造一个大（主）账号，这样运营起来就容易取得突破。

（十一）"影响者"营销

影响者是指那些能真正影响别人行动的人，而不仅仅是能影响别人眼球的人。"影响者"营销基于这样一个事实：消费者不相信广告，但会相信自己所信任的人的建议、体验、评论和推荐。这些人包括亲朋好友、网上有相同经历的陌生人、名人、意见领袖、影视大腕等。企业会通过这些人来影响潜在目标客户。"影响者"营销需走出三个误区：①拥有的粉丝越多，越是合格的影响者。某些大牌明星影响力大，但可能不是你需要的影响者。②"影响者"营销就是"收买"营销者，让他们为自己说好话。③选择好的影响者就行，可以不再考虑企业自身的建设，包括产品和服务。进行"影响者"营销，需根据自己事先设定的目标（如提高品牌的曝光度，建立权威和信任感，增加销售额，提高客户忠诚度等）选择合适的影响者。不同的品牌、不同的产品应找寻不同的影响者。寻找影响者的基本原则有三：①影响者要与企业的品牌受众群体相吻合，粉丝多的并不一定适合自己的企业。②在确定相关影响者之后，受众规模就成为关键性的因素。③要考虑影响者的影响力，影响者要能通过自己的一些阵地或途径去影响他的受众做出一些行动。影响者的影响力大小，要看其在粉丝圈子中的权威性和信任度。

（十二）内疚营销

人的选择和行动貌似理性，以致人往往忽视情感的重要作用，其实情感在人的生活中普遍存在。不仅是强烈的情感，而且就连一些微弱乃至微妙的情感也在不知不觉地影响人们从购物到投资的各种事项的决策。内疚感就是这众多情感中的一种。研究表明，一天有超过13%的人会感到内疚（包括超级富豪比尔·盖茨就说过"挣钱越多越让我感到内疚"）。内疚感让人内心纠结，充满矛盾，同时又带来期许，满怀刺激，增加了格外的乐趣。换句话讲，人在试图抑制欲望的过程中反而会提高欲望的诱惑力，亦即"内疚感扩大了消费者的快感"、"痛并快乐着"。因此，企业可以通过营造心理情境，使消费者认为自己的行为违背了内在行为标准，制造心理落差，从而增加摆脱禁忌和束缚的冲动和刺激，进而引发消费者的消费欲望，拉动个体消费，这就是击中人性弱点的内疚营销。如香烟、美食、酒精、皮草、游戏、极限运动、高档服装、奢侈品等，会让人产生欲望，让人呈现兴奋状态，如果对这种状态持续加以刺激，欲望会变得更加强烈。在想要设法对这些欲望加以遏制的时候，往往会因此伴随着内疚、羞耻、罪恶感等情绪，反而更加强化了渴望实现行为的动力。因为只有个体才会产生类似的矛盾心理，所以内疚营销更多的是应用在个人消费者身上，而非企业客户。一些和享乐有关的产品和行业更适合运用此种营销，因为这些产品或行业本身具有两面性，导致人们在消费这些产品时存在矛盾心理。当然，内疚营销要有个道德的尺度加以限制。比如，把巧克力卖给糖尿病患者，鼓励儿童和老人多吃垃圾食品等就为道德乃至法律所不允许。因此，只有在合法、合乎社会规范与道德的前提下，通过"撩拨"消费者的内疚感进而增加产品销售，才是可取的做法。内疚营销有两个层次。能调动消费者内疚感是第一个层次。更高的层次是创造消费者的内疚感。怎样做好内疚营销：①适当扩大客户范围，把位于边缘但又能唤起消费欲望的消费者纳入，如把巧克力卖给减肥者。②恰当定位产品。如万宝路香烟突出强调一个男子汉形象，暗示了抽万宝路香烟能让男人更具狂野气质，抓住了人们内心渴望而又有所顾忌的心理，让一些男人在矛盾中体会快乐。③运用更加具有诱惑力、能调动起人们内疚感的广告语，如"劲酒虽好，不要贪杯哦！"。④不必过分对产品的弊端进行美化，相反可强化消费者的负疚感。如人们虽知道吃火锅容易上火但仍然喜欢吃。⑤把握好尺度，不要认为"越内疚越快乐"。其实内疚也是有限度的，把内疚情感调动得过了头，消费者就会远离该产品了。

（十三）怀旧营销

怀旧是一种安慰。当大家都处于一个不确定的年代，怀旧营销可给人提供一个舒适、亲切的感受。当怀旧成为一种群体性程序，乃至当人们的怀旧情绪演变为现实的怀旧行为时，"怀旧"营销就应运而生：营销者可向具有怀旧情绪及行为的消费者提供能体现和印证消费者青春岁月的商品。怀旧营销实际上卖的不是价格、商品，而是商品上承载的回忆。所以说，怀旧营销是以物理属性商品为载体来销售其包含的感性内涵——集体的回忆，或以集体回忆为焦点。怀旧营销特别适合于感性商品领域，如服装、装饰、餐饮、茶酒等。怀旧营销应坚持三个步骤：①寻找到联结商品与消费者的具有集体回忆的事件、物品或思想。这个核心回忆点应该具有正面意义且能唤起目标消费者相对广泛与高度热情的参与。一般而言，几十年前而非一二年前的事情才能形成一种美好的回忆。②制造能承载回忆的商品，可以把回忆内容作为商品的一部分结合到商品上去销售，也可以作为副商品或相关元素来使用。须注意回忆只是商品价值的一部分，而非全部，因而切忌虚张声势、空洞无物，应给消费者带来精神上、物质上或两者结合的感受。③选择恰当的传递媒介。针对不同目标、不同年龄段的人群，怀旧营销的传递方式也不尽相同。比如广播、电视对20世纪五六十年代出生的消费者较为有效，而互联网对年轻人相对有效。

（十四）情感营销

消费者对于能满足其实际心意的产品和服务会产生积极的情绪和情感。因此，只有将产品与情感利益联系起来的企业和产品才会成功。情感营销就是以消费者内在的情感为诉求，通过激发和满足消费者的情感体验来达到营销目标。"感人心者，莫先乎情"，"人非草木，孰能无情"，感情是最容易抓住人心，铭记于心的。虽然感情是难以具体量化的东西，但情感在营销中如果能拿捏到位，把握好分寸，做到扣人心弦而不矫揉造作、不凭空想象、不滥施情感，便容易获得消费者的高度认可。情感营销的高明之处在于把产品卖到消费者的心坎上去，使品牌对消费者产生持久的影响力。典型的情感营销案例如麦当劳：麦当劳餐厅里设有儿童游乐区，可举办开心家庭派对等。雕牌洗衣粉一句"妈妈，我能帮助你洗衣服了"的广告语也让大家备受感动。做好情感营销的关键是要站在消费者立场上考虑问题，一切服务和产品都要围绕人性和亲情这一主题来展开，包括走到消费者身边，倾听消费者的心声，满足消费者的心理需求等。

（十五）SoLoMo营销

美国KPCB风险投资公司合伙人约翰·杜尔把Social（社交）、Local（本地化）和Mobile（移动）整合在一起，提出SoLoMo概念。根据这一概念做出的营销推广策略被称为SoLoMo营销。概言之，就是通过移动等新媒体，以社会化、本地化为核心，把要传播的亮点转化为值得炒作的焦点进行快速传播。"社会化"在于传播受众普遍能感受到的东西，而"本地化"则在于让不同地域的受众都能感觉到"这件商品是专为自己打造的"，或"这个东西涉及到了自己"，从而使自己觉得"受到足够重视"而予以消费。典型的例子是，一部电影涉及到世界多个国家，这样每个国家的观众就都会感觉到"这部片子有关于我们的内容"，因而易调动起所涉及到国家的观众的观看兴趣。

(十六)"饥饿"营销

"饥饿"营销是指企业有意控制某种产品的出货量,通过掌握供求关系、制造市场上产品相对紧缺的事实,来达到维持产品更高销售价格和销售量的目的。做好"饥饿"营销,第一步是先吊足顾客的胃口,让顾客对某种产品产生期待,形成一种"饥饿感",然后再向市场推出该产品。苹果产品在全球上市时采取的就是此种方式,其品牌传播路线基本是发布会—上市日期公布—顾客等待—上市新闻报道—顾客通宵排队—正式开卖—全线缺货—黄牛涨价。"饥饿"营销的理论基础是西方经济学中的"效用理论":不同于物品的使用价值,效用是消费者的满足感,是一个心理的、主观的东西。在特定的时间、地点、环境下,某种产品或服务满足了消费者的特定需求和满足感,这种产品或服务就会被极度放大,成为消费者追逐的目标。在市场竞争不充分、消费者心智不太成熟(易陷入求名、求新、求美、求同等心理之中)、卖方在有较大市场话语权、产品综合竞争能力较强、品牌成熟度较高的情况下,"饥饿"营销才可大行其道。进行"饥饿"营销,要充分利用媒体的传播功用,充分激发消费者的欲望。同时为保证品牌的神秘感,宣传之前要在一定时期内做好信息保密工作。当然,进行饥饿营销要遵守一定的道德准则,如果披着"营销"的外衣,而行囤积居奇之实,就是对消费者权益的藐视和对市场道德的漠视。长此下去,消费者最终会对这样的企业用"脚"投出反对票。此外,进行"饥饿"营销要把握好"度",因为一味吊高消费者的胃口,会消耗一些消费者的耐性,一旦超越其心理底线,这些消费者就会转而向其他产品寻求满足感。

(十七)移动营销

移动手机已经大量普及,这引起营销者的极大兴趣,力图通过移动营销把要传播的营销信息传播给手机使用者。为此,一是通过查看用手机访问自己企业网站的流量来判断业务的移动化程度。如果手机访问流量巨大,那么就需要优化手机网页,以方便手机浏览。二是针对手机特点选择广告形式与内容,便于手机用户便捷地得到相关信息。

三是通过导航和地图等方式引导消费者访问你的实体店铺。四是把促销活动与手机使用结合起来，比如把优惠券直接投放到手机广告中，对经过自家店铺附近的手机使用者发送吸引力较强的广告等。当然，随着消费者隐私保护意识的增强，必须在符合法律及相关法规规定的前提下进行广告发送，以免引起消费者反感乃至投诉。

第二节 对传统营销理论的简单评析

  传统营销理论与理念是对企业成功营销实践的总结。它们经过学者们的不断完善，已经日臻成熟，并被写进了形形色色的营销教科书中，供众多的营销学专业学生、对营销工作有浓厚兴趣的人以及正在从事营销工作的人学习。这些理论与理念对企业的营销实践活动起到了很大的促进作用。

  但是，传统营销理论与理念大都是站在企业或者说企业高管立场上介绍如何做营销的，它们显然忽视了那些并非企业高管的绝大多数一线营销人员。以 4Ps 营销理论为例：产品的开发方向是由高管层决定的，产品已经由企业生产出来，具体营销人员需要做的只是把产品卖出去（当然需要营销人员把顾客需求信息及时反馈给企业）；促销工作涉及到大量的费用投入，具体营销人员根本无权决定；价格由企业制定，具体营销人员只有少量的价格浮动权限，有的甚至连这点权限也没有，众多的价格策略对具体营销人员而言毫无价值；渠道选择也是如此，具体营销人员只是个执行者，他无法选择具体的产品供应渠道，他只能在规定的渠道上"拿下"分配给他的商品。其他营销理论也大体如此。对一个具体营销人员来讲，他面临的问题首先不是采取什么高价策略还是低价策略，也不是选择电视还是报纸做广告，而是在企业既定决策前提下，如何寻找客户、如何介入客户、如何深入客户内心、如何维系客户等具体问题。

  很多人已经发现了传统营销理论与理念的上述问题，并开始试图弥补这种不足。他们开始总结个人做营销的成功经验和失败教训，并对个人如何做营销提出了很多实用性很强的建议，但总体来讲，尚属于策略性的范畴，相对于为企业或企业高管层提供服务的营销理论与理念已经较为丰富的情况来讲，对适合具体营销人员的营销理论与理念尚需有志者做进一步的探讨。

第二章
"人性化"营销新组合

我们大多数人的营销活动都是在国内，且针对中国人进行的。即使营销对象是跨国公司，也往往是和跨国公司里面的"买办们"打交道。所以，我们中国人的营销要按照中国的规则来进行。如果我们是一家走向海外的企业，在海外进行营销，当然需遵守当地的规则。汇丰集团有句广告语"全球智慧，地方金融"，可以说是"在哪山唱哪歌"的好例子。为此，我针对中国人如何做营销，提出一个新的营销组合："理念导入＋客户认知＋方案设计＋关系介入＋领导参与＋利益跟进＋后续维护"。本章就对这几个方面展开论述。

第一节 营销新组合的逻辑关系

"理念导入+客户认知+方案设计+关系介入+领导参与+利益跟进+后续维护"这个营销新组合看起来有些长,但非常清晰,其间的逻辑关系也一目了然:营销人员要做好营销工作,首先需掌握一些先进、实用的营销理念,在这些理念的指导、支配下科学分析我们将要营销的客户。把客户了解得八九不离十了,就可针对客户的个性化需求设计有针对性的服务方案。同时有了服务方案,还要交到客户手上才行(当然,有些服务方案是要多次拜访客户、聆听客户需求后才能最终完成),这就要实地去拜访客户。但是我们两眼一抹黑,怎样才能见到客户并与客户建立融洽的业务联系呢?通过正式渠道约见,往往需要很长时间,客户也不一定重视,可能只是礼节性地见面。那就通过关系介入。关系、领导是营销人员需借助的外力,具体营销工作还要靠营销人员,营销人员做营销就要讲些技巧。通过上述工作确定合作关系后,就要向客户提供能给客户带来利益的产品和服务。只有这样,才能把先前确定的合作关系落到实处。如果我们仅满足客户的第一次需求,那就是一锤子买卖。我们与客户要建立长期战略合作关系,实现共同发展,就需要不断维护、巩固这种关系。因此,在上述工作完成之后,还要加上"后续维护"。

可见,营销人员的营销只要按照这个路子来,就不会很复杂。关键是这个路子的内涵,需要我们细细去揣摩,因为这个路子里面内涵太丰富了。

第二节　理念导入

有了先进、正确的理念，做起事情来就会有动力、有方向，做事的效果就会事半功倍。如果脑子里根本没有恰当的理念，那就根本不会了解所做事情的重要意义，也不会知道应该如何去做，即使去做了，也可能效果不佳。美国有所著名大学，其校训是"一个人的成长不在于经验和知识，而在于否有先进的观念和思维方式"。在抗日战争处于最艰难的1942年，我们共产党让那么多的高级干部离开工作岗位来到延安，为的是让这些高级干部系统地学习党的历史，通过整风运动，树立起适应革命斗争新形势的新观念，成为用马克思列宁主义毛泽东思想武装起来的革命者，为打败日本侵略者进而取得中国革命的胜利奠定基础。解放战争时期，我们的解放军那么有战斗力，用了仅仅四年多的时间，就战胜了兵力大自己数倍的国民党军队，很大原因就是因为解放军指战员知道为什么作战、为谁作战，也就是说，我们的解放军指战员已用先进的理念武装了自己的头脑。对营销人员来讲，也应该理念先行：营销人员树立一些理念，可以帮助自己在开展营销活动时很快抢占制高点。

一、差异化意识

在我们生活的地球上，存在着多种多样的物种。也正是物种多样性使地球充满了生机。我们看待不同的物种，是怀着不同的眼光和不同的情感进行的。比如：对于鲜花，我们会带着喜爱的心情去欣赏它；对于癞蛤蟆，我们会带着厌恶的感情去驱赶它；对于猛虎，我们又会带着敬畏的心情去赞美它等。同样，我们的社会是由一个个鲜活的个人组成的，也正是这一个个鲜活的个人使得我们的社会生机勃勃。如果人没有差异，都是由一个机器模子通过机械化手段制造出来的，千篇一律，那我们的社会该有多么单调，多么可怕啊！好在事实并不是这样。既然我们的社会五彩斑斓，多彩多姿，那我们就要尊重这个事实。也就是说，我们要用差异化的姿态对待我们遇到的每一个人，从而使得我们的社会更精彩。同理，营销对象千差万别，我们也不能用一成不变的模式或统一的眼光来营销所有的客户。"为你而变"，这句广告语放在对待客户的态度上同样适用。

《西游记》是一部神话志怪小说，我们每个人即使没有读过原著，也通过评书或电视、小人书等途径听到过或看到过孙悟空保护唐僧西天取经的故事。西天路上的妖精非常多，以至于西天取经的过程就成为以孙悟空为首的三兄弟（加上白龙马则为四兄弟）降妖除怪的过程。西天路上的妖精，看似很多，其实只有如下三类：

第一类，与各路神仙有关系的妖精（主要是西天佛祖和东天玉皇大帝及其下属身边的"宠物"，西天路上最多的妖精就是这一类妖精）。比如，大鹏金翅雕是如来佛的舅舅，金角大王、银角大王是太上老君的两个童子，青牛精是太上老君的坐骑，青毛狮是文殊菩萨的坐骑，金毛犼是观音菩萨的坐骑，金鱼精是观音菩萨的宠物，金鼻白毛老鼠精是托塔天王的干女儿，玉兔精是嫦娥的宠物，黄眉大王是弥勒佛身旁的小童，白鹿精是南极老寿星的坐骑，等等。

第二类，孙悟空做妖怪时的亲朋故旧。孙悟空在成为唐僧取经团成员之前，就是因为反对天庭及如来佛，挑战既有秩序和权威，而被如来佛压在五行山下的，他本身也是个妖怪。后来孙悟空被观音菩萨看中，让其加入取经队伍，从而成了"体制内"的一员。典型的就是牛魔王，过去就是孙悟空的好朋友：花果山时期，孙悟空自称齐天大圣，牛魔王则自称平天大圣。

第三类，没有任何背景，全靠自身修行企图成仙或成人的"野生"妖精。如蝎子精、白骨精。

这三类妖精背景不一，孙悟空采取的措施也不一样：对天上神仙身边的妖精，即使孙悟空想打，估计神仙也不会让打。孙悟空如果真的打了天上神仙身边的妖精，恐怕会破坏自己与妖精主人的关系，从而引起天上神仙对自己产生不满，对自己以后前途产生不利影响。因此，孙悟空遇到妖精并不急于消灭，而是先查一下所遇妖精的身份与背景：要么上天去问问神仙，要么就把土地神打出来问问。如果确认是与上天神仙有关系的妖精，孙悟空就会留它一命并把他送回到神仙那里去。当然，也有一些领导身边的妖精是他们的领导主动领回去的，客观上帮助了孙悟空和唐僧他们。经过五百年被压在五行山下的痛苦，孙悟空比谁都明白一个道理：妖精该不该杀，不是取决于他所犯罪行，而是取决于杀他所带来的后果。典型的例子就是在比丘国，从犯白面狐狸被打死，主犯白鹿怪却留下一命被太白金星带回。更典型的就是妖怪被领走后，小妖们则被统统打死。

对天上神仙身边的妖精，孙悟空采取以上措施，那对自己的亲朋故旧呢？孙悟空采取的是手下留情的策略，如条件许可还帮助其找个好工作，比如牛魔王的儿子红孩儿，孙悟空就介绍给观音菩萨做了散财童子，也算成了吃"皇粮"的人。对纯粹"野生"的妖精，孙悟空决不手软，坚决予以消灭。比如，玉华县豹头山上的黄狮子精，可以说是个本质上不算坏的妖精：他派刁钻古怪和古怪刁钻两个小妖向人买牛羊等物品，而不是像坏人那样直接去抢。它做买卖童叟无欺，但还是被打死了。六耳猕猴和孙悟空一样有本事，只因为是没在天庭注册的妖精，也被打死了。犀牛精假扮佛爷偷吃些香油，就因这点事情也被打死了。打死这些妖精，充分显示了孙悟空保护唐僧西天取经的决心。

《西游记》诸多妖精的结局给我们做营销以深刻的启示：营销人员营销时面对的客户也不是千篇一律的：有自己原先就认识的，有其他人推荐的，也有客户自己找上门来的。对不同来源的客户，营销人员要像孙悟空打妖精那样，作差异化处理，进行差异化营销。当然，营销人员对那些自己找上门来的客户，不能采取一口回绝的方式，而是要认真对待——如果我们忽略了某些有价值的客户，岂不可惜？

我读《西游记》时，把西天路上众多妖精及其结局做了个大致分类，如表2-1所示。各位读者阅读后就权当一笑罢了。

表2-1 《西游记》中诸妖精与神仙、孙悟空之关系及最后结局

妖精类型	妖精姓名	与神仙及孙悟空的关系	活动地点	主要活动	结局
与各路神仙有关系的	大鹏金翅雕	如来佛祖的舅舅	狮驼国	用阴阳二气瓶装进孙悟空，使孙悟空不得不用观音菩萨给的救命毫毛。实力超强，能打败孙悟空，且极具智慧，骗得孙悟空相信其已吃掉唐僧，料定孙悟空不敢报仇。不依靠此裙带关系，凭实力建有在妖精界唯一的国家——狮驼国。	回到灵山。
	金角大王、银角大王	太上老君的两个童子	平顶山莲花洞	有紫金葫芦、玉净瓶、幌金绳等宝贝。不愿随便抓和尚，拿着画像抓唐僧；希望唐僧在被吃之前心服口服，拟以德服人；重兄弟情义，银角大王被玉净瓶装进后，金角大王放声大哭。	被太上老君带回，但其手下小妖如精细鬼、伶俐虫、巴山虎、倚海龙均被打死。
	青牛精	太上老君的坐骑	金兜山金兜洞	使一支钢枪，宝贝是能套别人武器的金刚琢。青牛精下界后变做亭台楼阁引唐僧进去，猪八戒、沙僧被抓，孙悟空与之大战，被收去宝贝。上天庭请天兵，哪吒等神仙武器又被套走。最后在如来佛指点下，孙悟空找到太上老君来降服青牛精。	被太上老君领回。
	狮猁怪（青毛狮）	文殊菩萨的坐骑	乌鸡国	乌鸡国国王不喜欢吃斋念佛，文殊菩萨见状来劝服。未果，反被水浸泡三天。大怒，遂派青毛狮到乌鸡国，先成为国师，后将国王推下井，自己变做国王。虽然成为国王，但并未能体会到做国王的好处，只是文殊菩萨的傀儡。其治理下的乌鸡国颇好。	被文殊菩萨领回。
	黄袍怪	为奎木狼星下凡	宝象国黑松林	其在天上的情人到宝象国投胎做了公主后，遂变做妖怪摄公主到洞府做夫妻。但公主不知黄袍怪来历，还帮助唐僧等人（黄袍怪非常爱自己的妻子，只凭妻子一句话就能放唐僧走），结果自己家庭被拆，孩子也被猪八戒打死，估计非常后悔。	奎木狼星被贬到太上老君那里烧锅炉，但很快官复原职。

续表

妖精类型	妖精姓名	与神仙及孙悟空的关系	活动地点	主要活动	结局
与各路神仙有关系的	金毛犼	观音菩萨的坐骑	朱紫国	变做妖怪强占朱紫国的王后做夫人，但王后穿着紫阳真人送的软猬甲，故无法近身。用情专一，得不到王后的好脸子，见到其他女侍还脸红。心地善良，相信爱人，把命根子紫金铃交给夫人保管。心地单纯，文化素质较低，当孙悟空称其为外公时，甚至对夫人说"百家姓上好像无姓外的"。其手下小妖亦多善良之辈，如"有来有去"。	被观音菩萨领回。其手下小妖"有来有去"被打死。
	金鱼精	观音菩萨的宠物	通天河	趁着海潮泛涨跑到通天河，每年要吃一对童男童女。有智慧，处事灵活。当孙悟空和猪八戒变做童男童女让金鱼精吃时，金鱼精觉得蹊跷，立即由往年的先吃童男改为先吃童女。后作法天降大雪，并封通天河，并变出几个商贩引诱唐僧师徒。	被观音菩萨领回。
	金鼻白毛老鼠精	托塔天王的义女	无底洞	在灵山偷吃如来佛祖的宝烛，被如来佛祖怪罪，请托塔天王剿灭，被托塔天王认为义女。唐僧取经经过无底洞时，把自己绑在树上求救，被唐僧带至寺院，并吃掉六个和尚。事败后劫唐僧到无底洞，欲与唐僧成亲。容易相信男人，是真心喜欢唐僧，但被唐僧欺骗喝酒（孙悟空变成小虫到酒杯里）、吃桃（孙悟空变的），被孙悟空欺负。	被托塔天王带回天宫。
	小鼍龙	泾河龙王第九子、北海龙王的外甥	黑水河	因父亲冤死和母亲早逝，生性叛逆，霸占黑水河为妖。扮作船夫捉了唐僧及猪八戒，给龙王舅舅发邀请函吃唐僧肉，被孙悟空发现后成为问罪北海龙王的依据。从写给舅舅的请柬中可以看出其文采很好。	被表哥龙太子擒获后带回龙宫。

续表

妖精类型	妖精姓名	与神仙及孙悟空的关系	活动地点	主要活动	结局
与各路神仙有关系的	玉兔精	嫦娥的宠物	舍卫国	在月宫受到素娥欺负。素娥下凡投胎到舍卫国做公主，玉兔精下界把素娥转世的公主抛弃在荒野（被金禅寺和尚收留），自己做了公主。以抛绣球方式欲作唐僧妻子，被孙悟空打败。	被嫦娥带回。
	黄眉大王	弥勒佛身边敲磬的小童	假雷音寺	变出一个小雷音寺及罗汉、金刚、菩萨等一干神仙，引唐僧入寺后捕获。用金铙将孙悟空罩住，用"人种袋"收尽天兵天将。	被弥勒佛带回。
	白鹿精	南极老寿星的坐骑	比丘国	把自己情人白面狐狸精献给比丘国王，自己当上国丈。狐狸精把国王油水抽干后要小儿心肝做药引治病。在孙悟空要求土地神移走小孩后打起唐僧的主意，要吃唐僧的心肝。	白鹿精被老寿星带走，白面狐狸精被打死。
	万圣龙王和九头虫	万圣龙王的女婿	乱石山碧波潭	与位高权重的四海龙王及与四海龙王有点关系的泾河龙王不同，万圣龙王属龙界的底层阶级，没有什么实力。九头虫与其岳父共谋降下血雨一场，把金光寺宝塔上的舍利偷走。唐僧取经经过该地时，九头虫担心被发现，就派奔波儿灞和灞波儿奔去探风。两小妖被抓后供出九头虫和万圣龙王。	万圣龙王被孙悟空打死；九头虫被二郎神的哮天犬咬掉一个头。
孙悟空做妖怪时的亲朋故旧	牛魔王号称"平天大圣"	孙悟空花果山时期结拜的六兄弟之一	火焰山、火云洞	孙悟空被镇压后牛魔王不敢再提"平天大圣"之称号。非常务实，迎娶通过扇扇子就有收入的铁扇公主（扇扇子后下雨可种庄稼），并开辟了女儿国落胎泉水之产业（如意真仙为其兄弟）。包养玉面狐狸这一情妇。产业、家庭、情人兼顾。只是在孙悟空调戏其妻后才与孙悟空翻脸。	牛魔王被哪吒穿透鼻孔后牵至佛祖面前。
	铁扇公主，牛魔王之妻			贤妻良母型，溺爱红孩儿（红孩儿被观音收走，与孙悟空见面就呵斥孙悟空害自己的孩子）。丈夫被玉面狐狸勾走两年后回家，仍出门迎接。	铁扇公主则在孩子被观音收走、牛魔王被佛祖收后万念俱灰，潜心修行，修成正果。

续表

妖精类型	妖精姓名	与神仙及孙悟空的关系	活动地点	主要活动	结局
孙悟空做妖怪时的亲朋故旧	红孩儿，牛魔王之子		火焰山、火云洞	有天分，自己炼成三昧真火；孝顺，请父王吃唐僧肉；好欺负神仙界中最基层的公务员——山神、土地。在孙悟空搬来天上救兵后，仍不畏惧且大败天兵。变成观音菩萨诱捕猪八戒。观音菩萨来后，挺枪就刺，且跳上莲花台。其叛逆的精神大有五百年前孙悟空的身影。	成为观音菩萨的善财童子。
	玉面狐狸，牛魔王的情妇			继承父亲万贯家财，找到能保护自己且不贪图钱财的可靠男人牛魔王。其不以破坏牛魔王家庭为己任，且文采极佳，懂得以小女人之娇气迎合牛魔王（铁扇公主会武艺，泼辣有余而温柔不足），是标准的情妇形象。	被猪八戒一耙打死。
全靠自身修行企图成仙或成人的"野生"妖精	树精（松树十八公、杏仙等）	无关系	荆棘岭	本来在世外桃源般的荆棘岭自由而快乐地生活，但由于想和唐僧谈经论道或攀上唐僧（以求唐僧在如来面前美言而获得好前程）而引来灾祸。杏仙爱上唐僧，但被唐僧粗暴拒绝。	被猪八戒连根拔掉，或被钉耙打死，结局凄惨。
	黄狮精	无关系	天竺国玉华县的豹头山	与人和谐相处，做买卖童叟无欺，居然派刁钻古怪和古怪刁钻两个小妖拿钱去买开钉耙会上用的牛羊。沙僧扮成羊倌来送羊时，更是要补钱，还要管一顿饭，可见心地善良。黄狮精被打死后，其爷爷九灵元圣（为太乙天尊之坐骑）非常悲愤，凭实力打败孙悟空等人。	黄狮精及其家眷、喽啰均被打死；九灵元圣被太乙天尊领走。

续表

妖精类型	妖精姓名	与神仙及孙悟空的关系	活动地点	主要活动	结局
全靠自身修行企图成仙或成人的"野生"妖精	蝎子精	无关系	琵琶洞	只想和唐僧做露水夫妻,想"霸王硬上弓"。	被昴日星官了结性命。
	白骨精	无关系	白虎岭	先后变做少妇、老妇和老汉,成功离间唐僧与孙悟空的关系,使唐僧赶走孙悟空。后遇到黄袍怪把唐僧变成老虎囚禁,沙僧及猪八戒的本领彻底显形,只得请回孙悟空。白骨精间接使取经团每人找准自己的定位,最终促进了取经团架构的稳定。	被孙悟空打死。
	虎力大仙、鹿力大仙和羊力大仙	无关系	车迟国	帮助车迟国度过百年不遇的旱灾,且一心帮助车迟国的国王。在三清观被变做三清的孙悟空、猪八戒和沙僧戏弄,本想求些圣水,却喝了一些猴尿、猪尿。在唐僧倒换关文时与孙悟空斗法,通过求雨、砍头等比赛最终失败。	被孙悟空打死。
	蜘蛛精和百眼魔君	无关系	盘丝洞、黄花观	蜘蛛精从玉帝女儿七仙姑处抢得浴池。唐僧化斋误入盘丝洞被蜘蛛精所获。蜘蛛精欲吃唐僧肉,被孙悟空打败。盘丝洞被烧后投奔师兄黄花观百眼魔君。百眼魔君用毒药放倒唐僧、猪八戒和沙僧。连孙悟空对百眼魔君的金光也无办法。孙悟空在黎山老母的指点下请来毗蓝婆菩萨降服百眼魔君。	蜘蛛精被孙悟空打死,百眼魔君被毗蓝婆菩萨收走。
	六耳猕猴	无关系		六耳猕猴与孙悟空一样是天地造化而成,是没有被现行体制驯化的又一个孙悟空。欲取代孙悟空保护唐僧取经以修得正果,遭拒后打昏唐僧,抢走行李,并在花果山变出一个取经团,欲取代唐僧去西天取经。照妖镜也照不出六耳猕猴与孙悟空的区别,最终被地藏王菩萨以停心跳的方式识别。	被孙悟空打死。

续表

妖精类型	妖精姓名	与神仙及孙悟空的关系	活动地点	主要活动	结局
全靠自身修行企图成仙或成人的"野生"妖精	南山大王豹子精	无关系	隐雾山连环洞	杀人放火偷盗越货，连打柴的樵夫也不放过，属典型的民间车匪路霸。由于见识少、对自己实力估计不足，在苍狼精的"分瓣梅花针"（三个小妖变成南山大王分别缠住唐僧的三个徒弟，由真正的南山大王来捉唐僧）的推波助澜下，欲吃唐僧肉。属于一没能力、二没背景的妖精。苍狼精献计用柳树根、人头变做唐僧的头，欲骗过孙悟空说唐僧已被吃。孙悟空难过，欲报仇。	洞穴被烧，南山大王及苍狼精等属下被打死。
	犀牛精（辟寒大王、辟暑大王、辟尘大王）	无关系	玄英洞	每到元宵节就假扮佛祖来收香油吃，但并无大恶，且通过呼风唤雨，也算造福一方。这一年犀牛精假扮佛祖拟吃香油时发现唐僧，擒回后发现唐僧来历本想送回，但由于要试一试孙悟空实力而惹上麻烦。孙悟空联合四木禽星捣毁玄英洞。似乎与北海龙王有些交情，在被打败后第一站投靠处即为北海龙王，但北海龙王立即派兵擒拿，以划清界限，其下手之快与灭口无异。	三个犀牛精被打死，其牛角被割下献给佛祖和玉帝。
	红麟大蟒	无关系	七绝山驼罗庄		被孙悟空钻进肚子挑破腹腔而亡。
	黑熊怪	无关系，靠自身修行的"野生"妖精，但有些实力	观音院正东南的黑风山	到观音院准备救火时发现唐僧锦襕袈裟并顺手取走，无意吃唐僧肉。住的地方似仙境，有生活品位，谈吐、文采均佳（发给金池长老的请柬很有水准）。有好处想着朋友，要开佛衣会。武力、修为都不在孙悟空之下。但选择低调，在黑风山悠然过自己的小日子，与金池长老、白衣秀士（花蛇怪）、凌虚子（苍狼精）经常谈经论道。	被观音菩萨收编，成为落伽山保安。白衣秀士与凌虚子被孙悟空绞杀。

二、团队意识

我们都听过《团结就是力量》这首歌。歌词里说"团结就是力量,这力量是铁,这力量是钢,比铁还硬,比钢还强"。革命战争年代崇尚的这种"团结",也就是我们当前所说的"团队作用"。在营销实践中,光靠个人力量不可取。具有不同特长的人围绕一个目标组成一个团队,大家团结到一起,心往一处想,劲往一处使,力量会很大。就像一根筷子很容易被折断,但一把筷子在一起,即使力气很大的人也很难折断它们。如果团队中的每个人力量都很大,但劲不往一处使,团队的作用也就无法发挥。这样的团队实质上是一盘散沙。这就像拔河比赛,哪方人形成的合力大,哪方就能获胜,如果不是向一个方向用劲,那即使你力气再大也没用。

"团队"有如下特性值得关注:

(一)"团队"不能没有目标,没有目标就没有团队

唐僧的团队把去西天取经作为团队目标。如果不需要去西天取经,就没有必要组成唐僧取经团队了。如果团队目标实现了,那么团队也就没有存在的必要了,除非又有新的目标。你看,唐僧团队取经结束后,大家就各奔东西了:唐僧去翻译佛经,孙悟空去做斗战胜佛,猪八戒去做净坛使者,沙僧则去做南无八宝金身罗汉菩萨,连白龙马也去做了南无八部天龙广力菩萨。所以团队要想继续存在,就需要在一个目标完成之后及时设定新的目标。一群人为着一个共同的目标走到一起,就组成了团队。

(二)"团队"构成是动态的,需要不断优化

要不断清除那些无助于团队目标实现的人。我们知道,南宋小朝廷这个团队以宋高宗赵构为核心组成,主要成员是以秦桧等人为代表的投降派和以岳飞、韩世忠等人为代表的主战派。岳飞忠心耿耿地为宋朝江山出生入死,但下场非常悲惨——被秦桧杀害。秦桧虽然手握重权,但也仅仅是一个丞相,他自己肯定不敢自作主张杀死岳飞。有权处决岳飞的,实际上只能是皇帝赵构,秦桧不过是个执行者罢了

（当然，秦桧从中起的坏作用也不容忽视，要不然人们也不会愤恨他如此之深了，以至于塑个铜像让他一直跪在岳飞墓前）。那么赵构为什么要杀死一心为了大宋江山的岳飞呢？其实也很容易理解。岳飞捍卫的是宋朝的江山，但不一定是赵构的江山。因为赵构是宋徽宗、宋钦宗被金人掠走后以康王身份登上帝位的。岳飞口口声声要"直捣黄龙，迎回徽、钦二帝"。试问，岳飞如若真的迎回了徽、钦二帝，那把宋高宗往哪里放？所以对宋高宗来讲，既要高举抗击金军的旗帜（这是宋高宗把南宋军民团结在自己旗帜周围的关键），但又不能真的把金军彻底击败（当然南宋朝廷恐怕也没有彻底打败金军的实力）。最好的状态是维持南宋与金国的现状——也就是维持自己的皇位。说到此，也真是令人心寒：岳飞心中有公无私，但不符合团队负责人的既定目标，所以最终被这个"恶"团队所杀。

（三）团队的组成人员要相互补台

有一个人分别到地狱和天堂去参观。在地狱里，他发现一条长长的餐桌上摆满丰盛的食物，但坐在餐桌两边的人却饿得皮包骨头，气息奄奄。原来每个人左手绑着一把刀，右手绑着一把叉，但刀叉都很长，每个人都无法把身边的食物送到自己嘴里。眼看着如此丰盛的食物，每个人却只能挨饿。他又来到天堂，发现天堂里也有长长的餐桌，餐桌上也摆满丰盛的食物，每个人的双手也绑着长长的刀叉，但每个人都谈笑自如，吃得白白胖胖。原来每个人都用绑着的刀叉喂餐桌对面的人进食，大家都能吃到丰盛的食物。可见，人帮助人，与人合作是何等的重要！

有"猛张飞"之称的抗日名将张灵甫，其死亡是一个反面的例子。张灵甫作为抗日铁军74军的一名将领，抗战八年连年对日血战，多次负伤不肯下火线。在南昌会战的高安战役中，张灵甫的腿被敌人用机枪扫断，只因无意中看到报纸上登载战时军人不宜在外就医的消息，便不顾医生阻拦执意提前归队，赶回前线，以致竟得了个"瘸腿将军"的绰号。孟良崮战役接近尾声时，张灵甫召集幕僚宣布大势已去，誓愿自决成仁。在场的少将副师长蔡仁杰、58旅少将旅长卢醒、

57旅少将副旅长明灿、51旅少将团长周少宾、师参谋处上校处长刘立梓等表示愿跟随其殉职。张灵甫自杀前用无线电电告蒋介石"决心集体成仁"并诉说友军见死不救,将李天霞没有派部队掩护其右侧安全归结为失败主因。李天霞为什么见死不救呢?据说两人原来就有矛盾。虽然都是黄埔同期同学,但在遴选74军军长人选时,王耀武因李天霞刚愎自用不好驾驭,而张灵甫表示绝对服从,故更偏袒张灵甫。结果蒋介石圈定张灵甫为74军军长。李天霞争当74军军长未成功,对张灵甫甚为妒忌,所以才有不救张灵甫这一说。张灵甫不能意识到时代发展的步伐,意识不到自己主要是因为与人民为敌才导致最终失败,但"国民党团队"的内部不合作不能不说也是造成他战败的一个原因。

(四)团队的组成人员要各有特色,不能全是强者,也不能全是弱者

初看起来,唐僧取经团队的每个成员都是缺点多多:①唐僧懦弱无能,迂腐不堪,胆小怕事,遇到妖怪就会说"这可怎么办哪",且是非不分,好歹不识,多次冤枉孙悟空。②孙悟空是典型的技术性人才,恃才傲物,非常狂妄,争强好胜,好显摆自己,不懂得也处理不好与领导和同事的关系,他经常不听唐僧的话,嘲弄唐僧,还经常"将"唐僧的军,还动不动就骂猪八戒为"呆子"。③猪八戒贪吃懒做,嗜睡,体胖,胆小,耍小聪明,搬弄是非,贪小便宜,欺软怕硬,还比较好色。④沙僧人比较呆板木讷,缺少热情,水平也不高。⑤白龙马,则是一路上基本没说过话,只是个脚夫。

但这五个成员也不是没有优点:①唐僧会念紧箍咒,能管住队伍中业务能力最强的孙悟空,尤其是他手握"尚方宝剑",有高层领导支持——唐僧是如来佛三弟子金禅子转世,且是观音菩萨亲自选定、如来佛同意的"钦定"取经人。从一开始选定唐僧作为取经人,就决定此次取经的结果必定是成功的,路上所受苦难只是考验罢了。此外,唐僧还是名人,具有品牌效应。唐僧在成佛之前虽是凡夫俗子,但由于"吃了唐僧肉可以长生不老"的传言,成为取经路上妖精们争相追逐的猎物。为了帮助唐僧完成取经大业,还有众多神仙明里暗里给予保护。②孙悟空技术水平高,一路上主要靠孙悟空降妖除怪;与天上各路神仙都认识,具有广泛的人际优势;"齐天大圣"的称号让孙悟空声名远播,不仅很多妖怪怕他,就连很多神仙也惹他不起。③猪八戒代表的是普通人,始终保持良好的心态,他心宽,心善,总是乐呵呵的,好像没有什么忧愁(除非没得吃了),能给取经队伍带来生活的气息和热闹的场景,不至于使漫长的取经过程显得过于沉闷。④沙僧是矛盾的协调者,是老老实实的本分人,可以看作是正气的化身。他本领虽然不大,但好像从未被唐僧训斥,相反倒是大家学习的楷模。⑤白龙马虽然只是匹马,但出身高贵。它对团队尤其是团队的负责人唐僧来讲至关重要:没有白龙马,唐僧就寸步难行,其他几个徒弟也会多承担一些体力活。由五个缺点很多的人组成的取经团队经过九九八十一难居然把真经取到了,这说明这个团队必然有不寻常之处。原因在于这个团队的成员具有很强的互补性:以唐僧为核心,有顶大梁的(孙悟空),有调节气氛的(猪八戒),有树正气的(沙僧),有协助一把手前行的(白龙马)。

我们营销人员的营销何尝不是这样,为了攻下一个大客户,我们也需要组成团队。选择团队成员时,唐僧取经团队可以给我们很多启示——我们要选择:有社会资源的,谈判能力较强的,懂法律的,文字功夫较强的(起草协议),懂业务的等。

(五)团队里不能有小团队存在

梁山的领导团队是以宋江为主组成的,成员包括公孙胜、卢俊义、吴用。公孙胜是个神龙见首不见尾的角色,有一定的法力,但也没见用过几回,可见顶多也就是个江湖道士。卢俊义是被宋江采取计谋逼上梁山的,虽然成为核心团队的一员,但只从大名府带来一个下属燕青,况且这个下属后来还被宋江收买过去,在领导团队中基本上是个没实力的人物。吴用也就是一个乡村私塾先生的水平。你看,智取生辰纲一节,好汉们又不是不知道杨志一帮人大都是老弱病残之辈,晁盖人又多,且都年轻力壮,直接上前抢劫就是了。但按吴用的主意,又是装作卖酒的,又是下蒙汗药什么的。尤其是抢劫完住店的时候,店小二要登记住店客人的姓名，居然都报同一个姓，连店小二都觉得不可信，晁盖被人认出后，劫取生辰纲的事很快也就暴露了。作为军师，吴用办事如此不周，水平如此之低，怎能称得上"智多星"？可见，梁山领导团队中，也就宋江是个人物。他一掌握梁山实权，就把晁盖的"聚义厅"改成"忠义堂"。靠着这条"投降主义"路线，宋江最终实现了自己的政治理想，但他和团队其他人的下场都不怎么好。由此可见，梁山领导团队结构不行，给整个梁山事业带来不可估量的损失。

导致梁山事业受阻的原因除领导团队被宋江一手遮天外，还在于宋江领导团队之外搞小团队，而不是对所有下属一视同仁。宋江的小团队由戴宗、李逵、燕青、柴进连同宋江共五人组成。戴宗绰号"神行太保"，意味着"跑得快"。在古时候，这可是非常重要的技能。传递情报、打探消息就需要这种技能。李逵是个莽汉，且是个杀人不眨眼的角色。被宋江收买后，就死心塌地唯宋江马首是瞻。他对宋江非常依恋，甚至到了有些常人无法理解的地步。比如听说宋江正在屋里吃"花酒"，便会莫明其妙地暴跳起来。作为首领，宋江需要李逵这种只听命令、不问是非的打手。燕青原是卢俊义的家奴，被宋江收买后，就被宋江带在身边。宋江出门为啥老带着燕青呢？燕青毕竟是大户人家出来的，举止得体，人又潇洒，且很会来事。宋江就是一个小地方的黑社会头目，在郓城县的"歌厅迪厅"耍耍威风还可以，到了京城汴梁进了娱乐场所，恐怕大气都不敢出。带上燕青这样见过世面的下属在身边，岂不心里安稳许多？至于把柴进纳进小团体，那更是别有深意。柴进是大周皇帝柴世宗的后代。赵匡胤是柴世宗死后，靠欺负孤儿寡母把周家天下抢到手的。因此一直对柴家人心存愧疚，故有铁券丹书一说，就是柴家人犯了死罪，只要拿出这铁券丹书，就可免除死罪。这件事换个角度还可看出赵家和柴家的关系非同一般。现在连和赵家关系这么密切的柴家人都离开赵家来保我宋江了。就像现在某些人常把"我认识某某书记"、"我认识某某省长"挂在嘴边一样，也像现在某些企业负责人特意招聘知名人士的孩子做下属、出席商业活动总要带着这孩子从而给自己长脸一样,让柴进跟在自己身边,自己脸上岂不有光?

宋江小团队搞得好,所以有人死心塌地地保他。但这个小团队伤了其他兄弟们的心,使不少人离心离德。但无论怎样,宋江在团队组建过程中采取的诸多手法可给现在的团队负责人以启示。宋江作为团队负责人,至少有三个特点:①有自己的政治信仰,那就是投降宋朝。他的所有活动都是围绕着这个目标开展的。②善于笼络下属。最典型的是笼络李逵。当初李逵在戴宗手下做江州监狱里的打手。就是每抓个犯人进来,只要不向监狱的头儿交纳见面礼,就由李逵负责暴打一通,直到拿出钱财。李逵跟戴宗很久,戴宗没能笼络住李逵,可见戴宗这个大哥做得不怎么样。宋江就不一样了,他一见李逵,就看出李逵是个喜欢喝酒与赌博的主儿,对这样的人宋江自有一套笼络手段,只见他手往怀中一掏,拿出一把碎银:"兄弟,拿去,接着赌吧"———一把碎银买到了李逵的忠心。宋江就是靠着大把的银两(给好处)笼络住很多兄弟的。③往自己身上罩光环,让别人对自己心生敬意。宋江人称"呼保义"、"及时雨"。别人一听这几个字,凡是英雄好汉,没有不立即下拜的。

(六) 团队组成人员的能力不能差距太大

我们以英国阿根廷马岛之战为例。拉美第二大国阿根廷本来占据道义上和军事上的两大优势,且马岛就在自家门口,结果却败在了从七千多海里外远道赶来的英国人手里,个中缘由发人深省。阿空军技术高超,骁勇果敢,作战攻击能力强,击沉多艘英国军舰,使英军受创不轻,创造了不俗的战绩。阿空军飞行员的精湛战技和决死精神在该次战争中可圈可点,但单一兵种的出色表现却没能改变战争的结局。一个重要原因在于阿根廷的其他军种不行。在南乔治亚岛之战中,阿多艘军舰被英军击沉。守卫南乔治亚岛的137名阿军士兵面对75人的英军尖兵小分队,未做丝毫抵抗就举手投降。英军宣布凡闯入200海里封锁区的阿军舰均将被击沉后,阿海军居然真的就在封锁区边缘徘徊而不敢越雷池一步。英军可不管你不敢进就不攻击你,结果英军突然发射鱼雷击沉"贝尔格拉诺将军号"巡洋舰，为该舰护航的两艘驱逐舰此时非但没有展开反潜作业，搜索消灭英军潜艇，反而置落水的一千多名战友于不顾，仓皇逃窜。退缩到军港后再也不敢出港作战，坐视英军轻易取得制海权。

当然，阿军失败也不能全怪海军不给力（尽管这是非常重要的原因之一）。阿军失败的原因至少还包括：①没有对战争做出详尽的筹划。战前，阿军认为英军不可能仅靠漫长的海上补给线支持一场现代化战争，故连作战计划都没做，盲目乐观至此焉能不败？可以说，战略的失误是致命的失误。②没有为战争做好充足的物资准备。阿军没有自己独立的国防工业，也没有在战前储备足够的武器弹药。等到战争开始，美国和英联邦国家纷纷宣布对阿根廷制裁，阿军的武器弹药来源彻底断绝，致使作战消耗得不到及时补充。③部队配置不力。守卫马岛的部队大多由各地部队抽调而来，很多士兵不适应岛上的气候。④缺乏严格的战前训练等。阿军失败的每一个原因几乎都能给我们团队营销活动以启示：要对每次营销活动以足够的重视；制订完备的整体规划和战术谋划；注意不同类型人员的合理配置与使用；开始实际营销活动前要多次进行演练，模拟各种可能出现的状态；团队成员之间注意相互协作等。

三、信仰意识

作为人，是要有一点精神的。作为营销人员，也需要有一点精神。这是因为营销工作是让别人接受你所推荐的东西，而要让别人接受，就得首先说服别人。要说服别人，就需要付出大量艰辛的劳动。长时间营销不下一个客户，营销人员很容易产生失望、悲观情绪。但有时候坚持就是成功。只要坚信你能成功，这本身就是最大的成功。我们过去有"精神原子弹"一说，就是强调精神的力量。利德尔·哈特在名著《战略论》中写道："决定战争胜负的因素，并不是部队士兵的丧失，而是希望的丧失。"希望破灭了，人数再多，也是不具备战斗力的。生活中有很多病人实际上不是被病魔击垮的，而是自己首先在精神上缴了械。比如，一个人得了不治之症，如果他自己不知道病情，按照一般情况他能活一年，但这个病人如果知道自己得了不治之症，连惊带吓，恐怕能支撑半年就不错了。毛泽东在《目前形势和我们的任务》中说，"发扬勇敢战斗、不怕牺牲、不怕疲劳和连续作战（即在短期内不休息地接连打几仗）的作风"。在《愚公移山》中说，"下定决心，不怕牺牲，排除万难，去争取胜利"。实际上，他强调的就是精神的力量。我们在革命历史小说中经常看到"坚持就是胜利"这句话，说的也是这个意思。

关于理想信念的重要性，我们来看看共产党为什么能战胜国民党就知道了。

（一）胡天桃与王耀武的对话

1935年初，由红十军团组成的北上抗日先遣支队在浙江怀玉山战败，19师师长寻淮洲战场牺牲，21师师长胡天桃负伤被俘，由时为蒋军旅长的王耀武负责审讯。第一次见面，王耀武就被惊呆了。他后来回忆说，"这位师长的上身穿着三件补了许多补丁的单衣，下身穿两条破烂不堪的裤子，脚上穿着两只不同色的草鞋，背着一个很旧的干粮袋，袋里装着一个破洋瓷碗，除此以外，别无他物，与战士没有什么区别。"时值严冬，天寒地冻，若不是被别人指认出来，王耀武绝对不相信面前这个人就是多次与自己交手的红军师长胡天桃。下面是他们两人当年的谈话：

王耀武：蒋委员长对你们实行宽大及感化教育，只要你们觉悟，一样得到重用。

胡天桃：我认为只有革命，坚决打倒帝国主义、封建主义及军阀，中国才有办法。

王耀武：我们也希望国家好，也反对帝国主义的侵略。你说国民党勾结帝国主义，有什么根据？

胡天桃：国民党掌握着军队不抗日，却来打内战，还请帝国主义的军官当顾问，这不是勾结帝国主义是什么？

王耀武：共产主义不适合国情，你们硬要在中国实行，这样必然是会失败的。

胡天桃：没有剥削压迫的社会，才是最好的社会，我愿为共产主义牺牲。

王耀武：你知道方志敏现在什么地点？

胡天桃：不知道。

王耀武：方志敏对未突入封锁线的部队有什么指示？

胡天桃：不知道。

王耀武：你家在哪里，家里还有什么人？告诉我们，可以保护你的家属。

胡天桃：我没有家，没有人，不要保护。

胡天桃后来被押解到王耀武的上司俞济时那里，俞济时说：你是红军的高级官员，不会不知道红十军团的情况，说说吧。胡天桃回答道："我不知道，你把我枪毙了吧。"胡天桃最终被国民党枪杀。

（二）方志敏被俘后英勇就义

1934年11月初，方志敏奉命与刘畴西率红军北上抗日先遣队北上，任红10军团军政委员会主席。至皖南遭国民党军重兵围追堵截，艰苦奋战两月有余，被七倍于己的敌军围困。他带领先头部队奋战脱险，但为接应后续部队，复入重围，终因寡不敌众，于1935年1月27日在江西玉山陇首村被俘。被捕那天，两个国民党士兵搜遍方志敏全身，除了一块手表和一支钢笔，只有两个铜板。敌兵不相信，堂堂共产党的大领导，怎么会如此贫穷！在狱中，方志敏用敌人提供劝降的纸与笔写下了《可爱的中国》、《我从事革命斗争的略述》、《赣东北苏维埃创立的历史》、《清贫》等十多篇共13万余字的文章。

他在《清贫》一文中写道：

"我从事革命斗争，已经十余年了。在这长期的奋斗中，我一向是过着朴素的生活，从没有奢侈过。经手的款项，总在数百万元；但为革命而筹集的钱，是一点一滴地用之于革命事业。这在国方的伟人们看来，颇似奇迹，或认为夸张；而矜持不苟，舍己为公，却是每个共产党员具备的美德。"

他在《我们临死以前的话》一文中写道：

"我们共产党员为革命而死，毫无所怨，更无所惧。"

曾任国民党弋阳县县长的张抢元在新中国成立后曾追忆他同方志敏谈话的实况：

余是方志敏家乡的地方长官，奉命率弋阳地方绅士及方志敏昔日朋友赴上饶探视、劝说。过去对方志敏只闻其名、不见其人，此与方交谈后，脑中留下深刻影响，常感其人格之伟大，吾等无地自容矣。

初见面时，有人指着我问方志敏："张县长在弋阳县做得如何？"方答："做得还好，故我几年来，未去打弋阳。"我对方志敏说："我们今天不会存有成见谈话，请教数事，当蒙方志敏首肯。"

我问："你今日因何失败？"方答："因战略上的错误而失败。"

我问："你现在有何希望否？"方答："希望蒋介石赶快把我枪毙。"

我说："先生为组训民众能手，今日对日本外交紧急，我想蒋委员长必定会重视你的生命。"方怒视不答。

我问："你对国军观念如何？"方答："你们人多。"

我问："我们今日能抗日否？"方答："红军能抗日，国民党也能抗日，可恨蒋介石不肯抗日。"

我问："你看我们设施有无进步？"方答："你们多筑修了几条公路，筑路也为的是'剿共'。"

我问："你对分田看法如何？"方答："很好，是完全必要的。"

这时，旁有人插言："分田不能种，农民仍得不到好处。"方厉声作色道："分田不能种，非农民不愿种，乃因国军扰乱他们，你看苏区里面的田,因未有国军扰乱,他们不是种得很好吗!"

旁又有人插话:"方志敏,你有几个老婆?"方郑重答道:"苏区里面只有一夫一妻,哪有几个老婆?"

又有人起哄:"方志敏,你也有今日!"方冷笑答:"你不要得意,以为捉到我就了事,将来你再看吧!"

我劝别人不要乱吵,我还有话与方先生谈。我说:"我在弋阳县既蒙方先生近几年未来攻打,足证错爱,今先生已被俘,事已至此,请教方先生,我应如何办理弋阳善后,才能减少人民痛苦?"方答:"你仁慈些,老百姓就会说你好。"

这时,金鼎三(弋阳地方绅士、工商业者)询问方志敏:"你的家属,现在什么地方?"方答:"在苏区里面。"金问:"你有话交代她们吗?"方答:"没有什么。"经金鼎三再三请问,方答:"将来如果你见到他们的时候,可寄语他们不要悲伤,说我是为革命而死,大可不必悲伤。"

金问:"你被俘后,还有什么要说?"方答:"我死倒不足惜,不幸革命受了损失。"

行刑时,方志敏大义凛然的姿态让沿途观看的人和押解他的士兵都心生敬意。

(三)瞿秋白被俘后英勇就义

瞿秋白本是一个书生气很重的人。但"八七会议"后充满恐怖的政治气氛中,他竟主持中央政治局近一年期间(1927年7月~1928年5月)。在中央苏区,瞿秋白任中华苏维埃共和国中央政府教育部部长等职。红军决定长征后,瞿秋白被留在即将沦陷的瑞金。后被地方武装保安十四团俘获。且看当时的宋希濂是如何劝降瞿秋白的吧!

宋希濂:"瞿先生,这些天陈军医都用了些什么药?你的病情有好转了吧?"

瞿秋白:"谢了,我早已讲过。目前的处境,作为囚犯,我服药只是为了解除病痛,已用不着认真地治疗。"

宋希濂："瞿先生你悲观了。我是敬重你的。早就慕名不得见。今日我虽是军职在身，但对你的处境还是有一种抑制不住的感慨。"

瞿秋白："我可以坦率地说，第一，任何语言也改变不了我们今天相对立的位置；第二，我的命运最终并非由你宋先生主宰，你讲这些话也是多余的吧！"

宋希濂："对，主宰你命运的在蒋委员长本人。不过，我想问问你在写什么。"

瞿秋白："写完了可以公之于众，也会送给你看的。我想在离开这个世界之前，回顾往事，剖析自己，让后人全面地了解我，公正地对待历史。但是这里没有共产党组织名单，也没有红军的军事情报。"

宋希濂："瞿先生，你别忘了目前的处境，时至今日，你还没有对我们讲一点共产党和'匪区'有价值的情况，这对你是很不利的。"

瞿秋白："说得好，你的任务到今天终于挑明了。我早就说过，情况无可奉告。我被认定身份后就没有打算活下去。蒋介石也绝不会放过我。我也应该感谢宋先生，你在生活和医疗上优待了我，使我在剩下不多的时间里，完成了我要做的事情。但是，我也郑重地告诉你，如果你想就此完成蒋介石交给你的任务，那将是徒劳的。话已戳穿，送我回囚室吧。"

国民党劝降无效，决定杀害瞿秋白。一位临场记者这样报道瞿秋白就义时的情景：

1935年6月18日，福建长汀。瞿秋白来到中山公园，"至中山公园，全园为之寂静，鸟雀停息呻吟。信步至亭前，已见小菜四碟，美酒一瓮。彼独坐其上，自斟自饮，谈笑自若，神色无异"。酒半乃言曰："人生有小休息，有大休息，今后我要大休息了。我们共产党人的哲学就是'鞠躬尽瘁，死而后已。'"瞿秋白说罢此话，坦然正其衣履，到公园凉亭前拍了遗照——他背着两手，昂首直立，恬淡闲静之中流露出一股庄严肃穆的气概。

瞿秋白在刀兵环护下，慢步走向刑场。刑场在长汀西门外罗汉岭下蛇王宫养济院右侧的一片草坪，距中山公园二华里多。倘是怕死的人，不要说步行两华里，就是二十米也无法走，恐怕是要被人拖行的。

瞿秋白手挟香烟，顾盼自如，缓缓而行。继而高唱国际歌，打破沉寂。到了罗汉岭下，他自己找了块空地面北盘足坐下，回头看了看行刑者说："此地甚好"，接着饮弹洒血，从容就义。

通过上面三个事例，你知道中国共产党人为什么能最后取得全国胜利了吧？时代发展至今，我们虽早已远离了革命战争年代，好像也不怎么谈理想、道德、信念了。其实，这是不应该的，人之所以区别于动物，就在于人有意识、有想法、有追求。如果一个人没有了追求，没有了理想信念，那和行尸走肉又有什么区别呢？所以说，人，是要有一点精神的。这一点对所有的人都适用，对营销人员来讲更适用。因为，营销人员要通过说服别人购买自己的产品来实现自身的价值和业绩的提升，但与人打交道非常不容易，要付出很多意想不到的辛苦，如果内心没有信念作支撑，营销人员很容易出现两个情况：①被繁重的营销任务压垮，使精神上变得萎靡不振。②对工作变得厌烦，不愿再去奋斗。

四、进取意识

进取意识也就是思变意识。柳宗元在《捕蛇者说》中讲述了一个捕蛇人的悲惨故事。捕蛇人在永州捕蛇，"专其利三世矣"。且"吾祖死于是，吾父死于是。今吾嗣为之十二年，几死者数矣"。捕蛇人之所以甘冒死亡的风险而不愿缴纳赋税，是因为他"盖一岁之犯死者二焉，其余则熙熙而乐，岂若吾乡邻之旦旦有是哉！今虽死乎此，比吾乡邻之死则已后矣"。这篇文章的本意是反映中唐时期我国劳动人民的悲惨生活，但我们是否可以换个角度想一下。捕蛇人的思想是典型的"比上不足，比下有余"：我只要比别人好一点就行了。捕蛇人三代干同一个营生而没有改变，固然有当时社会黑暗的因素，但恐怕也有捕蛇人自己的原因吧！对一个人来讲，"思变"精神是不应该缺少的，因为这个世界是在不断变化的，并不因你不变而不变。这个世界唯一不变的就是变。要想跟上这个飞速发展的时代，就必须通过"变"来适应这个时代。举个简单的例子，几十年前电脑根本没有普及，当时很多大学毕业生连电脑都没有见过，更别说使用了。而时代发展到今天，电脑已经进入千家万户。如果当时毕业的大学生现在还不会使用电脑的话，即使你曾经大学毕业过，恐怕也被当前的时代给抛弃了。

要想"思变"，就得学会学习。营销人员虽然离开了学校，无法再像在学校里那样进行系统的学习，但学习的习惯、动力不能丢。职场压力的增大要求营销人员必须不断加强学习、学到对营销有用的知识。但很多营销人员由于未能掌握科学的学习方法，以至于无法达到事半功倍的效果。有些营销人员买了很多书，也读了很多书，但总觉得提高不快，原因就在于学习方法不对。自学时，营销人员要带着问题学，有目的地学，即学习的目的是解决那些在营销实践中遇到的问题。除非个人爱好，一般情况下营销人员不应花费太多的工夫在无用知识的学习上。营销人员学习知识的目的在于使用，但不能将学到的知识僵化地套用于丰富多彩的实践，而是要活学活用，在知识的使用上多下功夫、下大功夫、下巧功夫。营销人员要把学习和应用有机地结合在一起，要先学那些对营销有用、急用的知识。对那些暂时无法派上用场的知识，在时间安排上可往后放一些。比如，明天要到一家从事机械制造的企业去营销，那今晚就要好好补一下关于机械制造的知识；下个月去拜访电子企业，则到时再学习电子知识也不晚。对于那些带有普遍性经验的知识、做法，营销人员在营销实践中要有意识地反复运用，直至能熟练掌握，再遇到同类情况时，营销人员如能下意识地使用，则表明达到了学习效果。

学习就要学得"广博"，避免过分"专一"。营销人员接触的客户可谓三教九流，什么类型、什么知识层面的人都有。如果营销人员仅仅固守着那些原有的知识，是无法与这些客户展开对话的。所谓"对话"，指的是同一层次人之间的谈话。上级对下级的谈话叫训话，下级对上级的谈话叫汇报。只有同级之间的谈话才叫交流。营销人员要想同客户"对上话",就必须和众多的、形形色色的客户具有基本等量的知识程度。

表2-2 毛泽东和陈云同志关于学习的有关论述及启示

论述者	关于学习的有关论述	启 示
毛泽东	要把一个落后的农业的中国改变成为一个先进的工业化的中国,我们面前的工作是很艰苦的,我们的经验是很不够的。因此,必须善于学习。	营销人员的营销工作也非常艰巨,也需要加强学习。
	情况是在不断地变化,要使自己的思想适应新的情况,就得学习。……要接受新事物,要研究新问题。	加入WTO以来,国内金融环境发生很大的变化,同业竞争进一步加剧,新问题层出不穷,营销人员必须探求在新形势下如何开展营销。
	我们能够学会我们原来不懂的东西。	对很多营销人员来讲,尤其是刚加入营销队伍的人来讲,知识与技能都是不够的。但应该有信心:只要善于学习,不断努力,是能够成为一个优秀的营销人员的。
	学习有两种态度。一种是教条主义的态度,不管我国情况,适用的和不适用的,一起搬来。这种态度不好。另一种态度,学习的时候用脑筋想一下,学那些和我国情况相适合的东西,即吸取对我们有益的经验,我们需要的是这样一种态度。	营销人员学习知识时要勤思考,不应死读书,应学以致用,主动、灵活学习那些对自己提升营销业务、促进银行业务发展有益的知识。
	如果有了正确的理论,只是把它空谈一阵,束之高阁,并不实行,那么,这种理论再好也是没有意义的。	营销人员的学习是要用来提升自己的营销水平的。有了新知识,有了新体会,营销人员要很快地应用到营销实践中去。
	有工作经验的人,要向理论方面学习,要认真读书,然后才可以使经验带上条理性、综合性,上升成为理论,然后才可以不把局部经验误认为即是普遍真理,才可不犯经验主义的错误。	我们很多营销人员靠拼酒量来营销,结果身体都弄垮了。其实,营销人员完全可以尝试用知识来营销,用学到的理论去指导营销。当然,在国内文化氛围下,两者结合可能会产生更大的营销效果。

续表

论述者	关于学习的有关论述	启　示
毛泽东	读书是学习，使用也是学习，而且是更重要的学习。从战争学习战争——这是我们的主要方法。没有机会进学校的人，仍然可以学习战争，就是从战争中学习。革命战争是民众的事，常常不是先学好了再干，而是干起来再学习，干就是学习。从"老百姓"到军人之间有一个距离，但不是万里长城，而是可以迅速地消灭的，干革命，干战争，就是消灭这个距离的方法。说学习和使用不容易，是说学得彻底，用得纯熟不容易。说老百姓很快可以变成军人，是说此门并不难入。把二者总合起来，用得着中国一句老话："世上无难事，只怕有心人。"	营销人员不要认为学习和应用是两回事。其实，在实践中提高也是一种学习。除向书本学习外，营销人员要善于在营销实践中总结提炼好的经验，再用之于实践。
	入门既不难，深造也是办得到的，只要有心，只要善于学习罢了。	很多新入行的营销人员有畏难情绪，觉得自己没有资源，拉不来客户。其实，很多优秀的营销人员一开始都没多少客户。只要努力，并掌握了正确的学习方法，大多营销人员是能够取得很大营销成绩的。
	我们必须向一切内行的人们（不管什么人）学经济工作。拜他们做老师，恭恭敬敬地学，老老实实地学。不懂就是不懂，不要装懂。	任何人都有我们值得学习的地方。营销人员应抱着谦虚的态度，向一切内行的人学习。态度谦虚和为人诚实也是一种美德，会赢得人们（包括客户）的尊重。
	学习的敌人是自己的满足，要认真学习一点东西，必须从不自满开始。对自己，"学而不厌"，对人家，"诲人不倦"，我们应取这种态度。	金融环境不断发生变化，且呈加速变化趋势。要适应这种变化，营销人员只有不断地学习，从而充实提高自己。营销人员要活到老、学到老。
	学游泳有个规律，摸到了规律就容易学会。	营销工作并不难，掌握了好的方法，只要持之以恒，就能取得成效。
	经验对于干部是必需的，失败却是成功之母。但是虚心接受别人的经验也属必需的，如果样样要待自己检验，否则固执己见拒不接受，这就是十足的"狭隘经验论"。	营销人员不能固步自封，要敢于、善于学习其他人的好的经验与做法，把别人的经验变成自己的优势。

续表

论述者	关于学习的有关论述	启 示
陈云	我觉得对于学习的意义认识的够不够，是决定我们能否下决心学习的关键。	营销人员应充分认识学习对提升自己营销技能的意义。
	一个干部能独立工作的条件是学习，没有理论不行，只凭经验不够。一天到晚工作而不读书，不把工作和学习联系起来，工作的意义就不完整，工作也不能得到不断改进。因为学习是做好工作的一个条件，而且是一个必不可少的条件。	企业家争做儒商，其实营销人员也要用知识武装自己。学习好了，把学到的知识用到工作中，能促进工作的进步。营销人员要把工作和学习有机统一起来。
	共产党员有了革命的理论，才能从复杂万分的事情中弄出一个头绪，从不断变化的运动中找出一个方向来，才能把革命的工作做好。每个共产党员要随时随地在工作中学习理论和文化，努力提高自己的政治水平和文化水平，增进革命知识，培养政治远见。现在无论你怎么忙，为了把握伟大而又变化多端的中国革命运动，必须增加一点革命的理论，增加一点历史的知识。	营销人员何尝不是如此！营销任务再繁重，营销人员也要抽时间多读点书，多学些知识。
	在党内，在干部中，在青年中，提倡学哲学，有根本的意义。……一个人，无论从事什么工作，有还是没有这个世界观和思想方法，工作起来就会大不一样。……学习哲学，可以使人开窍。学好哲学，终身受用。	哲学并不高深。营销人员有了正确的世界观和方法论，就能用来指导自己的营销实践，工作就会少走弯路。
	学习不是一朝一夕，要长期下苦功夫。主要不是进学校，而是靠自修。学校没有那样大，不可能住很多人；同时工作还要有人去做。问题怎么解决呢？就是毛主席说的进"长期大学"，就是要坚持自学。"只要功夫深，铁杵磨成针。"	营销人员要向实践学，在实践中学。当然，有机会时，也应到学校集中进修一段时间。但自学应是营销人员主要的学习方式。

续表

论述者	关于学习的有关论述	启 示
陈云	共产党员应该学习与精通自己所从事的技能，不断提高自己工作的与办事的能力。……需要我们努力学习新的东西，不断探索和解决新的问题。	营销人员需要学习市场营销技能，以不断提升营销能力。
	我们一方面应该在生产和工作中学习，总结自己的经验，提高自己的能力；一方面吸收世界上一切先进的知识，合理地运用到生产和工作中去。	有意识地总结提炼自己的营销经验和积极地学习别人的营销经验是营销人员学习的两个重要方面。
	学习的内容有三个方面。一是总结经验。把总结经验列入学习的一项，不用说是很重要的。二是重大的时事和政治问题的学习。三是学习若干重要的理论问题。党员绝不能离开各项实际工作去"专做"理论工作，同时也决不能单单埋头实际工作而完全不学习理论。有经验者，从理论上去反省经验；无经验者，理论与实践相配合。只停于实际，就不会有远大目光；只停于高远理论，就不能解决实际问题。理论和实际两者不能或缺。学习理论和参加实际工作都是每个共产党员不可或缺的责任。	营销人员也应学习这个方面，并且应把学习内容与自己的工作联系起来，不能漫无边际、无所目的地乱学一通。
	学习的方法有三种：第一，经常总结经验教训。要从成功的经验中学习，还要从失败的经验中学习。这是使我们减少错误的好方法。一个人做事不可能不犯错误，有一种人，犯了错误只是觉得不好意思；另一种人，却把失败当作成功之母，从失败中吸取经验教训。后一种态度，显然是正确的。第二，向左右、上下学习，也就是向同行学习，向上级和下级学习，特别是向下级学习。第三，向外国学习，现在我们应该首先学习我们所没有的东西。要学习，就要丢掉包袱。我们要面向现实，采取老老实实的态度。	营销人员既要总结自己的经验教训，也要向其他营销人员学习。同时，由于金融国际化趋势明显，营销人员还应学习国外先进的东西。

续表

论述者	关于学习的有关论述	启 示
陈云	你们一方面要认真地学习，一方面要在实践中锻炼，不要胆小。我们需要学习的东西，今天不懂明天就可以懂，应该有这样的学习决心。犯错误，碰钉子，当然不好，但是从错误中能得到经验，练出本领。我们必须这样做，自己动手，准备碰钉子，不经过这个过程，学好本领是不可能的。	营销人员不可能每次营销都能成功。但只要勇于、善于营销，不断总结经验，则营销技能和营销效果都是会提升的。
	我们反对那种"自高自大"、"自称高明"的倾向，反对那种不愿学习或者对学习没有信心的现象。一个共产党员是难得有机会长时期在课堂上学习的，因此，必须善于在繁忙的实际工作中，自己争取时间去学习，这一点必须有坚持的精神才能做到。	营销人员的工作也非常繁忙，各种业务指标压得透不过气来，但也要挤出时间来通过学习提高自己。贵在坚持，营销人员坚持每天学一点有用的东西，一年下来，收获就会很大。
	个人的程度不同，环境不同，读书应该采取不同的方法。像我们这样没有什么底子，各种知识都很缺乏的人，要老老实实做小学生。	陈云同志尚且如此谦虚，我们营销人员更应谦虚好学，追求上进。但具体的学习方法要因人而异，不必强求一律。
	每个共产党员要随时随地的在实际工作中学习，向群众学习。一切实际工作中的和群众斗争中的经验教训，是我们最好的学习的课本。	三人行，必有我师。营销人员也应随时随地地学习。
	读书要做笔记。这有两个好处，一是让你多读几次，二是逼着你聚精会神，认真思索，使你了解深刻些，而不像随便看过去那样模模糊糊。读书最好有个小组，几个人在一起讨论一下，可以互相启发，程度低的还可以得到程度高的同志的帮助。读书要与懒惰做斗争。要订出一个切实的读书计划，照着去办，坚持不懈。	营销人员在学习时也应做到记笔记、参加读书小组、不懒惰这三点。
	共产党员的口号是"学习，学习，再学习"。	营销人员也应是"学习，学习，再学习"。同时，营销人员也要"实践，实践，再实践"。

注：毛泽东同志关于学习的论述见《实践论》、《整顿党的作风》、《论人民民主专政》等文章，陈云同志关于学习的论述见《学习是共产党员的责任》、《到什么地方学习》等文章。

五、"悟"的意识

营销人员要学会"悟",要能从相关题材中悟出对自己营销工作有用的东西。"世事洞明皆学问,人情练达即文章。"营销人员千万不要以为只有阅读金融图书、听专家讲课才能学到对营销有用的知识。阅读一本非金融的图书,或看一部娱乐性电影,乃至一件微不足道的小事情,都可给我们以深刻地启示。在很多情况下,非金融知识途径给我们的启示往往更深刻、更有用。下面试举三例。

(一)从毛泽东经典名篇中感悟营销

毛泽东同志的很多文章是论述战争的战略、战术的。营销人员的营销过程何尝不是先"选择敌人"(客户)后"通过战斗"(营销)最终"战胜敌人"(客户)、"俘获敌人"(客户)成功营销的过程。毛泽东同志关于战争的战略、战术的一系列著作能给营销人员的营销工作以深刻的启示。这些著作主要包括:《中国革命战争的战略问题》、《抗日游击战争的战略问题》、《论持久战》、《战争和战略问题》、《目前形势和我们的任务》等。表2-3仅摘录了若干论述供营销人员参考。

表2-3 毛泽东同志有关战争的部分论述及对营销工作的启示

文章名称	相关内容	启 示
《中国革命战争的战略问题》	经验多的军人,假使他是虚心学习的,他摸熟了自己的部队(指挥员、战斗员、武器、给养等及其总体)的脾气,又摸熟了敌人部队(同样是指挥员、战斗员、武器、给养等及其总体)的脾气,摸熟了一切和战争有关的其他条件,如:政治、经济、地理、气候等等,这样的军人指导战争或作战,就比较地有把握,比较地能打胜仗。这是在长时间内认识了敌、我双方的情况,找出了行动的规律,解决了主观和客观的矛盾的结果。这一认识过程是非常重要的,没有这一种长时间的经验,要了解和把握整个战争的规律是困难的。(见该文第二章第四节:重要的问题在善于学习)	营销人员也要像经验多的军人一样了解三方面的情况:一是自己的情况,包括银行能提供哪些产品、信贷政策如何等。二是客户的情况,包括需求、爱好、相关人员等。三是与营销有关的情况,包括能调动的各种资源、客户的行业政策等。只有了解到这些情况,营销人员才能将客户营销到手。营销人员还要经常总结自己的营销工作,再将营销经验运用到新的营销实践中,从而不断地提高自己的营销技能。

续表

文章名称	相关内容	启　示
《目前形势和我们的任务》	我们的军事原则是：（1）先打分散和孤立之敌，后打集中和强大之敌。（2）先取小城市、中等城市和广大乡村，后取大城市。（3）以歼灭敌人有生力量为主要目标，不以保守或夺取城市和地方为主要目标。保守或夺取城市和地方，是歼灭敌人有生力量的结果，往往需要反复多次才能最后地保守或夺取之。（4）每战集中绝对优势兵力（两倍、三倍、四倍、有时甚至是五倍或六倍于敌之兵力），四面包围敌人，力求全歼，不使漏网。在特殊情况下，则采用给敌以歼灭性打击的方法，即集中全力打敌正面及其一翼或两翼，求达歼灭其一部、击溃其另一部的目的，以便我军能够迅速转移兵力歼击他部敌军。力求避免打那种得不偿失的或得失相当的消耗战。这样，在全体上，我们是劣势（就数量来说），但在每一个局部上，在每一个具体战役上，我们是绝对的优势，这就保证了战役的胜利。随着时间的推移，我们就将在全体上转变为优势，直到歼灭一切敌人。（5）不打无准备之仗，不打无把握之仗，每战都应力求有准备，力求在敌我条件对比下有胜利的把握。（6）发扬勇敢战斗、不怕牺牲、不怕疲劳和连续作战（即在短期内不休息地接连打几仗）的作风。（7）力求在运动中歼灭敌人。同时，注重阵地攻击战术，夺取敌人的据点和城市。(8) 在攻城问题上，一切敌人守备薄弱的据点和城市，坚决夺取之。一切敌人有中等程度的守备、而环境又许可加以夺取的据点和城市，相机夺取之。一切敌人守备强固的据点和城市，则等候条件成熟时然后夺取之。（9）以俘获敌人的全部武器和大部人员，补充自己。我军人力物力的来源，主要在前线。（10）善于利用两个战役之间的间隙，休息和整训部队。休整的时间，一般地不要过长，尽可能不使敌人获得喘息的时间。(见该文第三部分。)	(1) 先营销容易成功的客户，后营销困难大的客户，这样便于增强信心。 (2) 以提升营销收益为主要目标，不以单纯签署协议等扩大市场影响力为目标。 (3) 调动一切可以凭借的力量集中营销一个客户，在有限的时间内不要过分分散自己的力量。 (4) 去拜访客户前，要做好充分的准备，不做准备工作不充分的客户拜访。没有把握营销到手的客户暂且不做，待条件成熟了再去营销。 (5) 瞄准一个客户，就持之以恒地去做，以坚持不懈的斗志去做营销工作。 (6) 在不间断的营销工作中逐步提升营销业绩。 (7) 对于容易打交道的客户部门，要先营销，以此营销开去，直至将与开展业务有关的客户的所有部门都营销到位。 (8) 营销业务提升了，营销人员的收入也随之增加了，但营销人员不要舍不得花费，要让收入提升自己的生活质量，以利于再开展营销活动。 (9) 讲究一张一弛，营销人员要懂得休息。营销业务不错的时候，营销人员该休假时就休假。休假是为了更好的工作。

续表

文章名称	相关内容	启示
《论持久战》	抗日战争应该是有计划的。战争计划即战略战术的具体运用,要带灵活性,使之能适应战争的情况。要处处照顾、化劣势为优势,化被动为主动,以便改变敌、我之间的形势。而一切这些,都表现于战役和战斗上的外线的速决的进攻战,同时也就表现于战略上的内线的持久的防御战之中。(见该文"主动性、灵活性、计划性"部分)	营销工作也要有计划,不能打无准备之仗。但是在营销实践中也要保持充分的灵活性。客观世界是不断变化的,不能用相对静止的计划应对变化多端、丰富多彩的实践。相对于实力强大的客户,营销人员显得弱小,但营销人员要善于将自己的劣势变为优势,最终营销到客户。

（二）从名著《西游记》中感悟营销

《西游记》是我国明代小说家吴承恩编撰的一部神话志怪小说。《西游记》里的故事可谓家喻户晓。孩子们喜欢的也许是无法无天的孙大圣,成年人称颂的也许是不畏艰险西天取经的唐僧,女士们喜欢的也许是恋家懂得疼人的猪八戒,领导看重的也许是踏踏实实工作的沙僧。我们做银行营销的,能从中看到什么呢？其实,《西游记》处处闪耀着营销的智慧,是一部比营销书籍还专业的营销类书籍。从营销角度看《西游记》,也会有很多收获。我把阅读体会整理成表2-4与广大营销人员分享。

表2-4　《西游记》中的若干事项及营销启示

序号	事件	过程	启示
1	通天河中的老鼋	唐僧一共有两次经过通天河。第一次是老鼋让唐僧踩在背上把唐僧渡过通天河,但老鼋此时提了一个愿望：想劳驾唐僧见到如来佛祖的时候帮忙咨询一下自己什么时候能脱了那件"马甲"变成一个人。对于这个小小的请求,唐僧欣然允诺。可到灵山见到佛祖的时候却把这个小事给忘了,可见唐僧心里根本没把老鼋当回事。从西天取经回来再过通天河时,老鼋问唐僧帮没帮问一下,结果得到否定的回答。老鼋生气之下,把唐僧扔进了冰冷的通天河里。	老鼋是个老老实实,甚至有些窝囊的小人物。当年,他被金鱼精打得东躲西藏只有生气的分儿却毫无办法,连自己通天河底下的老窝也被人抢走。就是这个小人物,能把唐僧驮过河,也能把唐僧扔下河。可见,小人物也是不能随意得罪的,他们也许不会存心害你,但为了证实自己的存在,有时也会让你不舒服。对于客户办公楼里的前台接待小姐、相处室无职务的普通员工,他们其实就是"老鼋",我们在营销时也千万不能忽视他们。从老鼋的故事中,我们还可得到另外一个启示：取经就要成功了,却因为小人物的关系又蒙受一难;营销人员营销接近成功时,也千万不要大意,以免功亏一篑。

续表

序号	事件	过程	启示
2	唐僧与孙悟空的师徒之情	孙悟空虽然经常顶撞唐僧，不给唐僧面子，但孙悟空是个心直口快的人，他其实很珍惜与唐僧的师徒关系，这从很多细节中可看出来。比如：在"三打白骨精"孙悟空被唐僧冤枉的时候，孙悟空先是想尽办法劝解唐僧不要把自己撵回花果山，实在没辙了又嘱咐沙僧："如果遇到妖怪就提老孙是唐僧的大徒弟"。最后无奈，只好"噙泪叩头辞长老，含悲留意嘱沙僧"。《西游记》中孙悟空一共哭过三次，都是在救唐僧不成、万般无奈的情况下伤心落泪。可见孙悟空对唐僧的感情有多么深！唐僧是如何俘获孙悟空的呢？是唐僧救下了已被五行山压了五百年的孙悟空，又是唐僧在油灯下为孙悟空缝制了孙悟空平生第一件衣服——正是唐僧的恩情感化了孙悟空。	营销人员营销客户，也要像唐僧对孙悟空那样，使客户对营销人员抱有感激之情。营销人员不能就业务谈业务，而要通过更多的"非业务功夫"来俘获客户的内心。
3	白骨精三骗唐僧	白骨精是中国家喻户晓的"妖精"，"三打白骨精"更是脍炙人口的片段。如果我们翻过来看看白骨精是如何哄骗唐僧的，则可给我们营销客户一些启示（当然，营销人员不是白骨精，客户也不是唐僧）。第一次哄骗唐僧时，白骨精变成一个眉清目秀的小姑娘，勾起了唐僧的怜爱之心；第二次哄骗唐僧时，白骨精变做一个八十多岁、走路颤巍巍、老泪纵横的老太太，勾起了唐僧的怜悯之心；第三次哄骗唐僧时，白骨精变做一个手捻佛珠、口咏佛经的老公公，勾起了唐僧的同感之心。这"三心"一次又一次迷惑了善良纯朴的唐僧。	白骨精作为坏人还险些"俘虏"了唐僧，营销人员作为职业人士如果运用这"怜爱之心、怜悯之心、同感之心"之策岂不更能获得客户的青睐!?

续表

序号	事件	过程	启示
4	孙悟空的紧箍咒	唐僧主要是靠念紧箍咒来控制孙悟空的,因为紧箍儿孙悟空吃了很多苦,孙悟空对套在自己头上的紧箍儿可谓深恶痛绝。孙悟空成佛时第一个愿望就是直奔莲花宝座,要求赶紧摘下这紧箍儿。我们读《西游记》来看看孙悟空的紧箍儿是如何戴上,又是如何摘掉的。孙悟空刚被唐僧救起,踏上取经路的时候,因打死六个自称"剪径大王"的贼人而被唐僧赶走,孙悟空听从东海龙王的劝告又回到唐僧边。孙悟空回到唐僧身边的第一件事就是往自己头上套紧箍儿。临近灵山的时候,唐僧师徒遇到寇老先生。一伙强盗打劫了寇老先生并要再打劫唐僧师徒。这时孙悟空不再像刚加入取经队伍时挥棒就打,而是问明原委后放了他们;被寇老先生家人冤枉后,孙悟空也未动手打人。孙悟空经过取经路上的种种磨难和委屈,学会了忍让和宽恕别人。当孙悟空请求观音菩萨教他松箍咒时,观音菩萨微笑着说"没什么松箍咒!"孙悟空头上的紧箍儿是自行消失的。	紧箍儿是孙悟空自己戴上的,也是自行消失的。当一个人学会了宽恕和忍让时,他拥有了博大的心胸,也就没有紧箍儿了。作为人,我们可以取得各种物质财富,可以让河流改道,可以让高山让路,可以让别人尊敬自己,可以飞向太空,但我们无法征服自己,我们走不出自己的心魔。在这个世界上,很多人感到孤独,很多人得了忧郁症,甚至选择了自杀。营销人员应形成自己的阳光心态,并以阳光心态感染客户,让更多的客户感受你的人格魅力。当你的营销手段不仅仅靠产品介绍,而是靠文化、知识的时候,你的营销水平就又上升了一个层次。
5	围绕蟠桃大会发生的故事	蟠桃会是由天宫第一夫人王母娘娘亲自出面主持的、每五百年举行一届的天宫盛会。千万不要以为参加会议就是去吃几个蟠桃,来参加会议的都是修行很高、有头有脸的人物,他们来参加大会,是来参加天庭最主要的社交活动的:借机来联络感情、交流信息和进行各种斡旋。能获得一张入场券,就证明你已得到神仙界的正式认可。孙悟空大闹天宫的直接原因就是去争那张本不属于自己的蟠桃大会入场券,不属于自己的东西偏想要,当然只会惹来烦恼和痛苦。猪八戒在蟠桃会上因为酒喝多了就借着酒疯去广寒宫里找嫦娥仙子寻开心。宫里的仙子也是你一个出身卑微的小神仙所能调戏的?结果被贬下界成了猪身。沙僧本是凌霄殿卷帘大将,属于玉皇大帝贴身侍卫一类,位置不高但很重要的人物。在蟠桃会上,沙僧失手打碎了一个杯子,被玉皇大帝贬到流沙河做了妖怪。	营销人员营销客户要从实际出发,自己吃不动的大客户先别忙着去营销。等条件成熟了,再去营销也不迟,否则就会白浪费时间。试想,孙悟空如果成为高级干部后不就拿到蟠桃会的入场券了?你一个看马的小官就想参加至少是"部长级"神仙的聚会,岂不是自讨没趣。如果混到猪八戒那个位置,入场券岂不就有了?但营销客户时,千万不能喝酒太多,以免惹下大祸(除非客户也喝多了)。要吸取沙僧的教训,从细节处着手,让客户满意。而不能因细节失误而引起客户大怒。

续表

序号	事件	过程	启示
6	火焰山	唐僧师徒过火焰山引出孙悟空三借芭蕉扇的故事。罗刹女是曾经与自己情同手足的牛魔王的妻子。虽然孙悟空被压在五行山下的时候,这位牛大哥只顾过自己的幸福生活,从来没有到五行山来看望过自己,但孙悟空还是想唤起牛魔王对于那段曾经有过的友谊的美好回忆,孙悟空也许认为"牛大哥会看在往日的兄弟情分上借给我扇子"。孙悟空此时尚没有悟透在妖精的世界中只有永恒的利益,没有永恒的友谊。孙悟空最后无论用什么法子也斗不过牛魔王夫妻时,当年不入孙悟空法眼的李天王、哪吒三太子及众多的天兵天将到了:李天王用照妖镜困住了牛魔王,三太子用风火轮套住了牛魔王的犄角。最终帮孙悟空取得芭蕉扇的竟是这些当年的手下败将。	昔日的朋友(牛魔王)成为敌人,昔日的敌人(李天王等)成为朋友。谁是我们的敌人?谁是我们的朋友?毛泽东在《中国社会各阶级的分析》中的这句话(这句话位列《毛泽东选集》第一卷第一篇的第一句),对我们营销人员依然起着振聋发聩的作用:我们向谁开展营销?依靠谁开展营销?从孙悟空三借芭蕉扇的故事中,我们领会到:(1)营销人员与客户的关系是需要利益来维护的。(2)要广交朋友。那些平时不太起眼的人,往往是对我们帮助最大的人。(3)没有过不去的火焰山。只要我们广交朋友,任何客户都是可被营销到手的。
7	孙悟空的"七十二般变化"	"七十二般变化"是孙悟空最值得夸耀的本领。在"大闹天宫"一节中,孙悟空和二郎神赌斗变化的场面是《西游记》读者津津乐道的场面。其实,《西游记》中关于变化的场景又何止这些。神仙可以变成妖精(如观音菩萨为找回袈裟就变成苍狼精),妖精可以变成神仙(如犀牛精为喝上香油就变成佛爷),好人可以变成妖精(如唐僧在宝象国变成恶虎),妖精也可变成好人(如白骨精变成小姑娘),有些妖精原本就是神仙(如黄袍怪原是奎木狼星君),有些神仙原来就是妖精(如观音菩萨的善财童子本是红孩妖),朋友可以变成敌人(如孙悟空在花果山时期的兄弟牛魔王成为过火焰山时的敌人),敌人也可成为朋友(孙悟空和二郎神原来斗得多凶啊,最后还不是一起捉妖怪)。可见,变化是正常的、永恒的,不变是暂时的。《西游记》中的每一个角色,都生活在变化之中。	营销人员的世界也是变化的。原本辛辛苦苦营销的客户可以变成自己终身的好朋友,原本是竞争对手的两家银行的营销人员,可以由于跳槽而成为同事。营销人员要适应这个变化的世界,不断调整自己的角色,化敌为友,变被动为主动,变劣势为优势,变坏事为好事。

（三）从电影《非诚勿扰》中感悟营销

《非诚勿扰》是葛优、舒淇、方中信等主演的一部贺岁电影，讲的是一个叫秦奋的归国人员追求空姐梁笑笑的故事。一般人看这部电影，就当一部娱乐片看。其实，换个角度看，这也是一部讲授如何营销的电影：秦奋追求梁笑笑的过程就是秦奋把自己当作产品营销给梁笑笑的过程。电影中的很多对话也体现了很高的营销智慧。且让我们看看影片中的一些内容带给我们何种营销启示的吧！

（1）产品介绍。秦奋将征婚启事挂到网上，希望找到"购买自己"的人。这里的关键是把自己介绍清楚，并指出自己所需要的对象的条件。介绍自己有很多方式，秦奋的介绍比较别致，能快速抓住人们的眼球。难怪征婚启事挂出后，要求见面的人那么多呢！

秦奋的征婚启事

你要想找一帅哥就别来了，你要想找一钱包就别见了。硕士学历以上的免谈，女企业家免谈（小商、小贩除外），省得咱们互相都会失望。刘德华和阿汤哥那种才貌双全的郎君是不会来征你的婚的，当然我也没做诺丁山的梦。您要真是一仙女我也接不住，没期待您长得跟画报封面一样看一眼就魂飞魄散。外表时尚，内心保守，身心都健康的一般人就行。要是多少还有点婉约那就更靠谱了。我喜欢会叠衣服的女人，每次洗完烫平，叠得都像刚从商店里买回来的一样。说得够具体了吧？自我介绍一下，我岁数已经不小了，留学生身份出去的，在国外生活过十几年，没正经上过学，蹉跎中练就一身生存技能，现在学无所成海外归来，实话实说，应该定性为一只没有公司、没有股票、没有学位的"三无伪海龟"。性格OPEN，人品五五开，不算老实，但天生胆小，杀人不犯法我也下不去手，总体而言属于对人群对社会有益无害的一类。有意者电联，非诚勿扰。

（2）观念引导。遇到"购买者"梁笑笑后，秦奋就开始进行观念引导，以期梁笑笑了解自己这个"产品"，从而"购买"自己。观念引导的关键是要自知自信,既要知道自己是半斤还是八两,又要有充足的自信。

秦奋对梁笑笑的观念引导

梁笑笑：你喜欢我什么？

秦　奋：我说过喜欢你吗？

梁笑笑：要诚实,这是我们之后在一起的前提。

秦　奋：我想和你在一起的前提就是找不到之前比你还傻的人。

梁笑笑：我以后不会再那么傻了。

秦　奋：你啊,想三心二意还没那本事,逢场作戏你都不会,全写在脸上了。我把话放这儿,他这一页你是还没有翻过去,一旦翻到新的这一页,你照样会一心一意。我就是看准了这一条才容忍你现在的表现。你傻,我可不傻。

（3）需求沟通。与潜在购买者做好沟通,是潜在购买者最终做出购买决策的关键。在与潜在购买者做沟通时,要坚持一些基本原则,把握好关键点。

表2-5　需求沟通的关键点

关键点	秦奋与剧中人物的对话
要有共同语言	范先生：你看看咱们说中文呢,还是说英文呢？ 秦　奋：您定,哪个顺口您就说哪个？ 范先生：那还是说母语吧。Nice to Meet You...
要摸准对方的态度	秦　奋：你觉得我是一只怎样的股票呢？ 相亲者：就你这年龄、长相,应算是跌破发行价的那种。 秦　奋：像我这种低价抄底收进来的,您是准备长期持有呢？还是短线玩玩？ 相亲者：短线玩玩？你有那爆发力吗？只能长线拿着有当没有了呗。

续表

关键点	秦奋与剧中人物的对话
彼此匹配	相亲者：您觉得爱情的基础就是性吗？没有怎么了？照样能白头到老，当然我的意思不是完全不能有，但是别太频繁。 秦　奋：那你觉得多长时间亲热一回算不频繁呢？ 相亲者：这是我的理想。 秦　奋：你说？ 相亲者：（伸出一个手指头） 秦　奋：一个月一次？ 相亲者：一年一次。 相亲者：你要是同意了，咱们就继续往下接触。 秦　奋：我不同意，我明白你丈夫为什么不回家了，咱俩要结婚了你也找不到我住哪儿。可惜了。 相亲者沉思良久问道："那事，就那么有意思吗？" 秦奋过一会儿，托唱声音轻答："有啊！"
两相情愿	相亲者：你不是说你不在乎孩子是不是亲生的吗？ 秦　奋：孤儿我是可以认可的，但是父母双全就是另一回事了，宝马车头放一个奔驰的标，恐怕不太合适。 相亲者：能开不就行吗？ 秦　奋：可要是出了故障，奔驰的零件配不上，宝马又不管修，怎么办？这娶老婆生孩子的事情，我还是自力更生吧，不接受外援！

（4）异议处理。如果客户提出异议，客户经理要会恰当处理。在处理异议时，要用探求的语气询问，不能惹得客户更不高兴。要学会赞美客户，受到赞美的人总是不好意思过分板着脸的。

表2-6　异议处理的原则

基本原则	秦奋与剧中人物的对话
试探询问	秦　奋：你确定他不懂中文？ 秦奋好友：确定。 秦　奋：我要是给你们捐一千万，你要吗？

续表

基本原则	秦奋与剧中人物的对话
试探询问	牧师：Speak English. 秦奋：我说我要捐钱，你们要吗？ 牧师：Can you Speak English? 秦奋：捐钱都听不懂，那肯定不懂中文……
赞美	秦　奋：我觉得征婚对我来说是挺不靠谱的一个事儿，歪瓜裂枣的咱看不上，但凡长得有模有样看着顺眼的不是性冷淡就是身怀鬼胎，心理健康历史清白的姑娘都哪去了，我怎么一个都碰不上啊？ 梁笑笑：你别拐着弯骂人啊，谁心里不健康了？你就历史清白了？ 秦　奋：我没说你，你不算长得顺眼的。 梁笑笑：…… 秦　奋：用顺眼这词就低估你了。你得算秀色可餐、人潮中惊鸿一瞥、嫁到皇室去也不输给戴安娜的那种。有的人是情人眼里出西施，不过分的说，仇人眼里你都是西施。 梁笑笑：哎呀，真可怜！心里想的和实际见到的差距太大了。要不要给你找个心理医生啊？ 秦　奋：什么医生都医治不了我心灵的创伤，你就是我最好的药。 梁笑笑：你就不怕我是毒药？ 秦　奋：毒药也得喝啊！

六、自强意识

营销人员努力营销的动力是什么？有人可能说是为了成就一番事业，有人可能说是工作性质使然。有人可能天生喜欢营销且具有营销禀赋，但有的人则可能是稀里糊涂就从事了该项工作，且由于各种原因而无法转行。我想，对大多数营销人员来讲，并无崇高的理想，而仅仅是把营销工作作为一种谋生的手段。其实，谋生也是一种生活的动力。

《战国策》中有篇《苏秦以连横说秦》。当苏秦"说秦王书十上而说不行"时，你看他那个凄惨样子："黑貂之裘弊，黄金百斤尽，资用乏绝，去秦而归，羸縢履蹻，负书担橐，形容枯槁，面目犁黑，状有归色。"当他"归至家"时，"妻不下纴，嫂不为炊，父母不与言。"难怪苏秦喟叹曰："妻不以我为夫，嫂不以我为叔，父母不以我为子，是皆秦之罪也。"得出这个结论之后，苏秦"乃夜发书，读书欲睡，引锥自刺其股，血流至足"。学问精进后，终于取得赵王认可，被赵王封为武安君。当他准备去游说楚王而路过老家洛阳时，"父母闻之，清宫除道，张乐设饮，郊迎三十里。妻侧目而视，倾耳而听。嫂蛇行匍伏，四拜自跪而谢。"苏秦肯定把此种境况与自己穷困潦倒时的境遇做了比较，他可能是带着调侃的口气问嫂子"嫂何前倨而后卑也？"嫂子也挺实在："以季子之位尊而多金。"难怪苏秦发出感慨："嗟乎！贫穷则父母不子，富贵则亲戚畏惧。人生世上，势位富贵，盖可忽乎哉？"这是苏秦的例子。还有一个李斯的例子。据《史记·李斯列传》记载，"李斯者，楚上蔡人也。年少时，为郡小吏，见吏舍厕中鼠食不絜，近人犬，数惊恐之。斯入仓，观仓中鼠，食积粟，居大庑之下，不见人犬之忧。于是李斯乃叹曰：'人之贤不肖譬如鼠矣，在所自处耳！'"李斯从老鼠的境况想到自己：一个人境地不同，地位也就会有所不同，自己如果不努力上进，也会像那厕所的老鼠一样啊！于是李斯"乃从荀卿学帝王之术"。学成之后李斯来到秦国，很快就得到秦相吕不韦的器重，秦王也听取了他离间各国君臣之计。推行郡县，制定标准，统一文字，统一度量衡，修驰道、车同轨，统一货币、焚书坑儒这些大手笔中也都有李斯的"贡献"。他最后做了宰相，也算位极人臣，成了一人之下万人之上的人物。在历史上这样的例子有很多。营销人员从中应吸取向上的力量，为自己的营销活动增加动力：通过营销活动，改变自己的境地，增加自己的收入，提升自己的生活品质和社会地位。在此基础上，为社会做出自己的贡献。苏秦、李斯都是古人中不安于现状而通过努力上进改变自己命运的人。当然，我们应该抛弃他们意识中的那些"拜金"意识，而努力学习其进取的精神。

七、权变意识

读过《西游记》的人都知道，孙悟空刚出道时，是个天不怕、地不怕的主儿。玉皇大帝封他这个无父无母石头缝里出来的家伙做弼马温，已经够看得起他了，因为好歹也算被招进"体制"内，成了天庭的干部。但孙悟空并不知足。他不仅敢打玉皇大帝派来的天兵，而且还一路打上凌霄宝殿——他看好玉皇大帝的位置，他要玉皇大帝封他做齐天大圣。这时的孙悟空真是个擎天立地的盖世豪杰，但也就仅仅到此。孙悟空被代表佛家的如来佛和代表道家的玉皇大帝联手制服，并被如来佛压在五行大山下，只能吃野果，喝露水。这一下，去掉了孙悟空的高傲心性和锐气，也让孙悟空明白了一个道理：追求不属于自己的东西，只能得到痛苦，且这是长达五百年的痛苦。自从唐僧在五行山下替孙悟空揭了咒语，孙悟空那一记跪拜并高呼情愿皈依佛门后，我们再也见不到那个"擎天立地"的孙悟空了。你看一看，被唐僧救起后的孙悟空，再也没有了年轻时在如来佛手指上撒尿、在天庭大打出手的豪气，剩下的只是一个作为唐僧徒弟的孙悟空，一个对权贵唯唯诺诺的孙悟空，一个遵守佛家清规戒律的孙悟空，一个对如来佛和玉皇大帝顶礼膜拜的孙悟空（当然也有人对此持不同看法，就权当我曲解孙悟空吧）。当孙悟空上天找玉皇大帝帮忙降服妖怪时，居然高呼"万岁，万岁，臣今皈命，秉教沙门，再不敢欺心诳上"。这哪还是那个目空一切的齐天大圣！对昔日看不上眼的领导，孙悟空学会了谦卑。此亦所谓"此一时，彼一时"也。一个现在的穷人不能老抱着"我祖上也曾富过"的心态在当下生活。当下你变穷了，就是穷了，要认识到"已经变穷了"这个现实，按照"穷"的方法生活，并尽快改变"穷"的状态。

八、个人化意识

要能透过现象看本质，透过表面看内在。表面上我们是在营销某个客户，但企业这个东西仅仅是一种组织形式，它本身没有喜怒哀乐，也不会说话。营销客户实质上是在营销客户中的某些关键人物，如董事长、财务总监、销售部长等。因此做营销工作，一定要看到人，而不能仅看到组织。

对客户中的关键人物开展营销，关键是要能获得关键人物对你的信任与认可。如果他对你有戒心或偏见，那如何能深谈合作？

当然，对企业展开营销也不能一直停留在仅营销关键人物这个层次上，否则这个企业永远也成不了你的真正客户，因为关键人物总有离职的那一天，如果你只与这个关键人物打交道，一旦其离职了，你岂不也就相应失去了与这个企业的联系？因此，正确的做法是以关键人物为重点，也不忽视相关的人脉，尽量与企业内部尽可能多的人员建立联系，才是上策。

九、"迂回"意识

对有些客户可以采取直接营销的方式，但对有些客户来讲采取直接营销方式却无明显效果。其中原因可能是这个客户已经有比较固定的合作方了，也可能这个客户对直接上门来营销的方式有偏见。在这种情况下，你可采取"迂回"方式，间接来开展营销活动，比如通过这个客户熟悉的第三方作介绍人，先做足营销以外的工作后再回过头来谈营销等。

第二次"反围剿"时期，国民党当局调集闽、粤、赣三省十四个团的兵力对闽西革命根据地发动进攻。朱德、毛泽东决定率红四军回师赣南以打破国民党的"会剿"。当时，中共闽西特委得知红四军要离开闽西回师赣南后，担心自己反围剿力量不足，就给红四军写信要求留下一个纵队帮助自己抗击敌军。毛泽东对送信人说：敌军是跟着我们走的，不会留在闽西跟你们走。他还写了八个字："离开闽西，巩固闽西。"情况正如毛泽东所预料，国民党军队主力并未在闽西停留，而是追击红四军到赣南，结果被红四军寻机歼灭了。在反击国民党围剿部队的同时，毛泽东分兵到赣南各县发动群众，开展游击战争，大大促进了赣南革命根据地的巩固和发展。而闽西地区的革命力量在敌人围剿主力离开后，通过游击战争发展群众武装，实力和编制都有很大扩充。红四军回师赣南，达到了"离开闽西，巩固闽西"的预期目的。

这段革命历史启示我们在营销活动中，一味死磕某个目标客户（犹如将一部分部队留在闽西来试图保卫闽西一样），倒不如暂不直接营销这个客户，尝试从开展其他活动中来达到营销这个目标客户的目的，亦即实现"离开这个客户，营销这个客户"的营销目标。

十、综合开发意识

挖掘一个既有客户的潜力比营销一个新客户要省力得多，并且也容易得到更多的收益。即使从加深合作关系角度考虑，银行也应向同一个客户提供多种产品。这是因为，如果客户只使用银行的一种产品，这个客户就很容易就被其他银行"撬走"。如果这个客户使用了银行的多种产品，如果他要试图离开该银行，那就要好好考虑考虑了，毕竟再选家新银行也是需要成本的。我们过去读经典作家对资本主义社会的分析文章时，知道资本家是残酷无情的，因为他们要攫取剩余价值，而且要尽可能多地得到剩余价值，他们要"榨干工人的最后一滴血汗"。对银行而言，当然不能像资本家那样贪婪，但基本道理是一样的，那就是为了尽可能多地从对客户的服务中获取收益，也要"榨干客户的最后一点贡献"。也只有这样，营销工作才算彻底做到位。

第三节 客户认知

我们是为客户提供服务的，一定要站在客户角度考虑问题，一定要以客户的需要来设计银行的服务与产品。只有这样思考问题，只有这样为客户提供服务，客户的需求才能满足，客户才能满意。就像秘书为领导写讲话稿，如果秘书写的是自己的思想，那即使妙笔生花，领导也可能不满意。如果秘书能想领导之所想，站在领导角度考虑问题，并且以领导口气写讲话稿，那领导能不满意吗？银行为客户服务，就是要让客户满意，而要让客户满意，就必须服务到客户的"心坎"里。

"以客户为中心"是一种理念，是对客户的重视，这点我们应该坚持，并且应该大张旗鼓地向社会宣传。但我们也要意识到，我们实际需要的是"要让客户以银行为中心"。只有具备让客户围着银行转的能力，银行才能在与客户的业务往来中赚到钱。试想，处处围绕客户转的银行能提高与客户的议价能力吗？

银行应该以员工为中心。员工得到尊重，心情自然就会舒畅，自然就会积极服务客户。可见，以员工为中心是工作的出发点，以客户为中心只是以员工为中心的结果。在工作中，应忌本末倒置、缘木求鱼。

一、对客户性质的认知

（1）客户（企业）是一种组织。这种组织形式是对市场的替代，是用管理机制代替价格机制。也就是说，在客户内部，实行的是计划体制；而在客户外部，面对的是市场体制。在客户内部之所以实行计划体制，是因为能节约交易成本。企业的边界就是市场的交易成本与企业的管理成本相等时的那一点。

(2) 客户有小与大之分。小与大是相对而言的,就像有无之相生,难易之相成,长短之相形,高下之相倾,音声之相和,先后之相随一样,没有大就没有小。小企业也想做成大企业,但受制于各种因素影响,往往做不成大企业——非不为,是不能为也。小企业会一直发展到自己能力极限为止。小客户特点明显,它们议价能力低,行业地位弱,要看大企业脸色行事,数量多,竞争力小,财务状况差,资产负债率高,以民营企业居多,专业性较强,法人治理结构不符合经典要求,经营区域化,管理家族化,发展冲动强劲。小企业很多时候有求于银行,银行营销相对容易一些,并且小客户带给银行的综合收益也并不低。银行在重视小企业的同时,也不能忽视大客户。一家新支行开业,要先有大客户做基础,由大客户支撑起门面。只有这样,这家支行才能生存下来。生存下来后,再大力发展中、小企业,依靠中、小企业为自己带来源源不断的结算存款和其他业务,才能带来稳定收益。这样,这家支行才能发展起来。形象地讲,生存靠大客户,发展要靠中、小客户。银行经营的关键是要有合理的客户结构。当然,跟进"二八定律",银行应重点关注收益贡献较大的客户。

(3) 客户有多种类型。包括配套型客户和集聚型客户,前者如具有上、下游产业链关系的客户,后者如专业市场、开发区客户。一般来讲,除非垄断性较强的大型企业,对中、小客户,银行最好不要碰。

(4) 企业集团是一系列有资本或其他关系的企业联合体。企业集团由多个企业法人组成,但它本身不是一个法人。在企业集团中,由一个核心企业,它通过资本或其他关系控制了一批法人企业,形成"母子关系层"。子公司再通过资本或其他关系控制一批法人企业,由此形成"子孙关系层"。企业集团就是由这一层层的企业组成的。

二、客户关系处理

我们知道,《水浒传》里有三个女人:阎婆惜、白秀英和李师师(潘金莲臭名昭著,就不提她了)。阎婆惜本是宋江的相好,但宋江长得又黑又矮，且不懂情趣。当张文远出现时，阎婆惜立马移情别恋，想离开宋江，但也知道宋江是个不好惹的主。因此当宋江收到晁盖的感谢信后，阎婆惜觉得这是一个要挟宋江的好机会。于是提出条件：如不同意分手，就把宋江给抢劫生辰纲的人通风报信的事报告官府。阎婆惜跟了宋江那么久，其实并未了解宋江的为人。宋江心狠手辣，岂能被人要挟，遂手起刀落，结果了阎婆惜的命。阎婆惜本来有两种选择可把宋江送进大牢——一是假装没看见这封信，等宋江离开后再去告官；二是看到了，先稳住宋江，比如说愿与宋江同甘共苦，同上梁山，之后再去告官。可惜阎婆惜太傻，傻呵呵就没了命。

白秀英是大宋都城汴梁的一个歌女，色艺双绝，因生意不好、命运不济而流落到郓城县。与县太爷搭上关系后，白秀英继续活跃在娱乐第一线，仍亲自歌舞吹弹做生意。郓城县步兵都头雷横上街闲走，可能吃白食吃习惯了，这次仍没给钱（说是忘带银两了，恐怕雷横吃饭唱歌从来就没给钱的习惯，很多小商小贩请他还请不来呢）。白秀英父女自认为有县太爷撑腰，不仅对雷横恶言嘲讽，还通过给知县做工作，把雷横枷在县衙前示众。雷母前来送饭，欲解雷横绑绳，遭白秀英殴打。雷横大怒，扯枷就砸，白秀英脑浆迸裂，当场身亡。白秀英自认有靠山，就跋扈得不可一世，其吃亏就吃在一个"狂"字上。

我们再来看看李师师。李师师是汴梁城里头号花魁，歌舞娱乐界的头号大牌，被宋徽宗相中。李师师是个见过大世面的人，虽然背靠宋徽宗，但并不贪图宋徽宗的钱财、权势，也不窥视皇后位置，而是努力为宋徽宗管理好大宋江山出一分力。当宋徽宗为了大宋朝的社会治安寝食难安的时候，李师师凭借自己的社会影响联络到了宋江。宋江一门心思要投降，因找不到直接认识宋徽宗的门路，只好带了燕青、李逵等几个小弟上京城找到李师师。可以说，没有李师师，宋徽宗还真很难招安宋江一伙。李师师想皇帝之所想，急皇帝之所急，也算是有功于宋徽宗。所以说，李师师的最大特点是"精"，是"聪明"、"精明"那个意思的"精"。三个女人，特点不同，下场也不同。

上述三个女人的做派与下场，实际上是处理与他人关系的三个绝好案例。我们银行与客户的关系处理其实也是这样：像阎婆惜那样"傻"，会被客户卖了；像白秀英那样"狂"，客户也不会与你来往。只有像李师师那样，为客户分忧，帮客户解难，才能获得客户的青睐，才能体现自己的价值。

第四节 关系介入

人类社会本质上是个关系社会。

按照辩证法观点，世界上的万事万物都是普遍联系着的。事物之间相互作用、相互影响也就产生了"关系"。表现在人与人之间有：亲戚关系、亲属关系、师生关系、同学关系、级位关系、战友关系、同事关系、朋友关系、老乡关系、邻居关系、夫妻关系、情人关系、恋人关系、男女关系……这种无形的社会关系无所不在，十分具体，它渗透于社会生活的各个方面，直接或者间接地形成一种不容忽视的社会力量，影响着诸多事物的运行过程。似乎独立的个人，凭借其多层面的关系联结为群体，纵横蔓延为种种关系网络。

在西方，关系社会体现在契约精神上，一切经济活动、社会交往乃至亲朋关系，无不体现为契约关系，亦即所谓法大于天。比如教堂结婚：当牧师询问新娘愿不愿意与新郎生活一辈子的时候，实际上是向新娘发出一个"愿不愿意与新郎签署结婚协议"的提议，当新娘回答说愿意与新郎生活一辈子的时候，实际上是答应了牧师的提议。当牧师询向新郎询问同样问题的时候，实际上是向新郎发出一个"愿不愿意与新娘签署结婚协议"的提议，当新郎回答说愿意与新娘生活一辈子的时候，实际上也是答应了牧师的提议。既然双方都同意签署结婚协议，那下一步怎么办呢？当然是互换结婚戒指，打个比喻吧，这就如同互换协议文本。西方人把结婚仪式搞得如此隆重，可见他们对契约关系的重视。

我国是具有五千年文明历史的古国，有着自己独特的发展道路，那中国的"关系"又是什么样的呢？

一、中国古近代的"关系"

(一) 中国传统关系

在我国,从西汉初年的"罢黜百家,独尊儒术"开始,儒家学说就开始起到塑造中国人心灵的作用,使得中国的关系社会获得和西方不一样的特征。在中国,宗族关系、地缘关系和师缘关系非常重要,构成了我国社会运行的基础。

1. 宗族关系

我国近代著名历史学家蒋廷黻在其名著《中国近代史》中写道:"曾国藩不但利用中国的旧礼教作军队的精神基础,而且利用宗族观念和乡土观念来加强军队的团结力。他选的官佐几乎全是湖南人,而且大半是湘乡人。这些官佐都回本地去招兵,因此兵士都是同族或同里的人。这样他的部下的互助精神特别浓厚。"在这里,蒋廷黻认为曾国藩所率军队战斗力强盛的重要原因不仅在于士兵们有信仰,而且在于这些士兵全是同乡同族人。《红楼梦》里提到:"贾不假,白玉为堂金作马。阿房宫,三百里,住不下金陵一个史。东海缺少白玉床,龙王来请金陵王。丰年好大雪,珍珠如土金如铁。"这是说这四家皆联络有亲,一损皆损,一荣皆荣,扶持遮饰,俱有照应。这种"护官符"在封建社会是非常有用的。

具体说来,宗族关系包括父系的血统关系、母族的血缘关系和妻族的姻缘关系等。"打仗亲兄弟,上阵父子兵"即是如此。在中国长达两千年的封建社会中,每一个皇帝选择继承人时没有不首先考虑自己儿子的,即使自己没有儿子,也要传给离自己血缘关系最近的人。我们都知道三国时的刘备,他是如何介绍自己的呢?"中山靖王刘胜之后,大汉皇叔"。其实,中山靖王刘胜到刘备,已不知过了多少代了,刘备与汉献帝的关系也不知隔了多少层关系。那他为什么见人就自我介绍是"中山靖王刘胜之后,大汉皇叔"呢?原来刘备是以此展示自己身上流淌着贵族的血液,是名门之后——尽管自己现在只不过是一个靠卖草鞋谋生的人。可见,刘备是个非常优秀的营销者。就像阿Q

一样，常挂在口边的一句话就是"我祖上也曾富过"。

2. 地缘关系

宗族关系往往和地缘关系交织在一起，这是因为在过去，同族的人往往聚住在同一个地理区域内，即所谓"四邻八乡"。

中国人对自己的故乡都怀有深深的感情。在外发达了，要衣锦还乡，荣归故里；在外落魄了，更是思念故乡的山山水水和亲朋故旧；流落异乡，如能遇到一个同乡人，听着浓浓的乡音，畅谈故乡的人和事，足以慰藉那抑郁的心情，以至于古人把"他乡遇故知"列为人生四大喜事之一。李白的"床前明月光，疑是地上霜。举头望明月，低头思故乡"一诗，可谓妇孺皆知。个中原因除这句诗浅显易懂，朗朗上口外，恐怕也和这首诗反映的主题、情感有关。

在过去，很多城市，大到省城，小到县城，甚至很多商贸发达的市镇，都建有会馆。北京南城有很多会馆，像绍兴会馆、安徽会馆、湖广会馆、浏阳会馆、中山会馆、南海会馆等都很有名。我老家聊城有个山陕会馆，就连贵阳青岩，这个位居西南地区用于屯兵的小古镇也有个江西会馆。古人建会馆的目的是"以敦亲睦之谊，以叙桑梓（子）"，会馆的一大功能就是接待老家进京赶考的读书人和生意人。会馆本身是与同乡会类似的场所。古时进京赶考的读书人，一旦考中，要做的首件事不是欢庆，而是抓紧写个门生帖子送到本县乡在京城做大官的人家里去，主旨意思是要成为这个大官的门生。这个大官一看是考中的本县乡人送来的帖子，也会立即相见，虽然没有教过这个本县乡人一天，事前也没见过面，但往往都会立马认他为门生。双方急于见面的原因无外乎是今后同朝为官，要相互照应。

在我国的诸多商帮中，晋商、徽商、浙商是很有名的。他们是以地域来称谓的。温州人、宁波帮等也是按地域来说的。之所以如此，就是因为这些地区的人在经商方面有特色，这些人靠地域为纽带联系到一起。在海外，温州人、宁波人等也都建有同乡会。即使在国内，也建有数不清的同乡会！在北京的河南老乡有同乡会，在郑州的陕西老乡也有同乡会。同乡会的目的除互通信息外，也为了能互相照应。

在学校中，来自同一个地区的学生们会组成同乡会。如此等等。

新中国成立前，我国各地有很多军阀。这些军阀大都学问不高，但都重视乡土之谊。比如，阎锡山，山西五台人，"学会五台话，就把洋刀跨"是其任用下属的做法。湘系军阀何键，湖南醴陵人，则被人戏称"非醴勿视，非醴勿听，非醴勿用"。黔系军阀周西成，桐梓县人，他居然把该县能写字的人全都拉出来做官，以致老家后来连个会写信的人也找不出来。这些例子也许很极端，但在一定程度上也很能说明问题。

3. 师缘关系

本县乡考中的读书人递送的是门生帖子，也就是说要拜本县乡前辈为老师。虽然"前辈"没给这个读书人讲过一天课，但一旦承认了师生关系，那关系也就非同一般了。认了没教育过自己一天的同乡前辈当老师，就像新中国成立前一个女孩子认了和自己没有任何血缘关系的人当"干爹"一样，会给自己带来光明前途。在我国，尊师重道是一个人非常重要的品德。孔子有了七十二贤人和三千弟子，他的思想才得以传播开来，并成为中国的至圣贤哲。段祺瑞一生做的官职无数，但他最重视武备学堂总办一职。皖系主要将领几乎全是他的学生，如国务总理靳云鹏、湖南督军傅良佐等。

在中国社会，尤其是在中国古代官场中，老师如果不帮忙学生，学生如果不维护老师，那无疑是犯了弥天罪过，"欺师灭祖"是被人瞧不起，甚至是要受到惩罚的。这方面的例子很多，这里仅举一例。汤恩伯是蒋介石非常信任的人，蒋介石败退台湾时从上海抢运黄金主要就是由汤恩伯指挥的。当他的老师陈仪来劝他向共产党投诚时，他选择了向蒋介石揭发他的老师，最终陈仪被蒋处死。汤忠于蒋介石，但揭发自己的老师，且没能救下老师的命。汤对此感到问心有愧，长期处于外界压力和内心矛盾之中。在台湾期间，他虽挂有"顾问"等职，但他深居简出，足不出户，隐居在台北三峡乡寓中，日渐消沉。

也正因师生关系如此重要，倚重自己的学生，就成为老师用来扩展自己势力的重要途径。我们前面讲过唐僧取经团队的故事，那你知道如来佛为什么选定唐僧，而不是李僧、王僧来做取经团队负责人吗？

其实，如来佛选定唐僧做取经团领导也不是随意而为。唐僧本是如来佛的弟子金蝉子，因为上课不认真听讲，被如来佛罚下界来进行改造。当如来佛想提拔个人，以便和燃灯古佛等西天其他高管相抗衡时，首先想到的人选当然是曾为自己学生的金蝉子。如来佛派观音菩萨去寻找取经人。观音菩萨年纪轻轻就能爬到那么高的位置上，当然有其过人之处。她当然清楚如来佛的心思，因此就毫不犹豫地选了唐僧。估计观音菩萨选其他人来做取经团队领导，如来佛也是不会同意吧！从如来佛选唐僧取经这个故事中，我们还能得到另外一个启示：唐僧是因为不尊重领导才被如来佛罚下界的，因此作为学生（下属、晚辈等），是不能不尊重老师（领导、前辈）的。

（二）中国传统关系的运用——以孙中山和蒋介石为例

1. 孙中山对中国传统关系的运用

孙中山关于中国人乡土观念强而国家观念弱的见解，大家都比较熟悉。他在《三民主义》一文中写道：中国有很坚固的家族和宗族团体，中国人对于家族和宗族观念是很深的。譬如中国人在路上遇见了，交谈之后，请问尊姓大名，只要彼此知道是同宗，便非常之亲热，便认为同姓的伯叔兄弟等。此外还有家乡基础，中国人的家乡观念也是很深的。如果是同省同县同乡村的人，总是特别容易联络。正是因为对中国社会如此深刻的认识，孙中山在领导革命时起，就有意无意地逐渐选拔了一批以广东籍为主的亲信干部队伍，他们长期追随孙中山并为孙中山所信赖。以孙中山领导的兴中会而言，95%的成员是广东人。孙中山在世时，他的基本干部有所谓"上三"、"下三"之说。"上三"指胡汉民、汪精卫、廖仲恺；"下三"是指朱执信、邓铿、古应芬。这六人全为广东人。国民党第二次全国代表大会召开时，经有代表提出将大会发言翻译成粤语，因为很多广东代表听不懂他省的方言，可见当时广东籍国民党党员势力之强。以至于浙江籍的代表蒋介石在日记中写道"粤人重地域而排外，其私心较任何一省为甚也"。

2. 蒋介石对中国传统关系的运用

蒋介石在日记中曾称"粤人重地域而排外"，他自己又何尝不是如此。近代著名经济学家何廉以其对蒋介石的近距离观察，认为蒋介石"认识人，也懂得用人，但是他不懂得制度和使用制度。……从根本上说，他不是个现代的人，基本上属于孔子传统思想影响下的人。他办起事来首先是靠人和个人接触以及关系等，而不是靠制度。"（何廉：《何廉回忆录》，中国文史出版社2012年2月版，第108页）蒋介石的国民党政权虽有其政治思想基础，但就其政府及军事人员构成来讲，很大程度上却是各种关系运用及平衡的结果。

（1）蒋介石的姻亲。典型的是蒋经国为其子，孔祥熙为其连襟，宋子文为其小舅子，张学良为其拜把子兄弟（在过去一旦结为拜把子兄弟，那实际上就和亲兄弟一样了，有时甚至比亲兄弟关系还要硬）。

（2）蒋介石的老乡。蒋介石非常重视故乡之谊。北伐前，他在国民党元老中着力捧出的张静江、为他作"军师"的戴季陶、替他办党务的陈氏兄弟都是浙江人（蒋、陈两家的渊源，始于陈其美与蒋介石的关系。蒋介石年轻时在日本留学认识了比他大九岁的陈其美，两人结拜为兄弟。1916年，陈其美被袁世凯派人暗杀，当时没人敢去处理，只有蒋介石来为他收尸，在祭词里自称"盟弟"，由此可见两人交情匪浅。陈家的下一辈也习惯称蒋介石为"蒋三叔"——当年陈其美与蒋介石、黄郛结拜，陈其美为老大，黄郛为老二，蒋介石为老三）。1927年国民政府成立前，蒋介石率领的北伐革命军势如破竹，但庞大的军费开支令蒋介石十分头疼，他迫切需要经济界的支持，尤其是金融界的支持。而当时中国的金融界主要被江浙人物所控制。这些金融界头面人物眼看北洋政府即将垮台，也迫切需要新政权的支持。虽然有现实的政治经济利益考虑，但乡谊成了双方彼此密切联络的敲门砖。1926年夏，蒋介石让宋子文打电报给虞洽卿，邀请虞洽卿到当时国民革命的大本营广东来看一看。虞洽卿派他的女婿代表他到广东去摸情况，他的女婿回来后向虞洽卿汇报了他在广东的所见所闻。虞洽卿得出的印象是：蒋介石"很讲交情"（蒋介石曾和虞洽卿在上海证券物品交易所共过事，虞洽卿当时是交易所的理事长，蒋介石则在其中做投机生意，失败后才赴广东拜会孙中山的），"对浙东乡谊看得很重"（虞洽卿为浙江镇海人，蒋介石为浙江奉化人，奉化和镇海同属宁波）。江浙人物通过银行借款、购买国民政府发行的公债等方式向蒋介石提供了大量资金，使蒋介石得以较为顺利地站稳脚跟，稳定政权，并把势力伸向全国。蒋介石每逢政治失意，也总是回到故乡奉化溪口。比如1924年2月连国民党一大正式代表也没选上时，又如1949年1月被迫辞去总统职务时，他都是回到老家，流连于故乡山水，等待重新崛起的机会。蒋介石在家乡，从来不穿军服，也不摆总统架子。对同族老人更是尊重有加。

在军队中，蒋介石也会着意任用同乡人。如蒋介石的"五虎上将"之一蒋鼎文、空军一级上将周至柔以及陈诚、徐恩曾、陈布雷等都是浙江人。

（3）蒋介石的学生。蒋介石本人担任国民党各种军事学校的校长，嫡系黄埔。能不能当面称蒋介石为"校长"，成为能否取得蒋介石信任乃至能否成为蒋介石嫡系的重要标准。毕业于黄埔军校的下属有桂永清、李仙洲、宋希濂、李默庵等。

（4）蒋介石的老乡兼学生。一些黄埔学生对蒋介石非常忠诚。1927年8月13日，蒋介石被桂系李宗仁、白崇禧所逼首次下野，他未料到其麾下第一军军长何应钦竟与桂系勾结到一起，不仅下令解散了由黄埔一期学生任团长的七个补充团，而且还命令第一军与李、白的第七军做不利换防。消息传来，蒋授意黄埔同学会秘书曾扩情与原国民革命军总司令部参谋长朱绍良召集20余名黄埔一期带兵军官在上海秘会，一致表示坚决抵制何应钦命令。会上，时任第一师副师长的胡宗南发言最多，态度最为慷慨激昂："校长的英明，在国内无出其右者。现虽下野，但不久必会再次出山收拾残局，故由我等黄埔同学率领的队伍绝对不能脱离其领导。"胡宗南的坚决拥护蒋介石，获与会者一致赞同。由此看来，蒋介石的一番苦心没有白费。

当然，虽为同一群体，但还是有等次差别的。事实上，虽同为黄埔一期学生，但在蒋介石心目中，确有厚薄之分、亲疏之别，对浙江籍的一期学生，蒋格外垂青。聊举一例，大凡任过蒋介石侍卫长者，均浙江籍一期学生，如俞济时、王世和、宣铁吾、石祖德、蒋孝先等。此外，像戴笠、毛人凤、汤恩伯、胡宗南、邱清泉等人既是黄埔毕业生，又是浙江人，故深得蒋介石信任。蒋1928年初复国民革命军总司令职后，随即将已任带兵官的贵州籍黄埔一期学生陈铁、牟廷芳、刘汉珍、宋思一等多人调职，或明升暗降，或避实就虚。

宋希濂曾说："因蒋逐步将军权集中到他所喜爱的和他认为可靠的几个人手里（如胡宗南），故在黄埔系军队中也产生了派系，围绕职务升调和部队待遇不平等问题，经常发生龃龉和内讧。"

二、当今的"关系"

我们的毛泽东主席对家乡也是情深义重。1927年，他回到韶山考察农民运动，写下《湖南农民运动考察报告》等经典著作，离别时他庄严立誓："30年后革命不成功，我毛润之不回来见父老乡亲。"1965年5月25日他离开故乡32年后首次回到家乡，实现了回家看一看的愿望。当晚，他感慨万千，激动得夜不能眠，伏案写下《七律·到韶山》。"别梦依稀咒逝川，故园三十二年前。"已有32年没回故乡了，可是在梦中并没有忘却故乡啊。既想念故乡的山水，又想念故乡的人民。故乡的人民也是非常了不起的，"喜看稻菽千重浪，遍地英雄下夕烟。"这是多么饱含深情的诗句啊！

毛主席也非常重视师生之谊。1937年1月中共中央为徐特立公开庆祝60大寿，毛主席在延安窑洞里，给正在陕北保安的徐特立写了那封非常著名的信。信中写道："你是我二十年前的先生，你现在仍然是我的先生，你将来必定还是我的先生。"当然，中共中央和毛主席当时破例为一个革命老人祝寿，主要目的在于鼓舞前线将士的士气，但作为曾经的学生，毛主席对老师的感情相当真挚。新中国成立之初，百废待兴，财政十分困难，不久又抗美援朝，但毛主席仍不忘尊师重道，他先后用自己的稿费，招待、帮助、接济自己的老师，如黎锦熙、王季范、毛宇居、李漱清、张干、罗元琨、杨树达等先生，还有国文老师袁吉六先生的夫人戴贞常、启蒙老师邹春培先生之孙邹普勋、谭咏春先生之子谭世瑛、王正枢（即演员王人美的父亲）的孙儿等。毛主席尊师重道的故事还有很多，比如：①据毛主席的老师杨树达的夫人介绍，1955年6月20日毛主席来到杨树达家中，亲自为患气管炎的恩师杨树达端痰盂。毛主席敬师举动，使当时所有在场人深受感动。②1959年6月，毛主席回到韶山，他邀请自己读私塾时的老师毛禹珠一起吃饭。席间，毛泽东为老师敬酒，使毛禹珠不胜荣幸，感慨地说："主席敬酒，岂敢岂敢！"毛泽东则说："尊老敬贤，应该应该。"③在中南财经政法大学档案馆里，保存着这样一封毛泽东的亲笔信："人惕、人价二位同志：一九六二年七月十四日来信收到，惊悉有晋先师因病逝世，不胜哀悼。谨此致唁。毛泽东，一九六二年七月十九日。另奉薄仪一份，聊助营奠之资，又及。"张有晋是毛主席的老师，1952年写信给毛主席表示想到新中国成立后的北京观光。很快，中共中央统战部就寄200元邀请老人进京。当年8月18日下午，张有晋等人在秘书陪同下来到毛主席家做客。饭后，宾主一起来到中南海岸边，毛泽东搀扶着恩师上了一艘游艇，自己轻轻操桨，两人有说有笑地边聊边游中南海。毛主席将张有晋安顿在北京。天气转凉后，毛主席又派秘书为老人一家四口添置新的冬衣及床上用品。后来毛泽东还把他自己穿过的呢子大衣和帽子送给老人挡寒。从此老人每逢五一、十一等重大庆祝活动，都会被接到天安门观礼；有湖南故旧到北京，都会被接去出席作陪。1962年7月，张有晋病故后，毛主席即派秘书送来唁函和奠仪300元，以表哀悼。

毛主席对亲情也非常看重。1959年6月25日毛主席回到故乡韶山，第二天清晨天刚亮，就来到父母墓前为亲人扫墓，给父母墓前敬献了松枝并深深三鞠躬，深情地说道："前人辛苦，后人幸福，下次再来看你们。"晚上在和罗瑞卿谈话时，他说道："我们共产党人不讲迷信，但生我者父母，教我者师长，不能忘。"在他爱人杨开慧牺牲27年后，毛主席在《蝶恋花·答李淑一》中仍深情地回忆道："我失骄杨君失柳，杨柳轻飏直上重霄九。"对为革命牺牲的家人的后代乃至所有革命烈士的后代，毛主席都是尽最大可能予以照顾。

从毛主席的事例来看，我们共产党人并不反对这种带着浓厚感情的关系。1977年10月2日邓小平在《接见港澳同胞国庆代表团和香港知名人士利铭泽夫妇的讲话》中还讲过这样一段话，"说什么'海外关系'复杂不能信任，这种说法是反动的。我们现在不是关系（海外关系）太多而是太少，这是个好东西，可以打开各方面的关系。"邓小平对海外关系的肯定，使得中国当时能充分利用海外关系来发展国内经济。像汕头大学，就是在中国香港爱国企业家李嘉诚先生捐助下建设发展起来的。现在很多大学、中学的教学科研楼都是中国香港爱国企业家邵逸夫捐建的。很多企业也都是在海外的企业家在国内投资成立的。可以说，海外关系对"文革"后乃至改革开放以来国内经济的发展做出了重要贡献。现在，同乡会、同学会等民间组织非常多，这对密切经贸往来，联络私人情谊，促进社会主义市场经济，均具有十分重要的意义。作为唯物主义者，我们现在是不能无视，也不必无视这种关系的存在。但是，我们也应密切注意，一定不要把关系庸俗化，更不要把关系用来进行违法犯罪活动。

如果把"关系经"念歪了，会给党和人民的事业带来不可估量的损失。作为银行的营销人员，要谨记关系是用来"做事"的，而不是用来走"歪门邪道"的，更不能用来犯罪，而应科学、合理、合法地运用关系来进行营销活动，也就是说，银行营销人员，要学会运用关系，要会建立关系，要靠关系介入来拉近自己与客户的距离。

第五节　领导参与

我国历史很长时期是封建集权的国家,"官本位"意识非常浓厚,同血液、地缘和师缘一样,官文化也是中国古代的一大特色。"普天之下,莫非王土。率土之滨,莫非王臣"。在皇帝看来,臣民就是被统治、被管教的对象,下属都是"奴才"。所以称官员为父母官,既然我是老百姓的父母,当然有权管教孩子们了。连县官出巡,都要让差役高举写有"回避"的牌子,何况巡抚、皇帝的出巡呢。当官的怕与老百姓见面,虽然有在老百姓面前保持神秘感的需要(就像距离产生美一样,有了距离才能产生神秘,也才能树立权威),但恐怕也有摆谱的因素吧。"官"人觉得自己是个人物,当然希望别人"尊重"自己。由于"官"人掌握着大量的资源,可对某些"非官"人或下级"官"人的事业、生活带来切切实实的影响,所以某些"非官"人(或下级"官"人)也会对"官"人(或上级"官"人)表现出过分的"尊重"。对"官"人的"尊重"体现在很多地方,"官"人们也习惯了这种"尊重"。

过去,官场上流行的语言或官吏讲的话叫"官话";连接两地的路再窄、再破败不堪也叫"官道";偏远野郊的乡村客栈,见到一个衣衫褴褛的住店人,也会被称作"客官";在外面并无一官半职的丈夫回到家里,妻子也会亲切地叫上一声"官人"。由此可见,过去中国人的官意识是多么浓厚,真是已经融化到血液之中。

在中国,再好的朋友如果其中一人成了"大官",而另一人没能成为"大官",则双方关系马上就会不同于以往了。典型的例子如,明朝开国皇帝朱元璋,与他一同起兵反元的淮西人士有很多,明朝建立后做大官的也有很多,如李善长、胡惟庸、冯国胜、冯国用、华云龙、常遇春、蓝玉、汤和等。汤和从小与朱元璋在一起放过牛,真正了解朱元璋的秉性，在功成名就后辞官还乡得以善终，除汤和之外大部分开国名将、名臣即使时时高喊万岁也无济于事（他们过去可都是能随时闯入朱元璋的帐篷并呼喊朱元璋小名的人），最后大都被朱元璋给除掉了。原因是朱元璋对这些劳苦功高的人不放心，怕他们造反从而威胁到朱家的江山。为了这个目的，即使过去再亲近的人，也须予以清除。朱元璋与他的名臣战将在王朝建立前后的关系可谓发生了天翻地覆的变化。当然，也有例外。例如，东汉光武帝刘秀与严光的关系就没因刘秀成为皇帝而发生变化。严光年轻时和刘秀是同学，刘秀成为皇帝后，把严光接到京城，晚上和严光畅谈很久，睡着后，严光居然把脚放到了刘秀的肚子上，醒来后刘秀也没生气。两人如此亲密的关系并未因其中一人地位的变化而发生变化，以致后来范仲淹还专门写了一篇《严先生祠堂记》来记叙这件事。这篇文章和这件事流传千古，尤其是严光与刘秀的关系更为后人所乐道。翻开中国历史，严光和刘秀的例子凤毛麟角，而朱元璋与胡惟庸、李善长的例子却比比皆是。

时代发展到今天，政府官员已不是过去封建社会的官僚，而是人民的公仆。作为人民公仆的各级政府官员，绝大部分都是兢兢业业的好干部，但不可否认，也有少部分干部忘记了中国共产党的宗旨，忘记了自己的位置、权力都是人民赋予的，因而不能正确处理自己与群众（民众）的关系。"官"意识在某些人的心中是恶性膨胀：自己是个"官"人，别人就要尊重自己，就要怕自己，就要比别人高人一等。值得欣喜的是，2012年12月4日，习近平总书记主持召开中共中央政治局会议，审议通过了中央政治局关于改进工作作风、密切联系群众的八项规定。"八项规定"实施后，党的优良作风得到贯彻，脱离人民群众的骑在人民头上"作威作福"的腐朽意识及行为得到遏制。

我们反对脱离人民群众的"官本位"，但对处于领导职位上的人也要有足够的尊重。比如两家企业如果开展商务谈判，那坐到谈判桌前的两拨人肯定是职务相当的人，不可能这边来个总经理，那边来个办事员。如果对方是个总经理，而自己这边只派个办事员，则是对对方明显的不尊重。即使不用戴"官意识"的高帽子来评判这件事，即使仅从礼貌角度看也是不应该的。

  在中国做营销，还真不能忽视"官位对等"这样的事。银行营销人员借助有关渠道认识客户后，应尽快请出自己单位的领导，让领导和自己一起到客户那里去拜访。只有这样，自己这一行人才能见到客户的高层领导，也只有这样才能坐到一起进行具有实质意义的合作内容方面的交流。银行营销人员三番五次拜访客户，还不一定能见上客户的高层领导一面，即使见到了，拜访效果也肯定不如领导出面拜访的效果好。

第六节 方案设计

与客户拉上关系，领导出面，还不能保证营销活动的成功，因为其他银行的营销人员也可能这么做。与其他银行的营销活动相比，你的营销活动要有特色、有亮点才行。只有这样，客户才有可能接受你的营销服务，也就是你要给客户一个理由把业务交给你办理。为客户做好"一对一"金融服务方案就是这样的一个理由，这在银行投标活动中最为明显。每个投标者实力都很强、名气都很大，都很熟悉招标者的情况（或者都有"关系"），那最终谁会中标呢？当然是实力最强的那一方，而判断实力最强与否的重要标准就是看标书做得怎么样。金融服务方案设计就是把自己最闪光的东西展现给客户，让客户觉得把业务交给你做不但放心，而且能带来巨大收益。营销人员初次拜访客户时，应该有意识地收集相关资料，深化对客户的了解，并且在拜访结束时向客户表示"我们会尽快把服务方案提交给你们"。当然，如果对该客户已有比较透彻地了解，也可直接进入金融服务方案设计阶段并在拜访时把该方案提交给客户。提交金融服务方案也是有技巧的。如果此次会谈主要是谈服务内容，则应在会议正式开始前就把方案分发到与会人员手上；而如果是泛泛而谈并无特定的洽谈内容，则为了不影响与会人员的注意力，就应在会谈结束后再把方案提交给客户。为了显示尊重起见，应由银行带队的领导把服务方案亲自送到对方手上。金融服务方案除内容充实，契合客户金融需求外，外观封面及内文印刷也应尽量做到精美、大方、不落俗套。为了便于阅读，内文最好采取 PPT 格式。

为了把金融服务方案最大可能做到切合客户的需要，我们应该全面了解相关情况，包括市场情况、客户情况以及银行自身情况，既要知己，又要知彼，不能知道一点就满足不前。如果我们浅尝辄止、就事论事，就只能了解一个侧面或一部分事实，这就局限了我们的视野。在这种情况下，我们得出的结论就可能不是一个全面的结论。相反，如果不断地查阅资料，了解某一事件背后的东西或围绕某个人发生的所有事情，我们就能了解得更加全面、细致和深入，我们的知识面也就会变得更宽广。

关于金融服务方案的内容，主要应体现以下几点：银行特色与服务能力、对客户需求的理解及银行能提供的服务内容。在金融服务方案中，营销人员还应重点涉及银行服务能给客户带来的利益。

其基本框架是：

（1）本银行介绍。主要是银行特色与竞争能力。

（2）客户需求认知。要抓住客户的核心需求。

（3）服务内容。主要是介绍根据客户需求而设计的银行产品。

（4）配套机制。主要是为更好地服务客户而做的银行内部安排。

（5）进度安排。

下边（专栏2-1）提供了一份某银行为某地方政府设计的一个金融服务方案，仅供参考。考虑到目前绝大多数规模较大的银行都已经走上综合化金融发展道路，其通过设立子公司的方式，已基本囊括证券、保险、基金管理、信托等全方位金融业务，因此在下属服务方案中并未局限于银行服务，而是涵盖了包括银行、证券、保险、基金、信托等在内的全方位金融服务。

专栏2-1

××市人民政府金融服务建议书

一、前进中的××银行

（简明扼要介绍本银行的发展历程、经营特色、竞争优势、市场地位、发展谋划）

二、××银行在××市

（介绍本银行支持该市经济社会发展的主要举措、效果及意义）

（一）××市作为中国改革开放政策和现代化建设先行先试的地区，创造了世界工业化、城市化、现代化史上的奇迹。

（1）××市是世界第×大集装箱港口、中国第×大航空港、中国第×大旅游城市，是中国第×个、世界第×个获得××称号的城市。

（2）××博览会（交易会、高端论坛等）每年在××市举行，极大提升了城市形象，推动了××市经济社会发展。

（3）作为全国重要的证券资本市场中心，××市的银行、证券、保险业机构密度，外资金融机构数量以及从业人员比例均居全国前列。

（4）中国政府发布的《××地区改革发展规划纲要》将××市定位为××城市，发展方向是×××××。

（二）××银行始终重视在××市的发展，为××市的经济发展已做出较大贡献。

（1）已在××市建立起比较完善的机构网络。

①××证券在深圳设有××家营业部。

②××银行在××设有一家一级分行和××家支行，为本银行系统内设置分支机构较多的分行之一。

③××保险公司设有××家支公司和营业部。

……

（2）以重点项目为切入点，大力支持事关××市经济社会发展的大企业、大项目，包括：××公司、××公司等。

（3）××银行对××市经济发展的支持力度在不断提升。

①正在为××市××万多家企、事业单位和××万多私人高端客户提供金融服务。

②××证券为公司、私人客户提供了众多高端服务，包括保荐上市、证券承销、资产管理、证券经纪等。

③××公司在高新技术产业投资、资产管理及财务顾问业务领域取得丰硕成果。

④在钢材贸易、机械加工、电池制造、建筑安装、建材批复等中、小企业占主导地位的领域，也闪现着××银行旗下企业的身影。

……

三、金融服务建议（包括需求挖掘与认知、具体服务建议）

××银行愿意同××市政府建立良好的战略合作关系，将××市作为重要战略合作城市和业务发展的重点支持区域，愿意继续在高新技术产业、现代物流业、金融服务业、创意文化产业等领域为××市进一步发展提供全方位的金融服务。

（一）加大对市政重大项目、重点工程和重点企业的金融服务力度，支持××市加快建设"全国经济中心城市"的步伐。

（1）对事关××市经济发展的重大项目和重点工程，××银行将优先提供信贷资金、发行债券等金融服务，并在信贷政策、信贷规模、业务运作效率和资源配置上给予优先支持。

（2）针对××市重点企业的综合性金融需求，××银行将组建优秀团队，专门设计全方位的金融服务方案，并提供一揽子、一站式金融服务。

（3）组织集团化、规模大型化、资金集中化、布局网络化是企业发展的重要特征。××银行将优先支持××市企业在这方面的金融需求。

（4）产业整合与并购重组是企业做大、做强的重要途径。××银行在这方面也积累了丰富的经验，愿意为××市企业分享经验并协调下属券商提供直接金融服务。

（二）加大对××市高新产业园区入区企业及××市高科技企业的金融支持力度，促进××市高新技术产业的发展。

（1）××银行将采取信用、企业互保、第三方担保、货押、供应链融资等方式加强对××市高科技企业的信贷资金支持力度，并统筹下属券商采取辅导上市、财务顾问、直接投资和资产管理等方式加强对××市高科技企业的直接融资支持力度。

（2）针对高新企业具体特点，分别向重大科技项目、科技中小企业、科技园区、创业投资基金提供差异化、综合性金融服务。加大直接投资高新技术产业和其他技术创新企业的力度，积极参与企业孵化器的建设，积极参与或独立发起设立创业投资基金或产业投资基金，促进本地企业的发展壮大。

（3）搭建××银行与××市高科技企业对接服务平台，支持××市高新技术园区基础设施建设和企业项目建设，积极探索多种融资模式，为进入园区建设企业和入园企业解决融资难问题。

（三）加大对××市机场、港口等交通基础设施及其配套企业的金融支持力度，做××市发展现代物流产业的有力促进者。

（1）××银行将继续加强对××市港口、铁路、集装箱中心站、航空港设施项目的支持力度，推动在区域经济一体化进程中××市龙头作用的发挥。

（2）××银行将加大对船舶交易、船舶管理、航运经纪、航运咨询、船舶技术等各类航运服务企业的金融支持力度。

（3）××银行将加大对仓储、物流等服务企业以及交通设施建设企业的支持力度，并积极整合系统内保险、证券等力量，为这些企业提供全方位的金融服务。

（4）××银行将充分发挥综合业务优势，借助自己在国内、外市场上的影响力与运作经验，为××市的物流企业参与市场竞争提供帮助，包括市场信息提供、业务商机介绍、海外上市辅导、产品出口融资、海外代理行服务以及直接、间接融资服务等服务。

（四）把××市作为××银行金融产品创新的实验地和创新金融产品的试用地，大力支持××市发展金融服务业。

（1）××银行将重点、有序开发跨机构、跨市场、跨产品的金融业务，加强与××市在项目收益债券、金融衍生产品、期货保税交割、外币债券、境外企业发行人民币股票、非上市公众公司股份转让、港深证券产品合作、银行间债市和交易所债市互联互通等创新领域的合作。

（2）××银行将在并购贷款、离岸金融、融资融券、股指期货、国际融资、资产证券化、银行结算、保险业务、企业重组、企业年金、个人金融、券商直投、信托租赁、汽车金融等领域加大创新力度，并将这些创新产品率先在××市试用。

（3）××银行将把旗下资产管理和直接投资板块的业务重点向××倾斜，积极参与××市的风险投资、产业基金设立等事业。

（五）积极探索支持创意文化产业的金融新途径，促进××市创意文化产业的发展。

（1）××银行积极丰富融资品种，创新融资质押方式（尝试以知识产权、企业无形资产和电影（电视、动漫）制作权的质押方式），逐步解决创意文化企业的融资问题。

（2）××银行积极统御旗下信托、证券、资产管理、保险等相关机构，为文化创意企业提供资金结算、机构理财、供应链融资、并购贷款、上市融资、私募股权基金投资等综合性金融服务。

（3）××银行积极与××市相关机构搭建合作平台，为创意文化企业提供批量化服务，并利用自身的金融专业力量，扩大××市创意文化产业及部分重点企业的知名度和品牌影响力。

（六）加大对××市环保、新能源项目的投入与支持力度，做××市发展低碳经济、循环经济的践行者。

（1）积极支持××市发展生物质能发电、太阳能发电、污水处理、垃圾焚烧发电等项目。

（2）以项目的融资、建设、运营为依托，做强××银行在××市的环保产业。

（3）加大对环保高科技企业的直接投资与辅导上市服务。

（七）加强与××市政府的全面金融合作，做××市发展高端金融产业的坚定支持者。

（1）××银行将重视从自身层面支持××市引进高端金融人才的工作，在年度人员招聘指标上优先向××银行驻×企业倾斜。

（2）××银行愿意协调系统内不同金融机构，与××市属金融企业结成合作伙伴，共同发展。

（3）××银行将集合系统内金融板块力量，加强对××市地方经济与金融的研究，为××市金融经济发展提供专业咨询建议。

（4）××银行将加大对××市设立的各个政府平台公司的合作，支持这些企业在并购重组、产业整合、土地收储、业务扩张等领域的发展。

（八）关注民生、支持民生，为××市人民群众提供丰富、适用的全线金融产品。

（1）××银行将协调系统内对私业务板块，积极为××市人民群众提供包括理财、基金、保险、资本市场等金融产品。

（2）××银行将针对××市的经济特点与民众习惯，设计并提供有针对性的各种金融新产品。

（3）××银行将加大对居民个人文化、物质消费领域的支持力度，提升民众生活水准。

（4）××银行统领旗下涵盖整个金融领域的众多分、子公司，以更便捷、更优质的金融服务更多地融入××市人民群众的生活之中。

四、服务安排

（一）建立双方高层磋商机制，不断完善××银行服务××市经济金融发展的运作平台。

（1）××银行与××市政府签署战略合作协议，明确××银行对××市进行金融支持的范围、方式、手段等内容。

（2）××银行与××市政府高层建立定期互访与沟通机制，交流信息与需求，谋求共同发展。

（3）双方建立日常联系沟通机制，互相通报工作动态和重要信息，协调重大事项与相关业务，探求业务合作机会并具体落实相关合作事宜。

（4）××市向××银行提供重点工程、项目及企业名单及相关信息，××银行则优先对名单内的重点工程、项目及企业提供金融支持。

（二）××银行将建立针对××市的金融服务保障机制，确保银行对××市金融服务的及时、到位。

（1）××银行推行银行总部与各分行、旗下各子公司密切配合的联动服务模式，从总部到相关分行、相关子公司企业均针对×市成立专门的服务小组，在服务人员、金融产品、融资方案等方面给予充分保障。

（2）由银行总部统一协调旗下各子公司，调配系统内资源，保障实现对××市客户的优质、全面服务。

（3）由××银行××机构作为银行的日常联系机构，具体负责规划、部署系统内企业开展对××市公私客户的日常服务。

（4）××银行驻××市机构建立联席会议制度，共同协商，负责对××市具体客户的金融服务工作。

（5）××银行将与下属各子公司建立定期信息沟通机制，及时了解银行服务中存在的问题并予以改进。

××银行愿意与××市紧密战略合作，实现共同发展！

××银行
××年××月××日

第七节 利益跟进

相传乾隆皇帝下江南时来到长江边上的金山寺，有一天和寺里的方丈聊天。望着长江上穿梭如织的大小船舶，乾隆皇帝问方丈："长江上一天能过多少只船？"老方丈微微一笑："只有两艘。"乾隆皇帝不解，老方丈解释道："一艘为名，一艘为利。"是啊，我国有句古话："天下熙熙，皆为利来；天下攘攘，则为利往。"长江里面那么多船，要么是做买卖的商人，要么是求取功名的。如果没有了功名，如果没有了钱财，那长江里面恐怕只有日夜奔流不息的江水了。在我国，虽然"君子"们口头上耻于谈利，但实际上又都是最爱钱财与功名的。李白"安能摧眉折腰事权贵"，那也是在"不归他人，而愿委身国士。倘急难有用，敢效微躯"遭到拒绝之后（见李白《与韩荆州书》）。王勃"舍簪笏于百龄，奉晨昏于万里"，那也是在发出"怀帝阍而不见，奉宣室以何年"（见王勃《滕王阁序》）的感慨之后。像陶渊明那样"闲静少言，不慕荣利"、"忘怀得失，以此自终"的人，古往今来恐怕少之又少。前面我们讲到中国人特别重视关系，老乡、同学、父子等，但是我们需要知道的是，在利益面前，关系有时也并不那么可靠。为了利益，父子可能形同陌路，兄弟可能自相残杀。当然，同乡、弟兄、师生反目，可能是为了私利，也可能是为了公利。例如，唐太宗李世民为了登上皇位，发动"玄武门兵变"，杀了自己的亲兄弟。雍正为了登上皇位，要尽计谋，对诸多兄弟也尽极力打击之能事。

时代发展到今天，我们可以走遍全球任何一个地方，可以让卫星上天，可以让江河改道，但恐怕很多人很难走出自己的心魔，很少能有人放得下"利益"。放眼望去有那么多的企业家在企业发展之初，与创业伙伴一道艰苦打拼，但在企业走上正轨之后，往往会因为利益分配不均而分道扬镳，甚至反目成仇。我们最常见的是弟兄姐妹多的家庭，在老人故去，往往会因为家业分配而闹得像仇人似的。由此可见，利益关乎每个人，绝大部分人都是很看重利益的。

银行营销人员给客户设计金融服务方案，是探寻自己能否满足客户需求的重要途径。但方案设计得再好，也还是停留在纸面上。经济往来需要的是实实在在的利益。营销人员把产品交给客户使用，表面上是输送一种产品，实际上输送的就是一种利益。银行营销人员能给客户带来的最大"利益"，就是让客户通过使用银行提供的服务能赚到更多的钱。同时，客户由于有银行的产品支持而得以壮大，从而成为知名企业，成为在社会上有影响的企业。所以，营销人员在营销时，要注意把自己的服务与客户所能获得的"名"（社会影响）和"利"（经济效益）有机结合起来。

银行能给客户带来利益的主要是产品。那么，商业银行有哪些产品？或者说商业银行的产品如何分类？最常见的说法是包括资产、负债和中间业务。经典的金融教科书、金融专业书籍乃至各家银行的内部培训教材也大都如此分类。这种分类方法本身没有错，然而，这种分类方法背后体现的思维意识却是值得探讨的。这种分类方法是典型的"以银行为中心"："资产"是从银行角度而言的资产，"负债"是从银行角度而言的负债，"中间业务"是从银行角度而言的中间业务。银行常常说"以客户为中心"、"客户就是上帝"，但为什么在产品分类上恰恰体现的是这一思想的反面呢？要知道产品是银行联结客户最主要的纽带呀！这也反映出，"说"是比较容易的，"做"就不那么容易了。

管理上讲换位思考：领导站在员工角度想问题就有利于帮助员工解决很多切身问题；员工站在领导角度想问题就会更加体谅领导的难处。换位思考往往会带来意想不到的收获。假如我们站在客户角度考虑问题：银行能给我提供什么呢？这就会给我们探讨银行产品类别提供一个新的视角并进而为真正贯彻以客户为中心的经营理念提供一些启迪。我认为，从客户角度看，银行能提供的产品无外乎融资业务、融信业务和融智业务三类。为什么这么说呢？我们可从银行的发展历史中找寻答案。

任何事物都是历史与逻辑的统一。我们都知道中国历史上有钱庄、票号,这些金融机构可以说是现代银行的前身。那么这些机构是如何产生的?原来,有些商人赚了很多钱,但消费不完,要找出路,就找到"放贷"上来了。我们知道,"钱"只有在运动、流动中才能增值,把钱放在保险柜里并不一定安全。随着经济的发展,在"钱"不与黄金挂钩而只与国家信用相联系的情况下,"钱"的贬值似乎是一个普遍的现象,是一个总的趋势。过去的商人非常精明,他们也懂得这个道理。于是开始设法让赚来的钱"动"起来,以便生出更多的钱。

这些商人把多余的"钱"贷给需要资金的人,从放贷中获取收益。有些钱庄、票号发展得很大,但这些金融机构有一个致命的缺陷:用来放贷的钱是自己的结余,也就是说,你的"钱"再多,也总有放完的那一天。从理论上讲,钱庄、票号的发展规模存在着一个极限,做不到无穷大。尤其是当钱庄、票号把钱大量贷给大清户部时,败亡的命运就已注定。本以为贷给大清政府最安全,殊不知这反而是最危险的。随着辛亥革命的到来,这些收不回来的钱就成了压垮钱庄、票号的最后一根稻草。现代银行相对于钱庄、票号的一大进步是解决了资金来源问题,大量存款成了其放款取之不竭的资金来源,因此,从理论上讲,银行可以做到无穷大。无论能不能做到无穷大,钱庄、票号和现代银行都有一个重要功能,那就是放款:在资金需要者看来,银行最大的作用就是能提供资金。也就是说,能提供融资服务,这是银行与实业最重要的区别。从这个意义上讲,银行最基本的产品就是融资产品。无论是固定资产贷款、流动资金贷款、项目贷款、银团贷款,还是个人消费贷款、房地产开发贷款,说到底,就是银行拿钱出来,让需要资金者使用,并收取使用者的利息。

银行是复杂的。不同人看银行的角度也不一样。如果说资金需要者看银行,主要是看重它的放贷功能,那么资金富裕者看银行,主要就是看重它的存款功能了。客户为什么会把钱存入银行?有人说,因为存款有利息。其实不能完全这么看。存款人最看重的其实是信用:我把钱存放在你这家金融机构,是因为我对你放心,认为你能保证我的存款的安全。如果别人可以在我不知情的情况下把本属于我的钱随意划走，或者以其他方式让我的钱产生了损失，你还能凭什么让我相信你呢？有时，即使没有真正的损失，仅仅是一些传言，也能让客户对银行的信用产生怀疑，进而给银行业务带来负面影响。据媒体报道，2014年3月24日下午，江苏射阳农村商业银行设在盐城环保产业园的一个网点，遭遇近千群众挤兑现金。为什么这个农村商业银行网点引发挤兑风波？原来该网点位于盐城环保产业园庆丰村，该村周边的盐东镇近年来发展了数十家担保公司，时有发生担保公司老板"跑路"的现象，当地居民对银行问题颇为敏感。24日中午前后，一则"射阳农商银行将要倒闭"的谣言在民间流传，民众一传十，十传百，因而在24日下午随即引发挤兑风潮。该行启动大批量现金供应，保证储户兑付到位后，加之监管部门、政府纷纷出来辟谣，表示农商银行的风险是可控的、不存在倒闭问题后，挤兑风波才慢慢平息。该事例启示我们，银行最可宝贵的财富不是资产，不是规模，而是客户对你的信任。如果你的信用"破产"了，你就有再大的实力，再大的规模也无法应对客户对你的"抛弃"。

我们中国人过去是非常讲信用的。从字面上理解，"信"就是人说的话。对自己讲的话负责任，说话算话，就被称为"信"。孔子讲，"古者言之不出，耻躬之不逮"。古人轻易不做承诺，是因为怕说出来做不到，而说出来做不到是非常可耻的。不仅说出来就要做到，想说但没说出来的也应做到。春秋时期吴国有个政治家叫季扎，他想送一把宝剑给他的好朋友徐君，但还没来得及送这个朋友就死了。我们一般人遇到这种情况恐怕就算了。但季扎来到朋友的墓前，将这把宝剑挂在墓边的树上，算是把剑送给了自己的朋友，了却了自己的一桩心愿。《庄子·盗跖》记载了一个哀怨凄婉的爱情故事。说的是一个叫尾生的痴心汉子和心爱的姑娘在桥下约会，可心上人迟迟没来赴约，不幸的是水涨了上来，这个痴情汉为了信守诺言坚持不肯离去，最后竟然抱桥柱溺亡。据说，他们约定的地点叫蓝桥。从此之后，人们把相爱的男女一方失约，而另一方殉情叫做"魂断蓝桥"。

既然社会如此重视信用，而银行最重要的财富就是有高于一般经济主体的信用,那银行这一最会赚钱的经济主体当然就会"打"信用的主意了。我们发现,票据承兑、保函、信用证、国内证等银行产品,没有消耗银行的一分金钱,但是仍能为客户所接受,仍能像真金白银一样帮助客户完成商品买卖。原因就在于这些产品是在用银行的信用做担保。其实,信用是银行最大、最宝贵的财富。世界500强企业实力很强,但如果所有的债权人同时主张债权,它也只能破产。同样,规模再大的银行,如果信用没有了,所有的储户都来提款,这家银行肯定也会倒闭。

信用产品的推出,使银行的服务范围得以扩大。但渐渐地,几乎所有的存款类金融机构都能提供信用产品了。一家银行要想在竞争中占据有利的竞争地位,必须不断提供新的、富有竞争力的新产品。时代发展到今天,谁的脑子聪明,谁就能赚到更多的钱。孔子讲"劳心者治人,劳力者治于人"。这虽然讲的是统治者与被统治者之间的关系,但是对我们也有很大启示:善于动脑子的人、脑子聪明的人是有很大好处的。对银行也是如此。哪家银行思维超前、哪家银行脑力投入巨大,哪家银行就具有竞争优势。现在,很多银行推出现金管理、财富管理和财务顾问业务。这些新兴业务,既未动用银行的资金,又几乎与银行信用无关。它只需要银行提供比被服务者更加"聪明"的脑力即可。比如,银行能提供现金管理服务,是因为银行的现金管理水平比企业的财务人员要强,否则企业就没必要让你来帮助管理。理财业务也是如此,银行的理财水平如果比客户低,客户怎么会把资金交给银行来打理呢?银行职员为"白领",大家都很聪明。与同业打交道,需要更多的智慧。因此,融智服务是银行能提供的另一类重要业务。

银行能提供的金融产品有成百上千种,但归纳起来无外乎就融资业务、融信业务和融智业务这三类。这三类业务之间也有密切的联系。融资业务是每个银行都具备的最基础的业务。不能提供融资业务,对银行来讲是最失败的、最不可想象的。融信业务是银行在业务提供能力上的一大提升,极大地丰富了银行产品的内涵,使银行的服务能力上升了一个新的高度。但人的追求是无止境的，竞争也永远不会停止。在融资、融信产品都已存在的情况下，谁能提供更多的融智产品，谁就能占据更加有利的市场竞争地位。说到底，能否提供融智服务，以及融智服务水平的高低，是衡量一家银行竞争力高低的最主要的标准。

在上述三类业务中，融资业务和融信业务可以帮助客户赚到更多的钱，融智业务可以帮助客户提高效率、节约成本、增加收益。总之，它们都能给客户带来切切实实的利益。

第八节　后续维护

我们这个世界唯一不变的东西就是变化。今天把客户服务好了，并不等于客户就永远满意了。当今的实际情况是，银行之间的竞争越来越激烈。一个优质的客户会有很多家银行来营销。哪家银行服务得到位，客户就会转而让这家银行来提供服务。对一个优质客户，银行营销人员要时刻防止其他银行的营销人员来"挖墙脚"。为此，银行营销人员在与客户建立业务联系后也不能松懈，而是要不间断地为这个客户提供后续的优质服务。也只有这样，双方的业务往来才能保持下去，关系才能日渐稳固。

关系维护有两大核心要点：一是利益维护，二是感情维护。利益维护是核心的核心。只有不断给客户带来利益，只有让客户从银行的不断服务中获得源源不断的利益，客户才肯长久地和你这家银行合作。而利益维护主要靠产品。除不断地提供尽可能多的既有产品外，新开发出的产品也应在第一时间内推荐给重要客户。之所以说是在"第一时间"里去向客户推荐，是要让客户感受到你对他的重视。利益维护又分两层含义。第一层是给客户这个组织带来切切实实的利益。第二层是给客户中的关键人物带来切切实实的利益。给关键人物带来利益，不是让你给关键人物行贿，违规违法的事绝对不能做，而是通过你的服务让他们的需求得到满足。比如，他希望扩大社会影响，你就可以帮他联系记者来采访等。感情维护是因为人是有感情的特殊动物。合作时间久了，就很容易由工作关系变为朋友关系。但要形成朋友关系是需要不断"经营"的。起码你要让客户感觉到他在你心目中的分量很重。感情维护除聚会吃饭、经常拜访之外，一些小事也不应忽视。比如节假日时发个电子短信问候一下。当然，发电子短信也要注意，"群发的短信我不回"：不要在网络上下载一些现成的祝福话语群发出去，而是要根据客户的特点用自己的语言写上祝福的话。前种方式效果不佳，还会给客户"在糊弄人"的感觉，后种方式则体现了差异化、个性化的特质。"量身定做"的一句话可能会感动客户，可能会增加你在客户心目中的分量。

第三章
营销新组合的运作基础

营销新组合是针对中国特有的营销环境提出来的，故也应运用到中国社会经济环境下的营销活动中去。借用中国共产党的群众路线观点"从群众中来，到群众中去"，营销新组合也应"从中国社会实际中来，到中国社会实际中去"。为更好地阐述并帮助读者理解营销新组合，本章对该营销组合运行的心理行为、思想认识、宗教信仰和文学艺术基础做些分析，重在对其进行全景式描述。正是这些"基础"，深刻影响着国人，在塑造国民性格进而在社会经济运行中发挥着重要作用。

第一节 心理行为基础

中国人自立于世界民族之林，在五千年漫长发展的悠久历史中，形成了自己独特的民族性格和气质风度。后人对中国的国民性多有解读，尤其是近代以来，很多国人和外国人写了很多著作探讨、反映、研究中国人的国民性。如：林语堂写有《吾国吾民》，美国人切斯特·何尔康比写有《中国人的德性》，当代易中天写有《闲话中国人》、《中国的男人和女人》，张宏杰写有《中国国民性演变历程》、《中国人的性格历程》等。本节即从阅读众多此类书籍的感悟中，列出中国国民性的若干特点。当然，有些国民具有的特点明显带有时代的局限性，甚至是不好的，因而是不值得提倡乃至应该被抛弃的。这一点，是需要我们注意的。

一、重视"面子"，希望别人尊重自己

只要是人，都希望受到别人的尊重，都希望别人把自己当个"人物"看。中国人更希望受到别人的尊重。

无论是县长带领各局局长到农村视察，还是开会时主席台上位置的摆放，都要让该受到尊重的人受到尊重。俗称就是要"给够面子"。"面子"在中国人的日常生活中占据着非常重要的位置。"树活一张皮，人活一张脸"，就是如此。见到年老的，要称呼前辈；见到有官职的，要称呼职务。

当然，营销人员对客户的尊重，要发自内心，至少不要显露出"轻视"客户的倾向。在尊重客户方面，有些服务型企业做得很好。有这么一家餐厅，当发现某一个重要客户特别喜欢紫色的东西时，就特意做了紫色的桌布。当这个客人来就餐时，就把他引领到这个铺有紫色桌布的餐桌来。还有一家餐厅，在餐具上特别刻上客户的姓名，

这个客户对此感到特别满意。试想如果这个客户在此宴请客人，当他的客人看到餐具上刻有主请人的名字时，主请人会感到多么有"面子"啊！当然，餐厅如此做的前提是这个客户能给餐厅带来足够的效益，即对餐厅必须有足够的价值贡献。对营销人员来讲，也应参考上述餐厅的做法，对有价值的客户采取独特的营销服务方式。

其实中国人爱"面子"古已有之。我们远的不说，说一个清朝的事例。满清入关后，强令汉人削发。甚至发展到"留头不留发，留发不留头"这样的极端境地。一些汉人著名学者认为"毁我衣冠"是"夷夏抗争"，事关汉文化存亡，因而或者亲身投入武装抗清行列，或者拒绝入清廷为官。前者如黄宗羲，后者如李颙。但清朝皇帝的文治武功实在比明朝皇帝要好很多。明朝皇帝除朱元璋、朱棣外，大都昏聩无能，万历皇帝在位四十八年，竟有二十五年躲在皇宫里不理朝政。而清朝从顺治到康熙均属英明人物。康熙对汉文化更是情有独钟，非常喜爱。他对黄宗羲等文化名人尊崇有加，多次请黄宗羲出山未果后竟命当地巡抚到黄宗羲家里把黄宗羲写的书认真抄写下来送入宫中供他阅读。黄宗羲不能不受感动，但"面子"又无法丢下，最后让自己的儿子黄百家进入皇家修史局，帮助完成康熙交下的修《明史》的任务，也算是既报答了康熙的知遇之恩，又保全了自己的"面子"。李颙宁死不参加康熙举办的应诏考试，被人抬到省城后仍然绝食罢考。二十五年后，康熙西巡到李颙老家时，他记得二十五年前的那位"倔驴"，就想见他一面。李颙大概是看到在康熙治理下的国家不知比明末好多少倍，也可能看到皇帝对自己如此礼遇，觉得心里过意不去吧，但碍于"面子"，就派自己的儿子李慎言代表自己应诏见康熙了，并送上自己的两部著作《四书反身录》和《二曲集》。这两个人不亲自去见康熙，可能并不是不想去，而是碍于"面子"不能去。我国古时候这样的事例比比皆是。

"面子"几乎主宰了中国人的一切。吃饭吃的就是"面子"：吃别人无权吃或吃不到的东西是有"面子"的事，能把有"面子"的人请来吃饭是有"面子"的事，被有"面子"的人请去吃饭更是有"面子"的事。如果有"面子"的人被餐桌主人冷落了（比如没坐上主位，或没请他先开筷子吃主菜），则是大失"面子"的事，后果往往很严重。穿衣也是如此。穿衣穿的就是"体面"。如果穿着不得体，那是很没"面子"的事。我们经常看到，在稍微"体面"一点的地方，大门口都会立上牌子标识"衣冠不整，恕不接待"，就是在提醒人们注意自己的衣着，也借机表明自己是高档场所，是雅士所聚之地。出差外地，要住上档次的宾馆。如果客户来宾馆接你，发现你是住在开设地下室的招待所里，那是很没"面子"的事。在五星级酒店的咖啡厅里面谈业务，则是很有"面子"的事。况且在这样的地方谈事，虽然不能让对方完全相信你的实力，起码不会瞧不起你。外出办事，也要坐上档次的车，当宾馆门童殷勤地给你开车门的时候，你心里可能会有一丝丝满足的感觉。如果你骑了辆破自行车，或者坐了辆脏兮兮的出租车，抑或干脆步行前来，则门童在心中大概是瞧不起你的。即使不是外出办事需要乘坐好车，就是自己家省吃俭用也会买一辆好一点的小汽车。对有些人来讲，买辆汽车已不是代步或避寒的需要，而是因为同事、朋友都买了，而自己没买，则是很丢人的事。开着一辆好一些的小汽车走亲访友，亲戚朋友见面也会夸一句："这辆车挺贵的吧？"或者"也买车了？"其实，这也是一种商品拜物教的表现形式。

　　俗语讲"死要面子"。有一层意思就是"为了面子死也是必需的"。项羽退到乌江边，因"无颜见江东父老"而自杀。可见古人是非常爱"面子"的。项羽自杀身亡，"面子"就争回来了。你看李清照有诗"生当作人杰，死亦为鬼雄。至今思项羽，不肯过江东"。就是赞美项羽的这种精神。再如，郑灵公用楚人献的一只特大的鳖来宴请群臣，却不让子公吃。子公就觉得很没"面子"，于是径直走到烹鳖的鼎前，用手蘸了点汤，尝了一下。子公的"面子"争回来了，灵公的"面子"却没有了。既然双方都不给对方"面子"，就只好翻脸。——双方都想把对方置于死地，最终子公获胜。俗语说"人活一张脸，树活一张皮"，讲的也是关于"面子"的事。

"面子"如此重要，所以有了机会总要把自己的"面子"展露给别人。项羽在秦王朝灭亡了但战事仍未停歇、强敌仍在面前的情况下，居然着急抓紧赶回老家去。为什么？露脸啊！富贵了却不还乡，岂不是穿着好衣服在晚上行走却没有人看到？就像现在某些同学会一样，混得不好的同学特怕开同学会，或者干脆不参加同学会。为什么？没"面子"呗！而那些混得好的同学却巴不得天天开同学会，这又是为什么？在其他同学面前显摆呗！你看，同学会上最活跃、频频敬酒、口若悬河的，大多是小时候沉默寡言或学习较差的。他嘛，就是要让那些过去学习好现在混得不怎么样的同学看看，像他这样的人才是最有出息的，才是当下混得最好的！

中国人为什么如此重视"面子"？是群体意识在作祟。我们每个人都不是独立的，都是生活在一定社会关系中的，都要"面对"他人。如果没有了"面子"，那如何"面对"他人？而离开了他人，自己什么都不是。如果地球上只剩下你一个人，那你是不需要"面子"的，你尽可以为所欲为且不用在乎其他人如何看待你。国人重视"面子"，还因为"面子"能给人带来实惠，带来切切实实的好处。也正因为上述原因，"面子"不可不争。但要想别人给你"面子"，你就要有"实力"。就像"弱国无外交"一样，你出身不高贵、官位又不高、资财又不多、群众关系又不好、年龄又不是很大（年龄大了，可以德高望重），别人凭啥给你"面子"？一般而言，教授比助教"面子"大、局长比科长"面子"大、亿万富翁比穷光蛋"面子"大，所以在学校里都争着评教授，在机关里都争着升官，自己既无知识，又没考上公务员，怎么办？那就抓紧赚钱。所以，我们每个人都要"力争上游"。

二、热爱生活，重视生活趣味

在我们中国数千年的文明发展史中，艰苦奋斗、奋发图强、事业第一是主要方面，如儒家所谓"格物、致知、诚意、正心、修身、齐家、治国、平天下"的人生理想，张载提出的"为天地立心，为生民立命，为往圣继绝学，为万世开太平"，千百年来均有无数中国读书人为之奋斗、为之追求。但与此对应的，中国人也从来不缺乏生活情趣。下面就撷取中国人生活的五个侧面加以解读。

(一) 吃饭

《世界博览·中国卷》中有句话"不入中国的饭局，你就是走遍三山五岳、大江南北，也只能算是中国的局外人"。由此可见，"吃"在中国人生活中的位置。其实，不仅"吃"在中国人的日常生活中位置重要，在政治社会生活中也非常重要。易中天教授曾说，"政治即吃饭，会不会吃、懂不懂吃、善不善于处理饮食问题，就关系到会不会做人、会不会做官、会不会打仗，甚至能不能得天下。"在中国历史上，饭局与政治永远保持着若即若离的关系。每一个饭局，其实都是人与人之间的较量。饭桌可以改变历史，筷子也可以涂改史书。中国历史上产生了许多足以扭转乾坤的饭局，如：不辱使命的渑池之会、杀机四伏的鸿门宴、霸气十足的煮酒论英雄、鼓舞人心的东晋新亭会、四两拨千斤的杯酒释兵权、豪华无比的乾隆千叟宴等。

中国人好吃、敢吃、爱吃、善吃，且能吃出文化来，并且"吃"本身就是一种文化。"民以食为天"，"吃"是比天还大的事，再也没有比"吃"更重要的了。在"吃"上，国人的花样举世无双：天上飞的、地下跑的、水里游的，没有不敢吃的；在做法上，煎、炸、炰（如煮）、烤、炖、拌、醉、卤、扒、糟、煨、扣、溜、炒、熏、焖、腌、炝等无所不用其极；在类别上，有粤菜、川菜、鲁菜、淮扬菜、浙菜、闽菜、湘菜、徽菜等数不清的菜系。以鲁菜为例，又细分为济南菜、胶东菜、孔府菜等。由吃饭还延伸出一整套严格的吃饭礼仪。

专栏 3-1

中国吃饭礼仪要览

一、邀请人吃饭及就座的礼仪

主人折柬相邀,临时迎客于门外。宾客到时,互致问候,引入客厅小坐,敬以茶点。客齐后导客入席,以左为上,视为首席,相对首座为二座,首座之下为三座,二座之下为四座。先请客人入座上席,再请长者入座客人旁,之后依次入座。入座时要从椅子左边进入,入座后不要动筷子,更不要弄出响声来,也不要起身来回走动。如果有事需要向主人打招呼。第一主宾要坐于主人右侧,第二主宾要坐在主人左侧或第一主宾右侧。主人不能迟到,客人可适当迟到。等长者、女士落座后,主人方可入座。

做客人的不能直接向点菜员吆喝指点,应该坐等主人点菜;主人应询问客人有无忌口;如果客人有忌口或爱好,也可告诉主人。

二、点餐礼仪

要根据四个规则点菜:一看人员组成。一般是人均一菜。但如果男士较多,可适当加量。二看菜肴组合。最好是有荤有素,有冷有热,尽量做到全面。如果桌上男士多,可多点些荤食,如果女士较多,则可多点几道清淡的素菜。三看宴请的重要程度。普通的商务宴请与有关键人物参加的宴请则需有所不同。四是不向服务员询问菜肴价格,或是讨价还价。

在安排菜单时,还必须考虑来宾的饮食禁忌,特别是要对主宾的饮食禁忌高度重视,如宗教上的饮食禁忌,出于健康原因对于某些食品的禁忌,不同地区的人的饮食偏好等。

三、进餐礼仪

先请客人、长者动筷。吃饭、喝汤时不要发出声响、不要打嗝(或其他声音,如打喷嚏、肠鸣等)、不要用手指掏牙或掏耳朵。如果需要牙签剔牙时，应用餐巾或手挡住自己的嘴巴。不要用餐巾擦拭餐具。口内有食物时，应避免说话。

如果要给客人或长辈布菜，最好用公筷。如果有领导、老人在桌的话，上来新菜时应先请他们动筷。

吃到鱼头、鱼刺、骨头等物时，不要往外面吐，也不要往地上扔，要慢慢用手拿到自己面前的碟子里，或放在紧靠自己的餐桌边或放在事先准备好的纸上。

应小口进食，不要狼吞虎咽，食物没有咽下时，不能再塞新食物入口。

如餐具坠地，可请侍者拾起。

如不慎将酒、水、汤汁溅到他人衣服上，应立即表示歉意。

如欲取用摆在同桌其他客人面前的调味品，可请邻座客人帮忙传递。

如是主人亲自烹调食物，勿忘赞赏主人。

进餐进度宜与男女主人同步，不宜太快，亦不宜太慢。

不能只顾自己低头吃饭，也不要狼吞虎咽，要关心别人，尤其要招呼两侧的女宾，应适时抽空和同桌的人聊几句风趣的话以调和气氛。

主人家要常常转圆盘，照顾到在座的每个客人，不应让任何一个人（哪怕是小孩子）有被忽视的感觉。

四、进餐后礼仪

宴会结束时，必须向主人表示感谢，或者邀请主人以后到自己家做客以示回敬。

须等主人离席后，其他宾客方可离席。

离席时，应帮助隔座长者或女士拖拉座椅。

离开餐桌时，应将椅子推入餐桌下。如是包间，最后一个出门的，应将灯随手关掉。

我们都熟悉"问鼎中原"这个成语。"鼎"原本就是做饭的锅，"问鼎"就是抢别人的饭碗，实际上就是侵略别人的地盘。抢到了"鼎"，实际上也就是抢到了食物分配权。当然，这里的"鼎"还有权力和政权的意思。不过，用做饭的锅象征权力和政权，也足见吃饭在中国人心目中的地位是何等重要了。中国人把职位最高、权力最大的人称为"主席"，也就是坐在餐桌最主要位置上的人。而所谓"总理"，本意也就是指农村娶媳妇、办丧事时负责安排大家就餐吃饭的人。所谓"周礼"，也无非是起源于吃饭的礼节，孔子从小不就知道"俎（祭祀时放祭品的器物，或切菜用的板，总之与吃饭有关）豆之事"吗？中国人重视关系。在所有关系中，首先是母子关系。我们常把祖国比喻成母亲，可见母亲在我们心目中的重要性。古戏中常有受人欺负的情节，只要受欺负者高喊一声"家中还有七十岁高堂"，则对方多半不会再与之为难。为什么中国人如此热爱母亲？因为母亲是血缘关系的缔造者，是生我养我的最亲最近的人，我们每个人从小就是吃母亲乳汁或吃母亲做的饭长大的——还是与吃有关。关系中其次是兄弟关系。兄弟关系又称手足关系，现在两个关系不错的单位称作"兄弟单位"，连初通汉语的老外也知道见面喊声"哥们儿"。兄弟关系为什么也这样亲？因为兄弟是同吃一锅饭长大的。中国很多语言里面也蕴含着吃的因素：工作叫"饭碗"，谋生叫"糊口"，体验生活叫"品味"，嫉妒别人叫"吃醋"，对某件事司空见惯叫"家常便饭"，轻而易举办成某件事叫"小菜一碟"，不深入钻研叫"浅尝辄止"，深刻理解某次会议或某领导人讲话叫"吃透精神"，大家都非常喜欢叫"脍炙人口"，由逆境变成顺境叫"苦尽甘来"，干什么工作，就叫"吃什么饭"，比如"吃青春饭"的（指年龄大了就不太适合再干的工作）、"吃孩子饭"的（如从事幼儿教育一类的工作）、"吃老年人饭"的（如做老年人保健品推销的工作）等。对自己所干的工作不喜欢，就叫"混口饭吃"。只给一个人好处叫"吃小灶"，被别人告上法庭叫"吃官司"，收受了别人的好处叫"吃回扣"，即使什么也没吃到，也是叫"吃"，如"吃哑巴亏"、"吃闭门羹"、"吃黄连"等。

吃，但不能光吃。就像中国人喜欢"岁寒三友"的松、竹、梅一样，中国人在饭桌上还必须伴着"吸（烟）、喝（酒）、饮（茶）"。适量的烟、酒、茶具有保健功能，但更主要的还是交际功能。原先不认识的，递上一支烟，如果对方也会吸烟，就有助于双方关系的融洽（搞公关的人都知道，吸烟的人要比不吸烟的人好打交道一些。一般而言，吸烟的人外向一些，爱聊天，爱交际，多半大度、豪爽，但也可能马虎、大气；不吸烟的人性格内向，爱思考，往往严谨沉稳，但也可能拘谨、小气）。如果说烟可以帮人打开交往的局面，那酒就可以帮人"打破界限"了。中国人讲求"气"：充盈着正气的是君主，充盈着邪气的是小人，充盈着清气的是雅士，充盈着浊气的是俗人，孟子就说"我善养吾浩然之气"。拿包茶用水一冲，马上清气袭来，所以国人认为茶为至清至雅之物。所以，"高雅"之人趋向喝茶。大家上班第一件事就是洗杯子泡茶，也许就是这种意识的潜在反映。

　　吃饭发展到现在，交际功能非但没有减弱，反而大大增加。其中有许多陋习应该摒弃，但在很多人看来却须为之。2014年某期《廉政瞭望》杂志发表文章《饭局的政治》，在社会上引起很大反响。该篇文章总结说，"谁请客不重要，谁被请更重要；谁点菜不重要，坐哪里才重要；吃什么不重要，说什么才重要；在哪儿吃不重要，最终成果才重要等"。该篇文章还有一些颇值得玩味的句子，如"能参加一定分量的饭局，意味着一种资格。意义越是重要的饭局，自然越封闭，级别越高的人才越有资格参加。""有时候，通过几次吃饭，本来不认识的人可以建立甚至加强联系，构织起一种特殊的关系网。""就客人来说，更多时候，是担心别人不请你，那意味着你被这个群体冷落了。""饭桌上的老大不是那个吃得最多的人，而是吃得最少的，他不仅掌握着餐桌，还掌握着用餐的话语权和节奏。""如果有几桌客人，且难以用方位设置的办法来突出主台，就要利用主台与其他餐台的桌布色彩不同、餐具的不同来突出主台。为避免敏感的'次序高低'问题，在桌次安排上不用数字，而是通过花卉名称不同加以区别。""官场上的主位者往往不会亲自点菜。负责接待的办公室主任通常会在领导来之前把菜点好，等主客到达之时凉菜必须上好，绝不能让桌子空着，这是大忌。"

（二）喝酒

在"喝"上，中国人也以豪饮著称。古代殷纣曾"以酒为池、以肉为林，为长夜之饮"，以至于现在有人将"朝九晚五"改为"朝酒晚舞"。中国人每年能"喝"多少，还真难以算清楚，恐怕得喝掉几个杭州西湖吧。我老家山东过去几乎每个县都有白酒厂，而我上学的四川更是白酒之乡——每年有酒交会不说，单是六朵"金花"（五粮液、剑南春、全兴大曲、泸州老窖、沱牌曲酒和郎酒）就享誉全球。现在河南也推出了豫酒六朵"金花"，即宋河、杜康、仰韶、宝丰、张弓和赊店。

中国是"酒"的故乡，中国制酒源远流长，品种繁多，名酒荟萃，享誉中外。约在三千多年前的商周时代，中国人独创酒曲复式发酵法，开始大量酿制黄酒。约在一千年前的宋代，中国人发明蒸馏法，从此，白酒成为中国人饮用的主要酒类。据某商情网统计，2010年我国规模以上白酒厂数量达到9243家，而我国县级行政区总共才2861个，如此算来，我国平均每个县级行政区有3家规模以上白酒厂。可见我国白酒生产厂家之多。

中国人在"喝酒"上也有很多说法。同学毕业要喝散伙酒，同学聚会要喝聚会酒，领导调任或同事离职要欢送，领导到任或新同事加入要接风，结婚要宴请亲朋好友，逢年过节全家聚会也须有酒上桌，如此等等。在酒桌上，划拳行令更是经常的事。在酒面前，原来的内外有别、亲疏有差、长幼有序、贵贱有等都不存在了，也没有什么"越礼"、"失礼"了，大家在酒桌上是平等的（当然实质上也不平等，座上各位都心知肚明），都是"酒肉朋友"，气氛融洽，亲密而热闹。出嫁的女儿和女婿一同回娘家，也需带上几瓶好酒。然而，酒的名声似乎不是那么好。

喝酒也有很多礼数。如：领导相互喝完才轮到自己敬酒，且一定要站起来，双手举杯；可以多人敬一人，绝不可一人敬多人，除非你是领导；自己敬别人，如果不碰杯，自己喝多少可视情况而定，比如对方酒量，对方喝酒态度，切不可比对方喝得少，要知道是自己敬人；自己敬别人，如果碰杯，一句，我喝完，你随意，方显大度；多给领导或客户添酒，不要瞎给领导代酒；自己的酒杯要低于别人的酒杯；如果没有特殊人物在场，碰酒最好按时针顺序，不要厚此薄彼；碰杯，敬酒，要有说辞；桌面上不谈生意，喝好了，生意也就差不多了；等等。

酒，在中国五千年文明史的历史长河中，已不仅仅是一种客观的物质存在，而且成了一种文化象征，"酒"寄托了中国人的太多情怀。不如意时，"明月几时有？把酒问青天"、"眼看人尽醉，何忍独为醒"、"今朝有酒今朝醉，明日愁来明日愁"；兴高采烈时，"白日放歌须纵酒，青春做伴好还乡"；不高兴时，"何以解忧，唯有杜康"；哀叹人生无常时，"一生大笑能几回，斗酒相逢须醉倒"、"人生得意须尽欢，莫使金樽空对月"、"钟鼓馔玉不足贵，但愿长醉不复醒"、"五花马，千金裘，呼儿将出换美酒，与尔同销万古愁"；个人独处时，"花间一壶酒，独酌无相亲"、"开轩面场圃，把酒话桑麻"、"醉里从为客，诗成觉有神"；与友人相处时，"班荆坐松下，数斟已复醉"；豪情万丈时，"醉卧沙场君莫笑，古来征战几人回"、"帐下饮葡萄，平生寸心是"；聚会时，"开琼宴以坐花，飞羽觞而醉月，不有佳咏，何伸雅怀？如诗不成，罚依金谷酒数"；送别好朋友时，"劝君更尽一杯酒，西出阳关无故人"、"金陵子弟来相送，欲行不行各尽觞"、"主人下马客在船，举酒欲饮无管弦。醉不成欢惨将别，别时茫茫江浸月"、"今日送君须尽醉，明朝相忆路漫漫"；过节时，"借问酒家何处有，牧童遥指杏花村"、"他乡共酌金花酒，万里同悲鸿雁天"、"何当载酒来，共醉重阳节"；看到不合理社会现象时，"朱门酒肉臭，路有冻死骨"，如此等等，凡是人，无论什么心绪、什么场合，都与酒紧密相关。

（三）玩乐

在"玩"上，中国人更是花样繁多。越剧是中国戏曲百花中的奇蓖，但以女扮男终让人觉得缺少了阳刚之气。我们听江苏民歌《茉莉花》，无不为那优美的旋律所深深陶醉，但听惯了这样的旋律，气冲霄汉的开拓进取之气恐怕就会少很多吧？龚自珍在《病梅馆记》一文中描述了"文人画士"的"孤癖"爱好。为满足文人画士对"病梅"的喜好，"鬻梅者，斫其正，养其旁条，删其密，夭其稚枝，锄其直，遏其生气，以求重价，而江浙之梅皆病"——为养成"病梅"，古时国人真是做到了不厌其烦、殚精竭虑。至于古时男人以女人脚小为美的恋物癖好，更是让现时之人觉得中国古人在追求感官刺激方面真的是无所不用其极。历朝历代"玩物丧志"者众多，就是现在所谓的"玩家"也有很多。据报道，现在从事赌玉的大有人在，一块天然的、质地较好的玉可以卖到几十万元、上百万元。宋朝时期，有个南方人到北方做生意，发现金朝的老百姓对外出征战特别热衷，他们一听到外出征战的命令，就欢呼雀跃踊跃上马，老人妻子孩子也是热情相送。看到此种情形，这个南方人忧心忡忡，认为这样的民族太可怕了，进而担忧自己的国家不保。十几年后，他又到北方来做生意，这回看到的情形已与上次大有不同：外出征战命令下来时，这些金人也像汉人那样懂得多愁善感了，哭哭啼啼不愿离开家乡。这人一看此种情形，长出了一口气：这样的民族已经不可怕了。什么原因呢？因为这些金人已从汉人那里学到了养尊处优：原来是韦韝毳幕，以御风雨；膻肉酪浆，以充饥渴，整日裸露在凛冽寒风中也不觉得冷，现在则学会了吃热饭喝热汤，天气严寒时还可围坐在火炉旁取暖；原来是悲风萧条，胡笳互动，牧马悲鸣，边声四起，现在则是小桥流水，渔舟唱晚，夕阳箫鼓，霸王卸甲。人都说"入奢易，返俭难"，过惯了舒服日子，哪还想再艰苦创业？结果只能是不能自保。满清铁骑如何蜕变为"八旗子弟"？当时满清总人口尚不及明朝军队总数，但就由这点人口中的青壮年男子组成的军队却打垮了李自成和南明小朝廷的百万军队。清朝的前几个皇帝都很有作为，他们深知传统汉文化中糟粕的可怕。因此，满清每攻克一个城市，就在城中心设立一个满城。规定满人需居住在满城里，没事不要往外面跑，希望以此来保持民族独立性和尚武精神。但禁令并不管用。汉人的风雅、汉人的喜好，尤其是一些汉人对"玩"的痴迷，仍深深吸引了满人。清朝建立不久，旗人中架鸟的、遛狗的、放鹰的，就多起来了。汉人的一些恶习都被满人学会了。当满人原本好斗、尚武的气质被销蚀殆尽，就再也拿不起用来称霸天下的武器了。无论是剿灭太平天国，还是对抗外国侵略，八旗兵都无法再发挥中坚作用了。武昌城里一声偶然的枪声，清朝这座摇摇欲坠的大厦轰然倒塌。

在"乐"上，国人不仅有理论，而且有实践。在国人看来，"乐"不仅是一种身心感受，更是一种生活态度。孔子曾云"知者乐水，仁者乐山"，更有"乐而亡忧"之说。古人"秉烛夜游，良有以也"。这是什么原因？他们认为人生苦短，只在白天找乐子不行呀，晚上即使点着蜡烛也要接着找乐子呀。如果说这些关于"乐"的理解还有文化意义在内的话，那很多人单纯为追求感官享乐而不知廉耻就不可理喻了。也许是中华文化太沉重，中国人经受的苦难太多，我们中国就有了句俗语叫"找乐子"、"穷开心"。最典型莫过于北京居民：在满清末期，北京居民门口挂的是龙旗。辛亥革命了，北京人就把龙旗扯下来；当国民革命军北伐成功后，就挂上了青天白日满地红。日本人来了，虽然有很多热血志士因不愿做亡国奴而举起抗日的大旗，但对很多平民百姓来讲，不得不在门口挂起膏药旗，过起了亡国奴的日子。他们看惯了王朝更迭，看惯了人世荣辱，作为一个普通人，不自己找点"乐子"，那还不得憋屈死？这是国人的无奈，也是国人的悲哀！

人，追求生活质量的提升无可厚非，但不应丧失继续奋斗的勇气。古往今来，"玩物丧志"的例子比比皆是。因此，应把握好"玩乐"的度。

（四）住宿

在"住"上，最能体现中国人的等级秩序观，皇帝住的地方叫"宫"，有权有势的人住的地方叫"府第"，自己住的地方谦称"寒舍"，称呼别人住的地方叫"府上"。像颜回那样的人，"在陋巷，人不堪其忧，回也不改其乐"，恐怕很少见吧。我们刚摆脱"筒子楼"，就开始向往"三居室";刚住上"三居室",就开始羡慕别墅。买不起别墅,也要争取住上被称作连排别墅的"伪别墅"。要结婚了,没有房子可不行,即使女孩答应,岳母大人恐怕也不会同意。有钱人,有几个不住豪宅?住什么样的房子,住的房子在什么位置,都与这个人的身份、社会地位、是否有钱息息相关。房子,本来是用来避风雨的,现在则异化为身份、地位的象征,真的是不应该。其实,一个人"一日三餐不过米面一斤,一宿冷暖不过薄被三尺",睡觉一张床就够了——人应该回归生活的本来面目!

(五)衣着

俗语讲,"人生在世,吃穿二字"。我们称恩人为"衣食父母",就把穿衣和吃饭摆在同等位置。我们称圣人、有大成就之人为"经天纬地"之才。所谓"经天纬地",实际上就是像织布机那样有条理地治理天下,而织布机无疑是用来做衣服的。我们古代有好多衣冠冢,就是人不知死在何处,或无法找到人的尸体,就把他生前穿过的衣服埋了,以寄托人们的哀思。可见,穿的衣服与穿衣的人本身同等重要。实际上,穿不穿衣服,可以说是人类文明与野蛮的分水岭。《诗经》上就说过:看看那些老鼠吧,连它们都有一张皮;人要是没有礼仪,是连老鼠都比不上的。可见,光有身体还不行(那和动物、禽兽没什么区别),还得穿上衣服(面)。也只有这样,才叫"体面"。所以,"比基尼"、裸体艺术、健美运动乃至"裸奔"刚传到我国时,大多数人无不对此嗤之以鼻,认为"有伤风化"。对一个人来讲,"衣不蔽体"和"食不果腹"一样悲惨。穿衣,也最能体现中国人爱脸面的天性。一个人总是要穿上自己最好的衣服去参加宴会或其他公共活动。像陶渊明那样即使"短褐穿结,箪瓢屡空",也"晏如也"的人肯定不会太多。

衣服,是一个人内心美丑和道德修养的表现,也是对他人的尊重和一种礼仪。大多数有头有脸、有身份、有地位、有修养的人,不会随随便便、想穿什么就穿什么。穿衣的要义无非两条:一是符合自己的身份;二是符合场合的需要。在过去,服饰制度很严格。什么阶层的人穿什么衣服，都有严格规定，如皇帝穿的龙袍，别人是不敢穿的；乌纱帽是官员戴的，老百姓就戴不得；读书人要穿长衫，老百姓就穿不得（或者穿了，别人也会取笑他）；达官贵人是"冠盖"，老百姓是"布衣"，"袈裟"则是和尚的专有服饰。可见，衣服成了身份、地位、职业的象征。什么场所穿什么衣服，这也是礼节。官员上朝须穿朝服，在家却不用穿。就像现在你上班要穿西装或制服，回家就不必。你看有谁在家里面穿西装、系领带呢？

国人追求生活情趣，热爱生活，这值得称道，但对骄淫奢侈、铺张浪费、及时行乐的思想和行为应加以反对。落实在营销活动中，营销人员除应坚持勤俭、必要等原则外，也应满足客户在生活上的一些必需，在追求生活品质中让客户感到受尊重，感到"有面子"，在提升生活情趣中加深与客户的关系，让客户愿意接受银行的服务。如果营销人员能与客户相处成相当好的关系，甚至能到客户家里拜访，那就表明你与客户的关系不一般了。因此，从业务关系处成朋友关系应是营销人员的工作目标。当给客户送件衬衣时，很多营销人员往往不加考虑，直接到商店里买一件就送去了。这件衬衣客户喜欢不喜欢，会不会穿，都未考虑。其实，营销人员应考虑一下客户的性格、爱好与品位，再根据具体情况选送适当的衣着。试想，你给喜欢穿布鞋的人送皮鞋，对方就不会满意。如果你送的衬衣或鞋子，下次见面时对方穿出来了，则表明你送衣服和鞋子这件事办成功了。

三、群体意识浓厚，喜欢随大溜儿

建筑折射人的思想。中国人的典型性格可从建筑艺术上窥见一斑。就单个建筑来讲，我国的建筑与基督教、伊斯兰教等宗教建筑相比，也许显得有些低矮，但我国的建筑自有其非凡特点。中国的传统建筑大都不是以单一的独立个体建筑物为目标，而是空间规模巨大、平面渐次铺展、相互衔接的群体建筑。最典型的莫过于北京故宫。故宫中各部分的功能、每个房间的排列都讲究对称、井井有条，似乎蕴含着中国人讲求秩序、规则的心理诉求。中国的建筑大都平面铺展，不会让人产生某种恐惧感、神秘感，相反会给人以生活在当下的现实感。西方教堂建筑大都有高耸入云、指向苍穹的尖顶，给人神秘的宗教联想。站在其中，我们瞬间会感到自己异常渺小而急迫寻求上帝的保护，而当我们站在江南某个古典园林中，我们感到的只是心灵的惬意、感官的愉悦、心情的舒畅以及对美好环境的赞叹、对美好生活的留恋。中国的建筑讲求生活情调，建筑上充满了各种供人把玩欣赏的精美的美术作品，如绘画、雕刻等。中国的建筑特别讲求"风水"，讲求与自然的和谐相处。"窗含西岭千秋雪，门泊东吴万里船"，这是多么美好的一幅图卷啊！如果不能在深山老林里建一处宅院，那就把各种自然美景搬到自己在闹市中的宅院吧！你看，深宅大院中的假山、小桥、流水、亭台、楼榭，无不反映着居住者的情趣与爱好。所以，从中国的传统建筑上看，也可看出中国人那种讲求群体意识、遵守规则、热爱自然、活在当下的禀性。中国人如此的建筑格局在一定程度上反映着中国人的群体性特点，亦即强调集体，忽视个体。

在中国人的诸多性格特征中，群体性无疑最有特色，也最为基础。所谓群体性，就是认为每个人都是群体的一部分。个人的意志必须服从于、服务于群体的共同意志；个人的人格必须依附于全体的共同人格。如众人聚餐点菜时，就要尽量照顾到每个人的口味，而不能只点自己喜欢吃的。聚在一起吃饭，本身就是在体验群体的感觉，就是在追求热闹的感觉。这与西方人有些不同。西方人或许更强调个体意识，认为每个人都是具有独立人格和自由意志的个体，每个人的幸福都要靠自己去争取，每个人的行为也要由自己来负责。所以，每个人的行为和选择，只要不损害公众利益，别人就无权干涉。中国人与西方人不同的内在思想意识决定了不同的外在性格特征：西方人的个体意识是最小单元，已无内可"向"，只有向外拓展，故有不断地进取与竞争；中国人由于群体意识浓厚，故在生存空间解决以后，就需解决内部问题，眼睛自然要向内，所以很多人有"小富即安"思想。这些情况在近代中国人刚"睁开眼看世界"的时候，表现更为明显：西方人"外向"，故多用刀叉（力向外），见面主动去握别人的手，就餐时自己点自己的菜，乐用 AA 制；中国人"内向"，所以用筷子（是内向用力），见面只握自己的手（打躬作揖），喜欢儿孙满堂，聚餐时爱抢着付钱。正因为如此，西方文化的象征物是"十字架"，由中心一点向四面扩展，而中国文化的象征物是"太极图"，由两极构成在圈内运动。这些也许是无意识的行为，但至少是在潜意识影响下积淀下的。

群体性有很多具体表现，下面列举五点：

（一）"从众"或者说"随大溜儿"

个人的价值要靠群体来确证，群体是衡量个人正确与否的标准。所以，别人和群体做了的，个人也可以做；别人和群体不做的，个人也就做不得。当然，犯了错误，也就喜欢向别人身上一推——反正大家都是这么做的，你能奈我何？这是群体意识在社会同一阶层关系处理中的表现。从众的典型表现是"一窝蜂"。鲁迅先生对此曾形象地描述过："一个人在街上吐了口吐沫并蹲下来看，结果人就会越聚越多。此时如果有人大喊一声，拔腿就跑，则人们也会跟着一哄而散，真是不知'何所闻而来，何所见而去'。"

在中国人的文化心理上，厌恶"奇装异服"和担心"落后时代"并存。在很多国人眼里，"奇装异服"简直就是坏蛋、流氓、品行不端者的代名词，因此遇到身着"奇装异服"者唯恐避之不及（比如：刚改革开放时，喇叭裤时兴了一阵子，很多老年人就看不惯），但国人同时又害怕"落伍"（喇叭裤很快就不顾老人们的反对而流行开来，此外国际知名品牌在中国畅销也是明证）。说白了，这仍是中国人惯有的群体意识在作祟：不能和别人有什么不同。"奇装异服"带来的结果是与众不同：太超前的衣着，是对群体（大家）的蔑视，当然会引起"公愤"、"众怒"和大家的"反感"、"不满"；如果服装"过时"、"没跟上时代"，就不是故意看不起大家，而是被大家看不起，结果也是一样。"赶时髦"、"追逐时代潮流"实际上也是一种从众行为：别人都穿了，自己再不穿，恐怕就要"被别人瞧不起"。这就是"太超前了，会遭别人白眼；太落伍了，会遭别人讥笑"。怎么办呢，当然是随大溜儿最保险。这就引申出中国最有名的两个处世之道："变通以趋时"和"不为天下先"。前者应了那句话"识时务者为俊杰"。天下大势已变,你若不变,轻则说是态度问题,重则说就是原则问题。顺治皇帝都登基了,你还不留起辫子,难道你想造反吗?龙旗都撤了,你还头顶着小辫子在街上走,难道你不是藐视民国吗?所以国人养成了"变通以趋时"的习惯,喜爱"咸与维新",至少在口头和表面上是如此(实际上可能不这样)。辜鸿铭在北京大学任教时,梳着小辫子走进课堂,学生们哄堂大笑,他却平静地说:"我头上的辫子是有形的,你们心中的辫子却是无形的。"闻听此言,学生们一片静默,终于理解了这个一直很清高、很特立独行的老师。辜鸿铭的这番话可谓是对国人当时"趋时"心理的生动写照。国人不反对变,但反对某些个人的"出头"——"木秀于林,风必摧之;堆出于岸,流必湍之;行高于人,众必非之",亦即所谓"出头的椽子先烂"、"枪打出头鸟"。以至于孔子骂道:"始作俑者,其无后乎。"做了"出头的椽子",嫉妒你的人就不是一个两个了,如果大家都嫉妒你,你还能有什么好下场?再说我只要"随大溜儿",既不用担风险,又不用费脑子,即使错了,也是"协从"、"盲从",也不用承担大过错,何乐而不为呢。

对国人的"从众"、"随大溜儿",我们应该辩证地看,群体意识浓厚也并非全是坏事。我们要做的只是发挥群体力量,突出个人主体意识,既不让某个人掉队,又要鼓励"第一个敢吃螃蟹的人"。

(二)"从上"

"上有所好,下必甚焉。"跟着上面走,不会犯什么错误;即使犯了错误,也是上面犯了错误,与我何干?所以,"楚王好细腰,宫中多饿死。吴王好剑术,国人多伤疤"。只要社会上层对普通人有号召力,普通人是"心甘情愿"跟着走的。这是群体意识在社会不同阶层关系处理中的表现。传说南北朝时候,南朝宋武帝之女寿阳公主有一天在屋檐下仰卧休息,一朵梅花落在额上眉间,染成颜色后煞是好看。宫女们见之,认为很美,便竞相效仿。传到宫外,遂成社会时尚。李商隐有诗"寿阳公主嫁时妆,八字宫眉捧额黄",说的就是此事。

(三)"官本位"

"官本位"可以说是"从上"的一大典型表现。作为一种意识和价值取向,"官本位"在我国流传了几千年。在封建社会,王侯将相,官分九品,中国古代的中央集权制把所有的人、所有的组织和部门都分别归入这个行政序列,规定其等级,划分其行政权限,并最终服从统一的行政控制,形成庞大而严密的"官本位"体系。全社会就是一个以行政权力为核心搭建起来的金字塔。在这个宝塔形的体制结构中,等级森严,上尊下卑,界限分明,不容僭越。官越大权越大,享受待遇就越高,地位就越显赫,下级完全隶属于上级。对下级官员来说,只对能决定其个人命运的上级官员负责,他们完全以上级的"喜好"为"喜好",以上级的"厌恶"为"厌恶",一切看上级的脸色行事。"官本位"把是否为官、官职大小当成一种社会价值尺度去衡量个人的社会地位和价值。古时候一些国人之所以"官本位"意识浓厚,就是因为当"官"就有利,或者可以用"官"谋利——"一年清知府,十万雪花银"就是明例。"官"大"嘴"就大,所以一些人就"唯上是从",他们评判对错与否的标准是官帽的大小而不是事情的真伪,上级的意见成了判断正误、善恶、美丑的唯一标准,并且官越大说的话就越正确,直至皇帝说的话是"圣旨"。在这种以"官"为本位的价值取向影响下,一些人习惯于一切服从于官级地位,一切为了做官和升官,把做官、升官看作人生的最高价值追求,把"升官"作为出人头地的唯一途径。一些人为了升迁,急功近利,虚报浮夸,欺上瞒下,不择手段。时代发展到今天,"官本位"的意识已大大淡漠,但一些部门和个人封建余毒不散,"官本位"意识仍有回弹。

(四)相信权威

很多商品做广告时,总喜欢请些名人。这些商品可能是牙膏、肥皂等日用品乃至某些非处方药,本来与影视明星不沾边,但你看电视上推荐这些商品的几乎都是影视明星,为什么呢?这是因为大部分人对影视明星都比较崇拜、比较信赖。厂家正是利用了人们的这一心理来诱导消费者购买。我们举个企业的例子。一个快要破产的企业,由于"包装"到位（比如请某个大领导题词、请某个大明星代言等），加之外面的人不知其里，就往往会认为这个企业仍然很好。如果这个快要破产的企业胆子再大些，提出要整合整个行业，往往就能"忽悠"住更多的人，包括政府的、银行的、客户方面的。如果有这么多的力量支持它，它还真有可能就起死回生了。

人们对名人或权威的信任感随处可见。比如，我们一般人都会认为毛泽东同志从来没打过败仗，过去史书上也是这么宣传的。但事实可能不是这么回事。比如，"四渡赤水出奇兵，毛主席用兵真如神"。这是歌颂毛泽东在长征路上率领红军部队摆脱国民党军队追踪的歌词。但实际上，对"四渡赤水"是否全是"出奇兵"，很多人是有不同看法的。毛泽东思想是在革命生涯中逐渐完善发展起来的，毛主席他也不是神，只是个伟大的人，他当然也可能吃过败仗。金一南在《苦难辉煌》一书中就指出，毛主席一生指挥了四次失败的战役，在此阶段就有两次，即土城战役和鲁班场战役。土城战役是遵义会议后毛泽东指挥的第一次战役，是与川军交战，结果失利，导致二渡赤水。鲁班场战役是毛泽东不听林彪打鼓新场的建议，而执意与中央军周浑元部作战，结果又失利，导致三渡赤水。这个例子说明，人应该相信权威，但不能迷信权威。

（五）"朋党"

中国人群体意识浓厚，表现在社会生活中就是喜好拉帮结派。欧阳修在著名的《朋党论》开头就指出"朋党之说，自古有之"，只不过朋党有君子朋党和小人朋党之分，"大凡君子与君子，以同道为朋；小人与小人，以同利为朋"。君子们为了共同的信仰、理想而结成"党"，小人们为了谋私利而结成攻守同盟。东汉末年有外戚与宦官之争，明朝中后期有东林党与宦官之争，清朝末年有帝党和后党之争等。"朋党"的一个典型的恶的表现是"派系"，或者说是"窝里斗"。有些人或为同乡或为同学，或什么都不是但有着共同的利益诉求，就紧密"团结"在一起，对本体系之外的人则持排挤打击之能事。派系内部非常团结，派系之间则相互倾轧。新中国成立前，国民党内部派系林立，地方上有桂系、晋系，中央有政学系、黄埔系等，派系纷争是蒋介石政权最终败退台湾的原因之一。现在一个单位、一个企业内部如果有派系争斗的话，也往往是内耗不断，难有什么起色。

四、注重实用，遇事先考虑的是"能否为我所用"

著名哲学家、思想家李泽厚非常强调中国人的"实用理性"特征。他认为："中国的实用理性……即重视真理的实用性、现实性，轻视与现实人生或生活实用无关的形而上学的思辨抽象和信仰模式，强调所谓'道在伦常日用之中。'……即承认有一种客观的'道'支配着现实社会和生活，从而理性并非只是作为行为的工具，而且也是认识（或体认）道体的途径。"（《中国现代思想史论》）李泽厚的这段话学术气息非常浓厚，换句较为通俗的话讲，就是中国人在处理与万事万物的关系时以是否对自己有用（或有价值）为重要标准。从词源上分析，西方传来的"哲学"的本来含义是"爱智慧"。这反映了西方人对待知识、对待学问的态度：爱好学问为的是满足自己的好奇心和求知欲，而不会带有更多的功利色彩。这与中国恰好形成鲜明的对照。在中国，"爱智慧"是次要的，"正确性"也是次要的，关键是要看这门学问能否带来实际的效用，能否解决现实问题。即使"不正确"，只要能有利于自己，那又何妨呢？人们信仰某种宗教、相信某种学说，首先并不见得真喜欢这个宗教、学说，而是看重它对自己的效用。老百姓看到道士能帮自己治病，就会信奉道教，而他本身可能并不知晓道教的教义。历代统治者都号召臣民讲"孝道"，这本来没有错。但统治者其实看重的并不是孝，而是希望大家像在家孝顺父母一样能在朝堂上"忠"君。放大的"孝"就是"忠"，"忠臣出于孝门之后"、"人臣孝则侍君忠"。统治者讲"孝"也是带有很大功利性的。汉语中还有很多词或话，如"文以载道"、"学以致用"、"不为无益之学"等，就是这种实用意识的反映。中西方这种对待知识、学问的态度差别，也形成了不同的后果：西方的"无用之学"催生了基础科学，反而使他们在应用科学方面走在世界的前列；我们古人倡导"有用之学"，却只能在技术的狭窄范畴内打转，导致在技术上没能赶上西方。我们古代人修建了赵州桥、都江堰这样伟大的工程，但终究没能产生流体力学；我们古代有勾股定理，西方有毕达哥拉斯定理，但我们的勾股定理仅是经验总结的结果，而西方的毕达哥拉斯定理却是用数学公式一步步推演出来的。知其然而不究其所以然，使中国古代无法孕育出现代的科学性的东西。当然，这说的是古代。现在我们已意识到这个问题，在基础科学研究领域加大了力量，也产生了很多走在世界前列的成果。

五、讲求"师出有名"

曾经，有一段相声，说到一个单位的人嘴馋了，想打打牙祭，怎么办呢？就抬出纪念俄国生物学家巴甫洛夫发现条件反射这一理由。这虽是典型的黑色幽默，但也道出了中国人喜好"师出有名"这一特点。周武王姬发想灭掉商朝以扩大地盘，怎样才能"师出有名"呢？在进军到距商朝国都朝歌七十里的牧野，周武王举行誓师大会，列数了商纣王的许多罪状——因为商纣王残暴无比，所以该灭了它。古人发展出檄文这一文体，用该文体写文章来阐发讨伐某人的理由。翻开历史典籍，从《尚书》记载的《甘誓》、《汤誓》、《牧誓》、《费誓》，《左传》记载的《管仲檄楚使》，《史记》记载的《檄告楚相》、《吴王刘濞遗诸侯书》，《后汉书》记载的《讨王莽檄》，《昭明文选》记载的《讨曹操檄》、《檄吴将校部曲文》、《檄蜀文》，到《隋书》记载的《隋文帝伐陈檄》，《旧唐书》记载的《为李密檄洛州文》，《骆临海集笺注》记载的《为徐敬业讨武曌檄》，《旧唐书》记载的《郑畋传檄天下文》，《旧唐书》记载的《杨复光露布献捷文》，《明实录·太祖实录》记载的《朱元璋奉天讨元北伐檄文》，《明季稗史初编·江南闻见录》记载的《大清国摄政王多尔衮南下告示》，《曾文正公全集》记载的《讨粤匪檄》，再到清末民初的《中国革命军大元帅檄》（孙中山）、《中华民国讨逆军檄告天下》（梁启超）、《第二次讨袁宣言》（孙中山）等，有名的檄文多如牛毛。"师出有名"作为一种文化基因已根植到中国人的血液中。

第二节 思想认识基础

生活在现代中国，我们当然要了解现代中国的事情。但是，要想透彻了解现代中国的事情，你就不能抛开中国的历史。因为今天的中国是从过去一步步走过来的。过去的思想、过去的认识，不仅深深影响了今天的中国，而且有很多已积淀到国人的兴趣爱好乃至日常生活里面了。

我们谈中国人的思想学说，不能不首先想到先秦时期的诸子百家。先秦一般指春秋战国时期。这是中国古代社会急剧变革的时期，也是意识形态最为活跃的时期。百家争鸣就是例证（当然，"百家"只是形容流派之多。班固在《汉书》中归结为"九流十家"）。"人人自谓握灵蛇之珠，家家自谓抱荆山之语"。每家学说都认为自己的一套可以包治世态百病，兼拯世道人心。儒、墨、道、法是"百家"中最为有名的，他们深刻影响了中华民族文化心理的形成，其中又以孔、孟、荀为代表的儒家的作用尤其显著。时至今日，中国人的民族特性、思维倾向乃至审美趣味仍深受其影响。在当今不同种类人群中，我们都能看到儒、墨、道、法的影子。

诸子百家思想博大精深，历代都有诸多解读。在近年来兴起的国学热中，一些名家的解读相当具有启发意义。本节就部分借鉴吸收了他们的研究成果。这些成果包括鲍鹏山所著《鲍鹏山新读诸子百家》、《孔子传》、《说孔子》、《孔子是怎样炼成的》，易中天所著《先秦诸子百家争鸣》、《中国智慧》、《我山之石：儒墨道法的救世之策》，李零所著《丧家狗：我读〈论语〉》、《人往低处走：〈老子〉天下第一》、《去圣乃得真孔子：〈论语〉纵横读》等。读者如需进一步理解诸子百家的思想，可拓展阅读、研究。

一、儒家

有人将儒家精神归结为三点：爱满天下的情怀，人生境界的追求，自强不息的奋斗。这种归纳略显简单，但很扼要、简洁。笔者从以下几方面分述：

（一）强烈的忧患意识、责任意识和"入世"意识

儒家在人生观方面持积极进取之态度，非常注重主动改造社会，"制天命而用之"。还特别强调担当，比如孔子曾言："文王既没，文不在兹乎？"（周文王既然已经不在了，华夏的文化传统我不承担谁又能承担呢？）这种主动担当的精神或情怀，可以说是人之所以为人、之所以异于禽兽的最重要的区别。面对春秋时期礼坏乐崩的社会现实，孔子倡导"知其不可为而为之"，反映了儒家思想中对自己社会理想的执着追求和拯救天下苍生于水火的责任意识以及奉献精神。这种精神影响了世世代代中华民族的优秀儿女，他们"先天下之忧而忧，后天下之乐而乐"，他们"为天地立心，为生民立命，为往圣继绝学，为万世开太平"，他们"无求生以害仁，有杀身以成仁"。苏武、文天祥等就是他们的杰出代表：苏武留居匈奴十九年持节不屈，其节操惊天地泣鬼神；文天祥就义前在衣服上留下绝笔："孔曰成仁，孟曰取义，惟其义尽，所以仁至。而今而后，庶几无愧。""天行健，君子以自强不息"、"地势坤，君子以厚德载物"、"穷则独善其身，达则兼济天下"、"三军可夺帅也，匹夫不可夺其志"，这些耳熟能详的话语就是儒家这种天下情怀的真实写照。对现实世界的关注使儒家学说与西方宗教（过分关心神学、上帝）有了很大的不同。

儒家代表人物，大都充满正义感、责任感和使命感，他们想的是拯救天下苍生。"天将降大任于斯人也"、"非予觉之，而谁也？""我善养吾浩然之气"。心中充满了浩然正气，那还不"指点江山，激扬文字"？孔子自己就带头入世。他带领众学徒"周游列国"，目的就是去推行他的政治主张，就是想把这无道、混乱的社会引向自以为正确的方向。孔子积极为统治者谋划长治久安的方略，设计天下太平的蓝

图。如鲁哀公("怎样才能让老百姓服从")、鲁定公("君臣关系如何处理")、齐景公("如何执政")、子贡、子张、季康子、子路、仲弓、子夏、叶公等都就此问题来请教过孔子,孔子都一五一十地做了回答。孔子自己虽然出身于统治阶级的最底层,但他心里始终想着统治者,始终愿为统治者服务。

儒家思想可以说是对中国人影响最大的思想。儒家的一些糟粕带给国人的不良影响也是颇让人痛心疾首的。如汉代大儒董仲舒强调,"道之大原出于天,天不变,道亦不变。"在他看来,社会稳定压倒一切,哪怕这种稳定是一潭死水式的"稳定"。这种所谓的"稳定",忽略了社会和人的全面发展。稳定的条件是道德的昌盛而不是物质的发展,也不是人的发展。人可以通过心灵的调节而不是通过积极向上、有所作为、有所建树来获得满足感、幸福感。在中国,英雄是不容易做的,因为这些有所作为或被人看作有所作为的人,往往会破坏所谓的"稳定",也因此必予除之而后快。所以在有些人看来,儒家学说在一定意义上讲是造成近代以来国人懦弱心态的罪魁祸首。也正因为如此,"五四运动"时期爆发了"打倒孔家店"的运动。

(二)孔子、孟子与荀子:生平与性情

孔子"血统高贵"但"出身低贱"。孔子的祖上是商代的王族,即"三仁"之一的微子,但到了六世祖孔父嘉时,"五世亲尽,别为公族",已经不再属于王族了。到了父亲叔梁纥,就只能做个守城门的"士"了,算是贵族的最末级。叔梁纥不仅没落成贵族的最低等级,家丁也不再兴旺。正妻生了九个孩子,全是女孩,小妾生了一个儿子,却是个残疾。叔梁纥在年近七十的时候,又娶了十五六岁的少女颜徵在。"纥与颜氏女野合而生孔子"。对"野合"一般有两种解释:一种解释是老夫与少妻年龄差距太大,不合周礼,故此婚姻不是"礼合",而是"野合";另一种解释则是我们通常意义上所指的"非法结合"(鲍鹏山老师还提出另一种解释:野合是当时一种流行的婚配风尚,并非是不光彩的事,反而是官方命令许可的行为)。无论哪种情况,孔子自身都是不合"礼"的产物,但孔子一生却都在教导世人要"克已复礼"，教导世人如何做人，看来历史有时的确有些怪异而奇特。

孔子是个大高个儿，"长九尺有六寸"，当时人就"皆谓之'长人'而异之"。孔子身材虽高，但据说孔子长得很丑。丑到什么程度呢？他"生而首上圩顶"。也就是说，他的脑袋和正常人有所不同，是"四周高、中间低"，他被人称为孔丘，就是因为他的脑袋像倒置的小山丘（也有人认为孔丘之称来源于孔子家乡一座名叫"尼丘"的山）。孔子还眼球外凸，鼻孔朝天，大嘴巴，招风耳。按照画家吴道子画的孔子像，一对大板牙中间还有一道缝。这外表吓坏了他的父母，连父母都嫌弃他，就把他丢弃了。但因为他是圣人，有只老虎保卫他，别的动物害怕而不敢伤害他；还有老鹰给他扇扇子，给他除暑。——怪不得孔子是圣人，生下来就不一样。当然，这是后人的附会，是信不得的，目的是渲染孔子的神圣性、权威性。

孔子三岁时，他的父亲就去世了，是他年轻的母亲颜徵含辛茹苦把他拉扯大的。虽然家境贫寒，孔子没有自暴自弃，而是通过刻苦学习，成了世代敬仰的大圣人。孔子生活在混乱的时期："弑君三十六，亡国五十二。"曾经无比辉煌的周王朝已经日薄西山，只能龟缩在洛邑这个弹丸之地，对日益骄横的各路诸侯无可奈何；伟大的周公所制定的"礼"、"乐"已经土崩瓦解。在这样的一个乱世，孔子抱着一颗重整社会秩序的执着雄心，率领众弟子奔走于列国，推销自己的治国思想。孔子念念不忘恢复周礼，就像拿着一把已经过时的理论尺子来衡量早已面目全非的现实世界，如此削足适履的结果是使自己"生不能用"。年纪大了后，孔子只能回到故乡鲁国，整理史料典籍。经他编订的《诗经》、《易》、《春秋》等书，成为儒家的经典，也成为影响中华民族历史发展的著名篇章。历代统治者都尊奉孔子，加封孔子，给孔子很高的政治荣誉。给孔子最高封号的皇帝是元成宗，他加封孔子为大成至圣文宣王。在元成宗加封孔子的圣旨中，有一句话很恰当地总结了孔子在中国文化中至高无上的地位：盖闻先孔子而圣者，非孔子无以明。后孔子而圣者，非孔子无以法。这句话的意思是说，孔子之前的圣人，如果不是有孔子，他的真精神就流传不下来。孔子之后的圣人，如果不是有孔子，就没有了效仿的榜样。可见，孔子是"前无古人、后无来者"的"至圣"。

孟子为"鲁国三桓"之后，约出生于孔子去世百年之后。与孔子一样，孟子也是三岁丧父。同孔子母亲一样，孟母也是非常不容易地把孟子抚养成人。孟母管束甚严，其"孟母三迁"、"孟母断织"、"不敢去妇"等故事，成为后世母教典范。从学问渊源上讲，孟子算是孔子的嫡传。因为孟子受业于孔子的孙子子思，而子思又受业于对孔子思想"独得其宗"的曾子。孟子对由孔子开创的儒学做出了极大的贡献，他丰富了儒学的内容。比如，孟子将孔子倡导的"仁"发展到了"义"，并形成了"仁政"的政治思想。孟子曾仿效孔子，带领门徒游历于齐、宋、滕、魏、鲁等诸国，企图推行自己的政治主张，前后历时二十多年。但孟子的"仁政"学说被认为是"迂远而阔于事情"，并没有得到实行的机会。最后他也像孔子一样退居讲学著书，和他的学生一起，"序《诗》、《书》，述仲尼之意，作《孟子》七篇"。《孟子》是儒家学说的经典著作之一。孟子被后世人称为"亚圣"。

荀子生前也像孔孟一样很不得志。他向秦昭王展示治国才学，秦昭王没有信任他、起用他。在齐国，他也只是一个稷下学宫的"院长"，是个搞学术研究的闲职。在楚国，"信任"他的春申君只让他做了个小小的兰陵令。春申君死后，他这个兰陵令也没能保住。就像他的弟子们所说的，荀子生前"名声不白，徒与不众，光辉不博"——完全郁郁不得志。之所以如此，是因为他的理论对正忙于征战的战国诸君来说，有些不合时宜。按荀子的理论，教化出来的人民是没有昂扬斗志的顺民，而这样的顺民是不能到处征战的，是无法帮助君主称王称霸的。能驯化出能征善战的人民，从而有利于国家强盛的，是法家的思想。天下一统的时期才是荀子思想大放光辉的时期，这也是汉代尊奉荀子的重要原因——董仲舒、刘向都信仰他。

（三）孔孟之道

1. "天"与"人"

儒家在世界观方面持无神论或怀疑论观点。孔子有句非常有名的话，"天何言哉？四时行焉，百物生焉，天何言哉？"天是不会说话的，它以四时运行和万物生长作为它的言说。天，作为生命创造的自然过程，它是一切生命之源。在儒家看来，天是控制大地上一切事物的主宰力量，是生生不息的创造源泉，是一种化生万物的自然力量。人的祸福、自然的收成，都受这种神秘力量的支配。天只崇尚善行，如果大地上出现自然灾害，往往被看成是天对人做错事的一种惩罚。但天并不常常惩罚人，它更多地表现为宽容和爱怜，人类就在天的庇护下安详地生存。像著名的北方民歌"天苍苍，野茫茫，风吹草低见牛羊"，实际上反映的是人在大自然的怀抱中休养生息、和谐成长的思想。因此，人对天既敬畏，又感恩。儒家这种对天的认识，慢慢造就了中国人对天的崇拜。中国人对天地、宇宙充满感情，非常热爱，把它们看成是自己安身立命的所在，是安顿自己生命心灵的家园，是可以谈天说地的朋友。"天人合一"是中国古代对人和天关系的认识。这种宇宙观，培育了中国人热爱天地万物的情怀。后世中国人留下了很多人与自然和谐相处的诗篇。如李白"举杯邀明月，对影成三人"，程颢"万物静观皆自得，四时佳兴与人同"，苏东坡"须将幕席为天地，歌前起舞花前睡"，辛弃疾"我见青山多妩媚，料青山见我应如是"等。

天，就是生育万物，核心要义也就在于"生"（《易传》有言："天地之大德曰生"，在北京故宫北边现在还立有一牌楼，上写"大德曰生"）。"生"就是天命、天道。天使万物生长，天养育了万物，降生了人。人作为万物之灵，有责任来实现天命。也就是要使万物"生"（生长万物，养育万物），包括与万物和谐成长、爱惜生命、保护生命等。如果"不知天命而不畏"，不珍惜生命，不爱护苍生，那就会受到天的惩罚。"获罪于天，无所祷也"，到时候再怎么忏悔也是没有用的。孔子相信天命，敬畏天命（"君子有三畏：畏天命，畏大人，畏圣人之言。""畏天命"被孔子列为"三畏"之首），但并不迷信，他"敬鬼神而远之"。

在儒家看来，天不是超自然的，它本身就是生生不息的自然界。

当然，这个自然界不是我们通常所理解的，而是指包含天下所有有生命、有人格的大生命世界，人只是这个大生命世界的一个组成部分。人与天地万物是一体的，都属于一个大的生命世界。孟子说："亲亲而仁民，仁民而爱物。"朱熹说："天地万物本吾一体。"程颢说："人与天地一物也。"类似的话有很多，都是说人与万物平等、属于同类，所以人应该把爱推广到天地万物。像郑板桥就在一封信中说道："天地生物，一蚁一虫，都心心爱念。"这就是儒家的天人合一观和大仁爱观。

北京的天坛就集中表现了中国人的天人合一思想。天坛中的祈年殿、皇穹宇，其琉璃瓦屋顶是蓝色的，就是四周的墙壁也以蓝色的琉璃为主调。这是因为天是蓝色的。我们老说"苍天"，实际就是说"蓝色的天"。天坛中有很多绿树，很多树树龄都在五百年以上。这又是为什么呢？因为绿色代表庶民，绿色烘托着天坛的主殿，就意味着烘托着蓝天，就意味着大地上的芸芸众生怀揣敬慕心情，环拱在天的左右。民谚说："天坛走一走，到处都是九。"天坛还用数的方式凸显天的尊严。因为在中国的数字观中，"十"代表圆满，但过分追求完美反而会带来残缺，甚至造成灾难，因此就用"九"代表最高、无限、极数，也就是代表"天"。这一点在圜丘坛上表现得最为明显。圜丘坛以天心石居中，向外是九层石板，第一层为九块，而每往外一层就递增九块。人们到天坛游览，都会到圜丘坛中心天心石或皇穹宇中感受一下奇怪的天坛声学现象，这种现象反映的就是天人交流思想。

2."礼"与"乐"

先秦时期，"国相攻，家相篡，人相贼"。孔子认为，之所以出现这些问题，是因为统治阶级内部不讲孝悌，不守规矩。为了改变这种状况，孔子提出的方案是进行统治阶级内部整顿，先"正名"，即"君君臣臣，父父子子"——君要有君的样子，臣要有臣的样子，父要有父的样子，子要有子的样子；后"复礼"，即"克己复礼"——克制自己的欲望，恢复古代的礼制。所谓孔子认为的古代，是由天下共主（即王，天子）、诸侯国（即国君，诸侯国的首任国君就是周天子封的）、大夫（即家君）三级构成。周王朝时，"乐同统，礼辩异"，亦即靠礼和乐来管理诸侯国。礼的核心是明确等级，维持秩序（讲级别，讲规格），对不同等级的人的衣食住行、言谈举止各方面都进行了规定。一旦违反，就是"非礼"；乐的核心是调节情绪，平衡心理，维持和谐。到了春秋战国时期，"礼坏乐崩"了，天子越来越虚，诸侯国和大夫越来越实。在凭实力说话的时期，孔子让有实力的诸侯国主动戒除武装归附周天子，无异于与虎谋皮，当然行不通。

孔子主张"克己复礼"，但不是简单地主张回归古代，而是把他认为的古代的礼制归结到老百姓的日常生活中。孔子说，"子生三年，然后免于父母之怀"。在父母死后，为表思念之情，要为父母负丧三年。这样一来，孔子就让原来强制性的外在规范内化成了老百姓社会生活的日常需求，从而沉淀为老百姓的自主行为。在孔子看来，丧礼和祭礼最为重要。丧礼表现为"慎终"，就是慎重送别死去的父母；祭礼表现为"追远"，就是追怀自己的祖先。有一次，鲁国人林放向孔子请教礼的核心要义是什么（"林放问礼之本"）。孔子认为这个问题问得非常好（"大哉问！"）。就回答道"礼，与其奢也，宁俭；丧，与其易也，宁戚"。也就是说，实行"礼"，不是让你摆奢华，而是让你节俭；举办丧事的时候，内心感到悲伤比注重外在形式更好。孔子高度重视礼的原因，是因为"礼之用，和为贵"。也就是说，"礼"可以让人在社会生活中保持彼此之间的关系和谐，从而起到维护社会秩序的作用。进一步讲，人的生命是有限的，但人通过祭礼和丧礼可真切感受到生命的延续，从而使人能在有限的人生中感受到人生的价值和意义。

与重新解释"礼"一样，儒家也重新解释了"乐"。"乐"不仅指音乐，而是泛指一切使人的感官得到快乐的东西，如音乐、诗歌、舞蹈、仪仗、打猎等。在孔子看来，治学的最高境界是乐（"知之者不如好之者，好之者不如乐之者"、"学而时习之，不亦说乎"、"其为人也，发愤忘食，乐以忘忧，不知老之将至云尔"等）。孔子之所以特别喜欢颜渊，是因为颜渊"一箪食，一瓢饮。在陋巷，人不堪其扰，回也不改其乐"。对颜渊的"乐"，孔子忍不住高呼"贤哉回也！"孔子对乐的如此认识，为后来人所津津乐道。"孔颜乐处"成为了一个引人遐思的美丽传说，以至于成了教书人与读书人彼此良好关系的理想楷模，成了知识分子安贫乐道、达观自信的处世态度与人生境界的最好写照。儒家认为，"乐"不仅是艺术形式，而是为人的情感服务的，是为了使人们愉悦。从而，儒家把这些高深的字眼与人们的社会现实结合起来，使之成为服务现实政治及社会生活的内容。

3. "仁"与"义"

"仁"是孔子关于人的学说的一个核心概念，也是儒家思想的一个核心概念。在《论语》中，"仁"以不同的"面目"出现了109次，每次蕴含的内容都有所不同。孔子认为，"恻隐之心，人皆有之"。人人要有"恻隐之心"，这是儒家仁学的底线。只要能设身处地、将心比心地为别人着想，同情弱小者，"是心足矣"，如果"人皆有所不忍，达之于其所忍"，则就是"仁"了。孔子还认为，人要有"亲亲之爱"。他只用"爱人"这两个字向学生樊迟解释什么是"仁"：心中装着别人，对人友善，也就是"仁"了。"爱人"作为一种普遍的道德准则，是从爱自己的父母开始的。孔子在《礼记》中讲，"立爱自亲始"，说的也是这个道理。孟子讲过，"亲亲而仁民，仁民而爱物"。孟子的这句话表达了三层意思：亲亲、仁民和爱物。"亲亲"，就是爱自己的亲人。"仁民"就是爱大家。敬爱父母为孝，父母爱子女为慈。孝是向上的，慈是向下的，以此向上、向下延伸开去，推己及人，从父母兄弟开始，由亲及疏，由近及远，由家庭到社会，从而达到"泛爱众而亲仁"的普遍的爱，进而实现"老吾老以及人之老，幼吾幼以及人之幼"的社会大同。友爱兄弟为悌，这是横向的爱，由此及彼，就是"四海之内皆兄弟"。这种纵向的、横向的爱结合在一起就是"仁爱"。所以，孔子说孝悌为"仁之本"。

在孔子看来，"仁"离我们每个人并不是很遥远，达到"仁"的境界也并不困难。"仁远乎哉？我欲仁，斯仁至矣。"你想做到"仁"，"仁"就会来到你身边。关键是要"为仁由己"，即关键看你自己努不努力。那么，一个人怎样才能达到"仁"的标准呢？做到"忠恕之道"或者"克己复礼"就可以了。忠,就是"己欲立而立人,已欲达而达人"——就是自己好,也希望别人好;就是对别人委托自己办的事情,要尽心尽力地去办;就是自己有什么欲求,别人也就会有什么样的欲求,在满足自己欲求的时候,也要想到满足别人的欲求。恕,就是"己所不欲,勿施于人"——就是自己不愿意做的,也不强求别人做;就是我自己不愿意别人这样对待我,我也就不这样对待别人;就是自己对别人不要太苛刻。在孔子看来,"恕"比"忠"更重要。当子贡问孔子"有一言而可以终身行之者乎"的时候,孔子的回答就是"其恕乎"。因为作为普通人,可能没有能力让别人"立",况且,即使你想让别人"立",别人也不一定愿意"立"。换句话讲,"己欲立而立人,已欲达而达人"并不是所有人都能做到的,而"己所不欲,勿施于人"是所有人经过修炼都有可能达到的,并且这句话中包含着对他人的尊重。在2001年联合国召开的大会上,针对上个一千年人类战乱不断的悲惨历史,他们把"己所不欲,勿施于人"这句话作为新千年国家之间的行为准则,可见这句话所包含的重要分量。孔子还讲过"克己复礼为仁"。也就是说,只要我们每个人都能做到克制自己、遵循礼的要求,那就达到"仁"的境地了。我们再来从"仁"这个字的字面上理解:只有"两个'人'",且把人当人,才是"仁"。孔子的"仁"更多地强调的是人的内在修养,是人要追求的精神境界。

　　孟子从"仁"的基础上提出"义"的概念。当然,孔子也讲"义",但他的重点在"仁";孟子也讲"仁"(他曾说过"仁者无敌"),但他的重点在"义"。在孟子看来,"义"是"仁"的外在表现,"义"就是按照"仁"的法则去行事(如"仁,人之安宅也。义,人之正路也"、"仁者,人心也。义者,人路也"、"义者,宜也")。义,也就是行为适当。孔子倡导的"仁"的理想,通过孟子的"义"落地了。因为,不可能每个人都成为圣人,但每个人都可以通过外在行为的约束成为一个受人尊重的人,这就使孔子的常人难以企及的人格理想有可能转化为普通人的伦理道德规范。仁,为孔子所看重,强调做人要做好人。义,为孟子所倚重,强调人要走正道。"仁"和"义"两者都不能少。当然,"义"的内涵也很复杂,有多种多样的种类,不同立场的人对"义"的理解也不尽相同。

孟子用"义"的行为衡量一个人是否具备"仁"的内心。这既是孟子对孔子开创"仁"学的一大贡献,也是孟子对儒学的重要贡献。此外,孟子还把孔子的"仁"从政治角度发展为"仁政"(也就是孟子讲的"王道")。孔子也讲"仁政",但对其内涵并未详细地解释,不仅内容空泛,操作性也不强。孟子则把孔子关于"仁"的伦理思想发展成为一整套的政治构想,完成了学术向政治的过渡。孟子认为,人性本善,这颗仁心的苗子只要好好加以培养,便是"养身"。用自身的良好标准"刑于寡妻"(给妻子做道德样板),便是"齐家"。把这标准"以御于家邦",便是"治国"。用"仁政"治国,便是行"王道"。行"王道"则"天下莫之能御",天下也就能从此长治久安了。孟子曾说"言人之不善,当如后患何"?——如果我们说人性本不是善的,那一个人做了坏事,并声称这是本性使然,那我们有什么理由制止他呢?看来,孟子是在用道德激励的方式阻止人们作恶,用一种向上的积极力量引导人们行善。他的政治构想建立在道德层面的性善论基础上,把天下希望寄托在"圣明君主"的出现上。

孟子高扬"仁义"大旗。当梁惠王问孟子"你大老远跑来给我带来什么好处"的时候,孟子说"王!何必曰利?亦有仁义而已矣"。当然,孟子重视"义",却并不否定"利"。他讲"有恒产者有恒心",主张要让老百姓有些固定的家产,这样才能有一颗稳定的心。"五亩之宅树之以桑",这是孟子告知老百姓要有经济头脑。可见,孟子是希望老百姓讲"利"的,他希望讲"义"的是统治者。

孔子作为圣人的地位无人能撼动,但孟子作为"亚圣"却常受人攻击。最早批评孟子的就是同为孔子信徒的荀子。东汉王充则写了《刺孟》来专挑他认为的孟子的错误。到了明朝朱元璋时则干脆把孟子从孔庙中赶了出来。为什么?孟子的理论有一些逻辑不清之处,最引起朱元璋反感的地方恐怕还是孟子的人格和政治理想。孟子认为民权高于君权，"民为贵，社稷次之，君为轻"。如果君子不合格，人们就有权利抛弃他、推翻他或离开他。君子要关注民生（"五十者可以衣，七十者可以食肉"，鳏、寡、孤、独都能得到关心）；要与民同乐（"与百姓同乐，则王矣"）；要了解民意（"左右皆曰贤，未可也。诸大夫皆曰贤，未可也。国人皆曰贤，然后察之。见贤焉，然后用之"）；要尊重事实（"国人皆曰不可，然后察之；见不可焉，然后去之"、"国人皆曰可杀，然后察之；见可杀焉，然后杀之"）；要尊重民权（"君之视臣如手足，则臣视君如腹心；君之视臣如犬马，则臣视君如国人；君之视臣如土芥，则臣视君如寇仇"、"乐民之乐者，民亦乐其乐；忧民之忧者，民亦忧其忧"，在孟子看来，"孝"要比"忠"重要。他讲了一个故事，说舜的父亲如果犯了罪，舜就该晚上把父亲从监牢里救出来，并带父亲逃到海边隐居起来，享受天伦之乐）。孟子还认为，君权是人民授予的（"天不言，以行与事示之而已矣"、"天予之，人予之"）。这些思想反映了"养吾浩然之气"的"大丈夫"的人格（"富贵不能淫，贫贱不能移，威武不能曲，此之谓大丈夫"）。这样的思想蕴含着对统治者的蔑视，你不看孟子骂得齐宣王"勃然变乎色"、"顾左右而言他"吗?!作为专制独裁者或其支持人物，当然不能容忍孟子这样的人坐在贡席之上！

（四）荀子的思想："忠"、"顺"及"礼"

如果说孔子、孟子还是在用"仁、义、礼、乐"通过劝告来希望统治者圣明的话，那么儒学发展到荀子，则就直接站在统治者的立场上，教导臣下如何做到忠实。至荀子，儒家思想真正成为了统治者手中用来奴化人民的一种致命武器。

荀子主张对君主一要"忠"，二要"顺"。关于"忠"，荀子谆谆告诫臣下要明君臣之分，要谨守臣道，上奉君主，下爱人民，做一个忠心耿耿、勤于事务、忠于职守的好下属。他曾说"上能尊君下爱民"、"贵贱有等明君臣"、"臣下职，莫游食"（也就是说"要忠于一个主子"）、"守其职，足衣食，厚薄有等明爵服"等。关于"顺"，他专门作有《臣道》一篇，谆谆告诫臣下要会"顺"道，要对君主低眉顺眼。比如，"事人而不顺者，不疾者也；疾而不顺者，不敬者也；敬而不顺者，不忠者也；忠而不顺者也，无功者也；有功而不顺者，无德者也。故无德之为道也，伤疾、堕功、灭苦，故君主不为也"、"从命而利君谓之顺"。一句话，君子的最重要标准就是"顺"，而"顺"则以是否"利君"为判断标准。可见儒学发展到荀子，已全然没有了孟子所倡导的那种"浩然之气"与"大丈夫"气概，剩下的只是一个向统治者"频送秋波"的低眉顺眼者。也可以说，经过荀子改造而成的儒学，已经不是那种放射着思想光辉的学说，而是一种专门为统治者服务的工具，是"犬儒"哲学。孔子不介意别人不理解他而一心坚持自己的信仰，不肯降低自己"道"的标准而去迎合诸侯国君，孟子也是如此，他自谓为"王者师"，是把自己的位置摆在君主之上的。而荀子不再如此，他甘愿伏下身来，主动向君主示好，宁愿做一个忠实、勤勉、尽心尽职的臣下。他在《非相》篇中说人有"三不详"，其一就是"贱而不肯事贵"。又说"人必有三穷"，其一则是"为下则好非上"。颠来倒去，意思就是说臣下应该"顺"着君主来。说句不客气的话，在荀子理论教化下的老百姓只能是奴才——丧失了独立思想、不求进取的奴才。历代统治者选择这种改造了的儒学作为教化人民的工具。

荀子认为"人性恶"。为防治世俗之"恶"，须立一个可以"为人师"的君主，并赋予他绝对的权力。荀子把人类的希望寄托在这些君主身上，认为他们天生就具有智识和道德，老百姓作恶，乃至造反，都是由于君主过分放纵造成的（孟子则认为是统治者的过分剥削造成的），因此应该赋予君主绝对的权力以管理人民使之不再犯"恶"。荀子在《制天》篇中指出，人的力气不如牛，跑的速度不及马，但牛马却能为人所用，原因在于人能合作（"人能群，彼不能群也"）。而君主就是善于让人合作的人（"君者，善群者也"、"君者何也？曰：能群也"）。无论从对人性的认识出发，还是从带领人民与自然抗争以图生存的需要出发（"制天"不能靠个人，必须靠合作，只有君主这个绝对的权威才能使人合作），荀子得出的都只能是"尊君"的结论。

关键是荀子把"君主"的地位提高到无以复加的高度，他一反孟子的"民为贵，君为轻"而坚持"君为贵，民为轻"，他认为"人君者，所以管分之枢要也"。荀子把君主放在了"枢要"的地位上，在他眼里，根本没有老百姓的位置：老百姓只不过是一群品行不端、顽劣丑恶的愚氓罢了，应该让圣明的君主用绝对的权力来加以管制才行！君主不仅拥有绝对的权力，他本身就是权力的来源。孔子、孟子想通过"天"来对世俗君主有所约束。而荀子把这个外在约束取消了，世俗君主没有了约束，其本身的行为就是标准。这思想想不产生专制暴君都很难。

"礼治"思想是荀子对儒学发展的又一大贡献。孔子谈的"礼"，是周王时期贵族的"礼"。孔子要回到过去的"礼"（"克己复礼"）。孟子讲"礼"，是从辞让之心谈礼——"辞让之心，礼之端也"。孟子认为"礼"产生于人本性中的"善"。而荀子倡导的"礼"，是一种整合社会、使社会走向规范的"新礼"。荀子从"人性本恶"出发，认为人的欲望无限而"物"有限，必然产生争夺之心，进而导致社会混乱。用"礼"的方法把人分为贵贱贫富和三六九等，让人们出现差别和等级，不同等级的人各司其职，不互相逾越，这就是"养天下治本也"、"夫是之谓人伦"。人们相互制约，各安其位，就能使人不争不夺。

荀子之所以被认为是儒家的代表人物而不是法家的代表人物，主要是因为他提出要让人民"衣暖而食之，居安而游乐"——他还在倡导人民的富裕、安乐与幸福。但他的"人性恶"说必然会合乎逻辑地发展为法家的思想。

（五）孔孟荀之后的著名儒家：董仲舒、朱熹、王阳明与"现代新儒家"

董仲舒是汉代人，他以《公羊春秋》为依据，提出"天人感应"、"大一统"学说和"罢黜百家，表彰六经"、"以德治国"等主张。他认为，"道之大原出于天"，自然、人事都受制于天命，因此反映天命的政治秩序和政治思想都应该是统一的。该思想有利于集权统治，得到汉武帝及以后诸多帝王的肯定。

朱熹是南宋人，世称"朱子"、"儒宗"，被认为是自孔子、孟子以来最杰出的弘扬儒学的大师。他开创了理学，认为"天理"超越现实、超越社会之上，是人们一切行为的标准，应该去发现（"格物穷理"）和遵循"天理"。"人欲"会破坏和谐。因此，应该"存天理，灭人欲"。此外，他还提出"父子有亲、君臣有义、夫妇有别、长幼有序、朋友有信"的"五教之目"思想。

王阳明是明代人，心学集大成者。他继承陆九渊强调"心即是理"的思想，提倡"致良知"，认为"理"全在人"心"，"理"化生宇宙天地万物，强调从自己内心寻找"理"。在知与行的关系上，强调"知行合一"，二者互为表里，不可分离。知必然要表现为行，不行则不能算真知。

"新儒学"是相对于孔孟"原儒"的宋明理学而言。该学派出现于20世纪30~40年代，是为了回应西方文化对中国的冲击与挑战而诞生的。代表人物有牟宗山、熊十力、梁漱溟、马一浮、钱穆、冯友兰等。该学派以接续儒学"道统"为己任，力图客观而同情地理解传统儒学，并以此为基础来吸纳融合西学，目的在于为中国文化和中国社会的现代化找一条出路。重点是从儒学的内在目的性开出"新外王"的"药方"，即科学和民主。"新儒学"各代表人物中，贡献也各不相同。其中，熊十力认同孟子所建立的本心的哲学思想，并依据大易的原理，把本心建立为一个绝对的实体，进而建立了一个注重宇宙论建构的哲学体系。马一浮综合了传统的经学、理学，认为一切刀术统摄于六艺（六经），构建了一个注重经典学重建的哲学体系。冯友兰继承程朱理学对"理的世界"的强调，并吸收西方的新实在论，构建了一个注重形而上学建构的哲学体系。梁漱溟主张心理学是伦理学的基础，建构了一个注重心理学的哲学体系，等等。

（六）小结

从孔子到现代新儒家，儒学思想虽然不断发展，但其经世济民的思想没有变，总想为中国的发展开出一剂良药。儒学思想具有强大的生命力，虽多次被人抨击，但至今仍绵延不绝，影响着中国人的日常生活。以孔子在近当代的命运为例。进入20世纪，孔子的命运几经反复。1840年鸦片战争以后，中国饱受西方列强的欺凌，屡战屡败，割地赔款，变得衰弱不堪。一些中国人从中国文化上找原因，认为中国的儒家文化是罪魁祸首，在"五四运动"时提出了"打倒孔家店"的口号，竖起了"民主与科学"的大旗。在"文化大革命"中，孔子更是被批判得体无完肤。"文化大革命"时这种全国大批"孔老二"、想把孔子搞臭的做法只是在那一时段发生了作用。"文化大革命"之后，生命力异常顽强的孔子又活泛过来，受到人们的尊奉。在重塑中国人价值观运动中，人们重新发现了孔子，发现了孔子关于孝、礼、德等理念的见识有着重大的现实意义。于是，"祭孔"、"国学"又热起来。在北京孔庙中，各种在孔子像前"认师礼"的活动也多起来。世界各地还建了很多孔子学院，想把儒学推广到全世界。孔子及其代表的儒家思想对当代人仍有深度影响毋庸置疑。

二、法家

与墨家曾求学于儒家后来又反对儒家类似，法家也有很多著名人物曾经就学于儒家。像韩非、李斯就是最著名的两位。他们都是著名儒学大师荀子的学生，但最后又都脱离儒家而成为法家的代表人物。

相较于儒家、道家和墨家，法家的所有主张都是基于现实，都是基于"管不管用"，故可操作性极强，不像老子的"道"说来说去让别人还是感到迷迷糊糊，不知所云。法家关注"霸道"：为统治者出谋划策，解决统治者在管理老百姓及谋求霸权时遇到的各种问题。换句话讲，法家所有的主张都是为了帮助君主"富国强兵"。法家看到西周以来实行邦国制（封建制），结果搞得君不君，臣不臣，天子被架空，因而主张走中央集权的道路，提升天子的权力。这就引出一个问题：减少乃至剥夺诸侯国和大夫各级统治者的权力及既得利益，他们干吗？当然不干，因此法家教给统治者治理天下的方法。从这点上看，法家与儒家、道家均有所不同：儒家主张"开历史倒车"，试图回到过去；道家干脆来个彻底否定，认为根本就不应该有权力这种东西存在，因为如果根本没有权力这个东西，诸侯也就不会为其争得头破血流了。儒家不知人的"同一只脚不能两次踏进同一条河流"里，道家则不承认客观存在的东西。看来，还是法家脚踏实地：面对问题不回避，而是着手解决。法家的哲学是血腥的"斗争的哲学"，在古时候的确有助于成就大业。

法家、儒家都是站在统治者立场上为统治者服务，为强者服务的，因而对统治者都有利用价值。但两者出发点有所不同：儒家满口"仁义道德"，说起来非常动听，能显出统治者的修养与大度，所以历代统治者都喜欢尊奉儒家；法家最管用，但讲起来不中听，有些不近情理，所以历代统治者都会实行严格的法律但都不会大张旗鼓地宣传。所以，"外儒内法"、"阳儒阴法"是统治者心照不宣的最佳选择。

需要说明的是，法家的"法"与现代意义上能控制住国家权力的、相对独立的"法"不同。法家的"法"是为君主谋划的法，而不是为天下谋划的法，也不是为自己谋划的法。法家的"法"是专制君主自己制定又自己执行的"法"。

（一）法家的理论家：韩非

韩非是战国七雄中最弱小国家韩国的公子，目睹韩国日趋衰弱，曾多次向韩王上书进谏，但不被采纳，悲愤之中写出《孤愤》、《五蠹》、《内外储》、《说林》、《说难》等十余万言的著作，全面、系统地阐述了他的法治思想。这些著作流传到秦国，得到秦王嬴政的欣赏，使秦王发出"嗟乎！寡人得见此人与之游，死不恨矣"的感叹。后来，秦王见到韩非，非常高兴，但由于李斯和姚贾等大臣的谗害，韩非非但未被秦王信任和重用，反而被秦王下令逮捕入狱。李斯派人给被下狱的韩非送去毒药，迫他自杀。秦王在韩非入狱之后有所后悔，便下令赦免韩非，但此时韩非已经被迫自杀。

韩非献给统治者的治国方法主要是抓"二柄"。也就是奖与惩，赏与罚两种手段。换成现在的话讲，就是"胡萝卜加大棒"。"明主之所导制其臣者，二柄而已矣"。人君指挥控制人臣，也就靠这两下子。

韩非谆谆告诫君主：做君主的一定要把这两个权力掌握在自己手里，不能假手他人，否则"后果会很严重"。韩非在《二柄》这篇文章中举了两个例子：一个是赏权下放，另一个是罚权下放。赏权下放的是齐简公。田常是齐简公的国相。他经常施恩惠于百姓，老百姓都说他好。他还经常跑到齐简公那里说其他大臣的好话，大臣们也都说他好。结果呢，大家都说田常好，田常得到大家拥戴后就发动政变杀了齐简公。罚权下放的是宋桓公。宋桓公手下官员子罕对宋桓公说，"讨好人的事，请君主你来做；得罪人的事，由臣下我来做"。结果呢，大家都害怕子罕。子罕利用大家忌惮自己的心理，起兵把宋桓公宰了。因此，韩非说，"兼失刑德而使臣用之，而不危亡者，则未尝有也"。在法家看来，儒家的"仁爱"、墨家的"兼爱"都不管用。"爱"的结果是君主照样杀人、老百姓照样犯罪。还是"二柄"管用。当然做君主的，要会充分地、有艺术地使用这两个手段。用韩非的话讲，"赏莫如厚而信，使民利之；罚莫如重而必，使民畏之"。也就是说，赏要赏得受赏者感恩戴德，罚要罚得受罚者倾家荡产。当然，君主也不能胡乱赏罚。"赏存乎慎法"、"罚加乎奸令"：赏要赏那些遵守法令的人，罚要罚那些触犯禁令的人，亦即赏罚要合乎"法"。

赏与罚是韩非教给统治者最重要也是最基本的统治手腕，但其"驭臣术"绝不止这两条。翻阅韩非的著作，很多篇章都有"驭臣术"之类的内容。也正因为如此，韩非的理论可以简单称为权诈理论。在众多的"驭臣计谋"中，韩非特别强调三项。

1. 威势、权势

即凭借权力和地位形成的威慑别人的力量。这是统治和控制老百姓的策略和方法。韩非在《难势》中说，飞龙和腾蛇为什么能高高在上，就是因为他们能腾云驾雾，神龙见首不见尾，让人感到神秘。一旦云开雾散，掉到地上，则与蚯蚓、蚂蚁无异。所以，君主的权威来自于他的位置，这与他的德、才关系都不大。韩非还说过，"桀为天子，能制天下，非贤也，势重也；尧为匹夫，不能制三家，非不肖也，位卑也"。在《五蠹》中，韩非说到，孔子是天下的圣人，可追随他的弟子也就七十几个人；鲁哀公只是一个下等的君主，可他境内的老百姓却没有敢不服的，连孔子本人也只能恭恭敬敬地做他的臣子。

2. 谋略、权术

这是统治和控制下属臣子的策略和方法。主要用来对付大臣。大臣手中握有权力，不像老百姓那样靠一个法令就能治理得服服帖帖，必须要"动心眼"才能管得住。当然，君主不能公开叫嚷用"术"来驾驭下属。对于"术"，君主要"藏之于胸中"，要用"术"来"潜御群臣"。一个"潜"字，说明"术"字的奥妙所在。

3. 法规制度、政策法令

即靠法令来约束君主、臣子和老百姓。作为法家的理论家，韩非对"法"有其独到的理解。韩非之所以强调"法"，是基于他对人性的悲观认识。韩非认为，人是自私自利的，父子、夫妻、君臣之关系的基础都是"利"。人的一切行为，其动机也都是"利"。比如，尧舜把自己高高在上的位置禅让给别人，并非他们品德高尚，而是借此逃避繁重的责任。过去人们连帝位都不争，现在人们为一个县令就争得不可开交，这并非今人比古人更加道德堕落，而是因为现在的人发现做官的诸多好处。与儒家把希望寄托在君主个人品质上不同，韩非认为"人治"是靠不住的，必须靠"法"制，靠制度来约束人性中恶的东西。像儒家那样期待通过道德教育使尧舜重现，无疑是守株待兔——尧舜只是人类历史大树下偶然撞死的兔子。因此，期待尧舜，不如实行法制。

按照韩非对人性的悲观理解，不肖的人要远远多于贤良的人，因此权力落入不肖的人手上的概率要大大高于落入贤良的人的手上。而不肖的人掌握了权力，必然会"乱天下"。所以，对大部分统治者要靠"法"来约束他们的权力。"法"也要用来治理老百姓，必须让老百姓心中敬畏法、知晓法，"刑罚必于民心"。"一民之轨，莫如法"，通过"法"，使老百姓不敢作恶，不能作恶。在《二柄》这篇文章中，韩非讲了这么一个故事：有一次韩昭侯喝多酒睡着了，管帽子的小官就给他披了一件衣服。结果管衣服的和这个管帽子的小官都被杀了头。

杀前者的理由是失职，杀后者的理由是越位。韩非不仅主张立法严、执法严，还要控制老百姓的思想。"禁奸之法，太上禁其心，其次禁其言，其次禁其事"。可见，韩非的思想在骨子里是主张专制的思想。

在"法"的具体操作上，韩非也提出了非常有见地的思想。比如他提出，"法莫如显"、"使民知之"，也是"法"要公开，要让大家都知道；"法不阿贵，绳不挠曲"，也就是"法"要公正；"刑过不避大臣，赏善不遗匹夫"，就是对大家一视同仁，要有"法"的公平；"法莫如一而固"，就是说"法"的标准要统一、固定，不能因人而异，也不能朝令夕改，如此等等。

（二）法家的实践家

1. 商鞅

我们欲了解商鞅的人生经历，可看《史记》中的《商君列传》；欲了解商鞅的治国思想，可看《商君书》（虽然很多人认为这本书的很多篇章不是商鞅写的，但至少反映了商鞅的一些思想）。当然，这两篇（部）著作可以相互参阅。因为《商君列传》也写了很多商鞅的治国思想。

商鞅是个政治改革家，意志坚定，理想执著，目光远大，做事雷厉风行，但一意孤行，不计后果。"商君，其天资刻薄人也"。他对人刻薄，不善自处。他辅佐秦孝公二十余年，厉行变法，一改秦国的积贫积弱而使秦国一举崛起于列国之中。按照贾谊的《过秦论》，秦孝公时期经过商鞅变法，国力大增，"秦人拱手而取西河之外"。也正是因为有了这个基础，"及至始皇，奋六世之余烈，振长策而御宇内，吞二周而亡诸侯，履至尊而制六合，执敲扑而鞭笞天下，威震四海。南取百越之地，以为桂林、象郡；百越之君，俯首系颈，委命下吏。乃使蒙恬北筑长城而守藩篱，却匈奴七百余里；胡人不敢南下而牧马，士不敢弯弓而报怨。于是废先王之道，焚百家之言，以愚黔首；隳名城，杀豪杰；收天下之兵，聚之咸阳，销锋镝，铸以为金人十二，以弱天下之民。然后践华为城，因河为池，据亿丈之城，临不测之渊，以为固。良将劲弩守要害之处，信臣精卒陈利兵而谁何。天下已定，始皇之心，自以为关中之固，金城千里，子孙帝王万世之业也。"秦国霸业之所以能实现，不能不说商鞅功莫大焉。

商鞅为了秦国，可以说把良心都奉献出去了。他出卖朋友，出卖故国，一心为秦国的强大，故一直得到秦孝公的信任。但秦孝公去世后，曾受商鞅处罚过的太子，也就是秦惠王即位后，商鞅的好日子就到尽头了。商鞅想带着老母亲回归魏国老家，被魏国老家的人拒绝，因为老家人不能原谅他曾带秦军攻打魏国，并且记恨他通过欺骗手段来俘获魏国公子的这种卑贱人格；他想逃到其他国家去避难，但其他国家都忌惮强大的秦国而不敢收留，而这个强大的秦国正是在商鞅手上一步步造就的。甚至在逃亡过程中，商鞅想住旅舍，却被旅舍主人告知：按照商鞅制定的法令，如果收留没有证件的人，就将受到连坐的制裁。商鞅至此，"所逃莫之隐，所归莫之容"，真的是欲哭无泪，叫天天不应，叫地地不灵。商鞅被逼得走投无路，最终被那些对自己恨得咬牙切齿的复仇者杀死在郑国的渑池。秦惠王为发泄对商鞅的愤恨，"车裂商君以徇"。这就是怪异而奇特的历史：一心为了秦国强大的商鞅，其死后得到秦国当政者的评价却是"莫如商鞅反者"！商鞅地下有知，不知会作何感想。商鞅死后，秦惠王"遂灭商君之家"。商鞅为别人谋了一生，却没有谋划出自己的未来；他一心为了秦国，却"卒受恶名于秦"。这也是商鞅可敬又可叹的地方。

那么，商鞅思想的核心是什么呢？一言以蔽之，就是把"民"当成国家生产和战争的工具，只有利用的价值，而无被关心的必要。这一思想略微展开来有二：一是"壹民"，二是"胜民"。"壹民"就是国家要把"学民"、"商民"、"技艺之民"、"士"、"以言说取食者"等统统逼迫进"耕战之民"之列。"入使民壹于农，出使民壹于战"。也就是说：对内，人民只能从事农业；对外，人民一律从事战争。他们平时耕田，战时为兵。"胜民"也就是"制民"、"弱民"。在商鞅看来，"民弱国强，国强民弱，故有道之国，务在弱民"。如何让人民变得柔顺呢？商鞅提供的方法包括：①以奸驭良，公开倡导"流氓政治"。②统一教化，使人知晓富贵之途只有一条——到前方去为国打仗。③剥夺个人资财，使老百姓无恒产，进而无恒心，使自己不得不依附于国家，不得不受国家随意摆布。④辱民，贫民。只有这样，君主手中握有的官职、爵位才有更大的吸引力。⑤从肉体上消灭强民，如此等等。对人如此苛刻的集权思想，不仅使外表强悍的秦国建立在了地火奔突的基石之上，也使商鞅自己落得个"东西南北莫可奔走"的凄惨下场。

商鞅的政治理想是建立一个绝对一元化的社会及政权。"壹"字在商鞅的著作中多次出现。如"圣人之为国也，壹赏，壹刑，壹教"、"守十者乱，守壹者治"、"利出壹空者，其国无敌"、"国作壹一岁者，十岁强。作壹十岁者，百岁强。作壹百岁者，千岁强。千岁强者王"等。"壹"抹杀了个体意志和个体差异，使社会目标单一化，导致的结果必然是专制、集权，私人空间被彻底消灭。商鞅变法后，秦国得以强盛，但"秦士戚而民苦也"。商鞅实行连坐之法，造成人人自危。以至于秦国上下无不憎恨商鞅，"惠王车裂之，而秦人不怜"、"卒车裂族夷，为天下笑"。

2. 李斯

除为商鞅专门立传，司马迁也为李斯写了《李斯列传》。在这篇传记开头，司马迁写道，"李斯者，楚上蔡人也。年少时，为郡小吏，见吏舍厕中鼠食不絜，近人犬，数惊恐之。斯入仓，观仓中鼠，食积粟，居大庑之下，不见人犬之忧。于是李斯乃叹曰：'人之贤不肖譬如鼠矣，在所自处耳！'"可见，李斯是从老鼠身上得到启示，进而发愤进取，走上建功立业之路。但这个开头，也把李斯定位在老鼠这个层次上，可见司马迁对李斯的人品是颇有微词的。先秦时期，有才有德的人往往被称为"××子"，如孔子、荀子、韩非子等。但从未有人把李斯称为李斯子，原因在于李斯品德上的污点太重：他陷害韩非并逼韩非自杀；秦始皇死后，面对赵高的威逼利诱，他放弃立场，与赵高一起矫诏拥戴胡亥即位。

李斯先师从荀子，后赴强秦，从做吕不韦的门客开始，靠煽动建立"灭诸侯，成帝业，为天下一统"而渐获信任，最终爬上宰相高位。可以说，没有李斯的辅佐，秦王嬴政是不会或者说至少不会那么快地一统天下。最后李斯为赵高陷害，被胡亥所杀。司马迁是这么描写李斯最终下场的："二世二年七月，具斯五刑，论腰斩咸阳市。斯出狱，与其中子俱执，顾谓其中子曰：'吾欲与若复牵黄犬俱出上蔡东门逐狡兔，岂可得乎！'遂父子相哭，而夷三族。"李斯出来混了一辈子，爬上高位，位极人臣，但没想到自己的下场如此悲惨。要是早知如此，他还愿意出来混吗？看来，李斯是不想出来混的——他多么希望自己能牵着猎狗在老家城郊追逐野兔啊？！

商鞅的变法使秦国日益强大，李斯的辅佐则使秦国统一全国的大业得以完成。李斯带给秦国的"跨海内、制诸侯之术"，是一套可以立竿见影的计策。比如他倡导郡县制，反对分封制，消除了地方诸侯对中央权威的挑战，使中央皇权从体制上摆脱了地方利益集团的威胁。自此以后，秦"有叛人而无叛吏"。又如，他写就历史名篇《谏逐客书》，使众多有才之士能为强秦所用。这都是李斯对历史的贡献。但李斯的众多主张，只从功利出发，毫无原则可言，或者说只讲权术，不讲道义，是典型的法家思想。比如，他主张对六国之中不能为秦国所用的有志之士实施贿赂和暗杀政策。

三、道家

面对让人感到沉重压抑的现实社会，一个人，特别是有点知识文化的人，总想尽量逃避一下，哪怕是暂时逃避一下也行。儒家学说满足不了人的这种需要，因为儒家学说充满着伦理责任和道德说教。法家讲求"法"制，追求的是称王称霸，就更不行了。哪种学说能满足这种需要呢？道家。儒家关心社会与秩序，所涉问题现实而具体；道家关心个人与自由，所涉问题玄妙而超脱。其实，儒道相辅相成：没有道家也就体现不出儒家的观点。如果说儒家塑造了中国人积极入世和乐观进取的性格，那么道家则促成了中国人消极避世和知足常乐的性格。这两种性格在不同中国人甚至同一个中国人身上交替出现：兼济天下与独善其身，身在江湖与心存魏阙，慷慨悲歌与愤世嫉俗，都是这两种人格的写照。与儒家相同，道家也不否定生命，也对自然生命抱有珍贵爱惜的态度。但是，道毕竟不同于儒。如荀子强调"性无伪则不能自美"，庄子却认为"天地有大美而不言"。

（一）如何理解"道"

分析道家，要先吃透"道"这个字。"道"是老子《道德经》这篇道家经典中提得非常多的一个字。理解了"道"，也就理解了道家的精髓。中国的汉字蛮有意思的，从字的构成中可以分析出一些非常有价值的思想。如"天"指的就是人头顶上的那片天空。"本"指的是木头的根，引申为本质、根本等。"道"这个字也可按照这个方式分拆来理解。"道"由"首"、"走"构成。①"首"有"第一"、"首位"、"首先"、"头领"（元首）的意思，引申为"原初"、"本源"、"基本"、"根本"的意思。所以在老子那里，"道"是"可以为天下母"的，它无形、无名，但却是一切有名有形的事物的起源和基础。"道生一，一生二，二生三，三生万物"。可见，"道"是世间万物的总根源，是一种无名状态。在有世有万物之前，"道"就存在了。有了名称，就有了事物，就有了限制，就不再是"无"而是"有"了，所以说，"无名，天地之始。有名，万物之母"。时间从"道"开始延伸，空间从"道"开始膨胀，时空由"道"走向无限，一切事物从"道"这里产生，所以说，"道"是时间的"起始点"和空间的"中心点"。"天下万物生于有，有生于无。"而"无"之前就是"道"。正因为"无"（没有形状，没有名称，什么也没有），才意味着"无限可能"。一旦"无"变成了"有"，就有了"规定性"，就成了"有限"。②"走"是"运动"、"行走"、"迁移"，引申为"不断变化"——"道"也是万事万物产生、发展、消亡的必然道路。"道"不仅指本源和起点，它还跟时空、万物一道，在冥冥之中指导着万物运行，用看不见、摸不着的力量操纵着一切，就像火车必须沿着轨道运行一样，离开轨道是不行的。"反者道之动"。"反"就是"返"。一切事物的发展结果都是回到本源，也就是"反本复初"，也就是从"无"到"有"最后再归于"无"。所以说，万事万物，一切的一切都是从"道"那里出发,有了形有了名也就有了生死,最后又回到无形无名的"道"的最初状态,最后归于消亡。这就像"否定之否定"定律一样,虽然两个否定不完全是一回事,但毕竟都是否定。③"首"、"走"合在一起组成的"道"又有了新的含义,如"说话"、"能说会道"、"言说"等。我们知道,《道德经》第一句话就是"道可道,非常道"。什么意思呢?"道"这个东西,是不可以(或者说是不能)说的,是无法用言语来加以说明或解释的。因为能说出来的"道"就不是原来那个"道"了。"道"只可意会,甚至不可意会,更不可言传,也不可通过语言文字来传授,它需要人用自己的心去揣摩、去感悟、去体验。如能"得道",也就意味着你已升华了。

"道"没有形状,没有行为,是抽象的、虚玄的,人用肉眼看不到,手也触摸不到。老子也只能通过一些比喻来大致解释一下什么是"道"。如"道冲,而用之或不盈,渊兮,似万物之宗",也就是说,"道"是虚空的,但作用却是无穷的;"道"非常深奥,却是万物的宗主。又如"视之不见名曰夷,听之不闻名曰希,搏之不得名曰微"、"道之出口,淡乎其无味,视之不足见,听之不足闻,用之不可既"。一句话,"道"什么也不是,它是"无",当然,这个"无"并不是什么也没有,它是孕育着无限可能性的"无"。在这个"无"中,"道之为物,惟恍惟惚",是恍恍惚惚、朦朦胧胧、似有非有、尚不确定的一种状态。当然,"道"还有"道路"的意思。这就意味着按照"道"路走,遵循"道"的要求,是能够追求到"道"的,是能实现"道"的。

(二)代表人物及其思想

在剖析完"道"这个字后,我们来介绍几个道家的代表人物。在介绍杨朱、老子、庄子这三个道家著名代表人物之前,先简单说说惠施、公孙龙。惠施、公孙龙创造了道家的一个分支,他们通过讨论"白马非马"、"离坚白"之类的语言上的命题,从语言表达的常识的违反里面探寻那些值得深入探讨的思想,希望人能够摆脱语言的控制,从而寻找到终极的真理。只不过这一派由于在纯粹语言符号上推理运算，搞得太抽象、太深奥、太玄乎，以至于很快就默默无闻了。此外，还有借黄帝名义，探讨阴阳五行的。这一派以天文为基础，从天圆地方、四季流转和物候变迁中，总结出人必须遵守的自然法则。所以，我们不能一提道家，就认为只有老庄。

1. 杨朱

杨朱这个人神龙见首不见尾，生平事迹几无留痕，思想学说也仅剩下只言片语，散见于《孟子》、《庄子》、《韩非子》、《吕氏春秋》、《列子》等著述之中。但其留下的"一毛不拔救天下"思想却由于彰显了个人的权利与尊严而受到世人的关注。从表面上看，杨朱"拔一毛而利天下不为也"、"不以天下之大利易其胫一毛"，为了整个天下，只牺牲自己小腿上的一根毫毛也不肯干，好像是极端自私。其实，杨朱的思想与逻辑是：不能因为毫毛微不足道就不把他当回事，毫毛再小也是毛，也是身体的一部分。我们可以从杨朱的话中品读出多种意思：不能因为它小、少、微不足道就拔它（今天拔一根毫毛，明天就可断一条腿，后天就可要你的命，亦即所谓"千里之堤，溃于蚁穴"）；不能因照顾整体利益而忽视局部利益（无局部利益，也就无整体利益）；不要把老百姓不当人看（不能动不动就以国家利益为借口要求个人做出牺牲）；不能因为人家是弱者就欺负人家。

杨朱虽然"毫不利人"，但也"毫不损人"。他不但不"损人"，连"损物"也反对（"侵物为贼"）。他还主张所有的人都"一毛不拔"。可见，杨朱追求的平等更加彻底。在杨朱看来，"人人不损一毫，人人不利天下，天下治矣"。杨朱表面上追求自私，结果却将会导致"天下大公"：任何事物（包括自己的身体）都是天下的（"物非我有也"、"身非我有也"），应该还给天下，重新变成全天下的共同所有（"公天下之身，公天下之物"）。20世纪80年代，我们社会上流行一种说法：主观为自己，客观为别人。实际上反映的也是这种思想。

2. 老子

老子也是个神秘的人，连他的出生都充满了神奇——据说他在娘胎里待了81年才出生，出生时头发都白了，并且还是他母亲在李子树下剖肋骨才生下来的。司马迁在《史记·老子韩非列传》中先煞有介事地介绍了老子的籍贯、姓氏和职业，"老子者，楚苦县厉乡曲仁里人也，姓李氏，名耳，字聃，周守藏室之史也"。但又说"或曰儋即老子，或曰非也，世莫知其然否"。也就是说，"谁是老子"这个基本的问题连司马迁也不能准确回答。司马迁最后不得不说"老子，隐君子也"。其实，老子是谁并不重要，重要的是老子为我们写就了千古名篇《道德经》。

《道德经》虽然只有五千多个字（有很多字还是多次重复出现），但这丝毫不能抹杀这部著作的丰富思想内涵。自从15世纪被介绍到欧洲，《道德经》就成为西方人最喜欢的中国古代哲学著作之一。也正因为如此，西方人喜欢老子，认为老子是真正具有中国哲学思想的人。顺带说一句，《道德经》不是关于道德的经。"道"经介绍的是万事万物（宇宙）的本源、带有普遍规律性的东西；"德"经介绍的是具体、个别事物的特殊规律或者说是应用层面的东西。两者合起来称为"道德经"。

《道德经》典型特点之一是里面充满着辩证思想，如"曲则全，枉则直，洼则盈，敝则新，少则得，多则惑"、"不自见故明，不自是故彰，不自伐故有功，不自矜故长。夫唯不争，故天下莫能与之争"、"为无为，则无不治"、"天地所以能长且久者，以其不自生，故能长生。是以圣人后其身而身先；外其身而身存。非以其无私邪，故能成其私"、"金玉满堂，莫之能守；富贵而骄，自遗其咎。功遂身退，天之道也"、"将欲歙之，必固张之；将欲弱之，必固强之；将欲废之，必固兴之；将欲夺之，必固与之。是谓微明。柔弱胜刚强。鱼不可脱于渊，国之利器不可以示人"、"为无为，事无事，味无味"、"夫唯病病，是以不病。圣人之不病也，以其病病也，是不病"、"天之道，不争而善胜，不言而善应，不召而自来，坦然而善谋"、"人之生也柔弱，其死也坚强。万物草木之生也柔脆，其死也枯槁。故坚强者死之徒，柔弱者生之徒。是以兵强则不胜，木强则折。强大处下，柔弱处上"、"大直若屈，大巧若拙，大辩若讷。躁胜寒，静胜热。清静为天下正"等。这些充满辩证的思想可应用于方方面面，包括生活、工作、经济、文化等方面。很多人包括毛泽东都认为《道德经》是一部兵书，是用来指挥打仗的。

老子的思想可大致用一个字和两个方面来概括。

一个字指"反"字。老子说，"反者道之动"。这个"反"有两层意思：一是"相反"的"反"，也即老子讲的"正言若反"。有无、难易、长短、高下、音声、前后、美丑、善恶等都是相对而言，相互关联。但人对事物相反相成的看法，是人自己所赋予的，也许世界本身并不是这个样子——"万物作焉而不辞"，万事万物只是自然、自在地生长，自身不发表任何评说，本身也无大小、尊卑之分。这句话隐含的更深一层的意思是讲，世界的高下美丑，是人给世界做的判断，其实是对真实世界的误解，所以说，人有了主体意识活动，倒反过来让人误解了世界。可见，老子是否定知识判断的意义的。比如他认为有了道德反而使人道德更坏，有了知识反而使人受到知识的愚弄，人产生的知识反过来又蒙蔽了人最初的"心灵"等。对老子的这个思想，有人称其为"反智"。二是"往返"的"返"，往复回返、流动不已的意思。老子哲学的最高概念"道"的根本特性就是这个"返"，也就是复归于自然而然、无往不复的生命流动世界。老子通过"反"的两层含义向人们揭示他的一个重要思想：人们不能被相反相成的事物表象所遮蔽，而应破除知识带来的偏见，回归到往复回环的生命大道之中，这才是发现世界意义的根本途径。

两个方面指"治世"和"治身"。前者告诉统治者该如何治理国家，后者告诉一个人该如何处世。现分述如下：

（1）"治世"之道：无为。老子说，"人法地，地法天，天法道，道法自然"。这个"自然"不是指外在的自然物，而是指一种自然而然、顺应世界的态度。他把"自然"与"人为"对立起来，认为"人为"即"伪"，是对自然本来状态的破坏。自然有其自身运行的规律，它不以人们的意志为转移（"独立而不改"）。人要使自己的生命处于良好的状态，就必须放下左右世界的欲望，顺应自然。也就是效法自然的"道"。由于"道"就是"无",所以治理国家就要像"道"一样回归到"无"的状态,也就是要按照"道"的方式,仿照"道"的状态,少管、无为、不干涉、顺其自然。"夫天下,神器也,非可为者也。为者败之,执者失之。是以圣人无为,故无败;无执,故无失"、"不欲以静,天下将自定"、"我无为而民自化,我好静而民自正,我无事而民自富,我无欲而民自朴"谈的就是这个意思。对老子所讲的"无为而无不为",我们都非常熟悉。但很多人理解为"什么都不干,只是消极等待成功的到来"。其实这是对这句话莫大的误解。老子反对"人为",是反对不遵循自然规律的盲目的"为"。老子是赞成在顺应自然的基础上去有所"为"(作为)的。

应该如何"无为"呢?"不尚贤,使民不争"(不要动不动就树什么先进模范标兵之类的榜样,因为一旦这样做,很多人就会来争这些头衔);"不贵难得之货,使民不为盗"(不要把金银财宝钻石之类的东西看得那么重要,因为这样做只会使人愿为盗贼而铤而走险);"不见可欲,使民心不乱"(把引发老百姓欲望的东西都藏匿起来,免得老百姓得"红眼病")。以上是老子用否定的口气说如何治理国家。老子还以肯定的口气说过如何治理国家,"圣人之治,虚其心实其腹,弱其志强其骨。常使民无知无欲,使夫智者不敢为也"。也就是说,把老百姓养得很健壮,但不要让他们有独立的思想就行了。老子有一句很形象的话,"治大国若烹小鲜"。治理国家也没有什么难的,就像烹炸小鱼一样。小鱼是如何炸的呢?就是不要乱翻腾。因为一翻腾,小鱼就被搞烂了。还是那句话,不要"瞎折腾","无为"为好。

在老子看来,人类历史是一个衰退而不是发展的过程,"礼"、"仁"、"义"都是有"为"的结果,而"夫礼者,忠信之薄而乱之首",所以,人类应该"逆向行走"去追溯本源的"道",也就是"复归于婴儿",复归于"朴"。为什么要"复归于婴儿"呢?因为婴儿什么也不想。当然,老子不是让人学婴儿年幼无知,而是要学婴儿那样无知、无欲、纯净、真实。这种"童心",既是个人修养的最高境界,又是国家治理的最高境界。"婴儿"似的国家是什么样子呢?"小国寡民"而已。"邻国相望，鸡犬之声相闻，民至老死不相往来"。老子对人类文明进化抱有抵制和恐惧的心态，他比孔子要回到周代还要"过分"——老子要回到更久远的"道"上。而这实际上是不可能的。

（2）"处世"之道："不争"。老子的人生哲学是教人们如何在夹缝中求生存的哲学，也是让人夹着尾巴做人的哲学，其核心理念是"柔弱胜刚强"。在老子看来，"勇于敢则杀，勇于不敢则活"、"强梁者不得其死"、"兵强则灭，木强则折"。既然如此，"柔弱"就是最佳处世姿态："坚强处下，柔弱处上"。柔弱不仅是获得强大力量的途径，也是保全生命的方法。老子打了一个比方：人活着的时候，他的身体是柔弱的，死的时候却是僵硬的；植物活着的时候随风摇曳，枯萎后就坚硬了。老子还有一个比方：人的牙齿很坚硬，但易脱落，舌头很柔软，却能比牙齿长久，只要人活着，舌头就能活。老子还说："天下莫柔弱于水，而攻坚强者莫之能胜"——水在柔弱宁静中集聚起巨大能量，可以无往而不胜。水滴石穿、水漫金山等就说明柔弱的水其实具有强大的力量。

既然柔弱能胜刚强，那我们就要守住"柔弱"而不追求"刚强"。保持"弱"，也就留住了发展的生机。一旦走上鼎盛，则会转向衰败，就像抛物线一样，到达最高点时，也就意味着要走下坡路了。也像爬山，当到了山的最高点，也就是要下山的时候。对一个人来讲，即使再强大、再成功，也不可孤傲一世蔑视他人，而要谦恭礼让，甚至自损。也只有这样，才能保住生机。因此，要"知其雄，守其雌"——即使知道自己是雄，也要以雌的态度自守。也就是说，知道了刚强，却要立足于柔顺。要放弃逞强的欲望，从弱处做起，才能获得强盛的力量，此亦谓"柔弱胜刚强"。

保持"弱"的方法有二。一是"不争"。在老子看来，"水善万物而不争"。水贡献巨大，但不计较个人得失，它处在最低、最静、最平之处，却具有包容天下一切、映照万物的宽阔胸怀。"上善若水"（水具有最高的善），而水的最大特点就是"不争"。一个人刚出生时，"本性情"是柔弱的，但随着年龄的增长，受外界影响，逐渐开始去竞争、去攫取、去要求，"本性情"就渐渐丧失了。人在名利场上耗尽心力，死亡就会尽早来临，而"不争"就会保持心灵的宁静，就会长寿；人有了贪欲嗜好，就会加速走向死亡，而人要想活得长久，恬淡无欲就是最好的方式。当然，老子的"不争"，并不是要你"示弱"，而是一种生活的态度。二是"不敢为天下先"。老子为人处世讲求"一曰慈，二曰俭，三曰不敢为天下先"。"慈"是对别人的态度，"俭"是对自己的要求，而"不敢为天下先"是教导人们如何处理与别人的关系。也许老子作为史官在阅览史料典籍时看到"敢为天下先"者大多下场悲惨的缘故吧，老子才发出如此感叹。

3. 庄子

与老子相比，庄子似乎不太关心如何治世。庄子更关心人身的养生修炼，更注意精神层面的东西。他关心的是"人怎样才能自由呢"、"怎样才能达到'无'的状态呢"之类的问题。在《应帝王》中，他讲了一个浑沌凿七窍的故事。说的是中央有个帝王叫浑沌，本来活得好好的，可是南海之帝和北海之帝却想帮他做件好事，就是帮他凿七窍，结果浑沌有了人形，但浑沌却死了。这个故事说明，人若处于无知无欲浑然不觉的状态里，就是永恒而自由的，一旦有了知识和欲望，反而会失去永恒和自由的精神。人为什么有了知识反而不好呢？在《徐无鬼》中，庄子讲到舜很有知识，能做好事，结果很多人来投奔他，尧知道了，就让舜出来主事，结果搞得舜很辛苦，年迈体衰还不得休息。换句话讲，自己能干的结果就是自讨苦吃。在《山木》中，庄子还讲了另外一个故事：有一个大树，枝繁叶茂，但是不成材，"无所可用"，伐木人看都不看它一眼，结果它反而得"终其天年"。那些能成材的大树呢，早早就被人砍伐掉用作他途了。由此可见，知识是一种累赘。在庄子看来，不仅知识是累赘，贪欲也要不得，因为有了贪欲，人就不能保持一种自然的心态。在《秋水》中，楚王让两个大夫来找庄子，想请他当宰相。庄子说，有个神龟，已死了三千年，被人供在庙堂上祭祀，受到人们珍视。可你们若是龟，你是愿意做死龟被人尊崇呢，还是愿意做在烂泥里爬的活龟呢？当然谁也不想死。这两位大夫说愿意做泥里爬的活龟。庄子于是说，那你们走吧，我也愿意做自由自在的活龟而不愿做被人供奉的死龟。

怎样保持自然的心态？庄子认为，依靠外在的名利和权力（因为"物"的有形世界是内在精神世界的累赘）不能带给人精神上的自由和自然，包括生死在内一切都要顺其自然才行。我们都知道"庄子妻死鼓盆而歌"的故事。生老病死是自然规律，无可抗拒，也不必抗拒，顺应自然的事就是好事。这个故事讲的就是达观态度和"无心"境界，也就是"安时而顺处"。推而广之，如果人能够对政治、生死、利禄等都"无心"（即不放在心上），心灵处在一种平静和淡泊的状态中，没有激动，没有愤怒，没有贪婪，没有欲望，没有苛求，富贵如浮云，那也就不会为政治、生死、利禄、得失、地位、名誉、金钱而烦恼，人内心也就达到那种自由和超越的境界了，这也就是"无心是道"。庄子还讲过"相濡以沫"的故事：泉水干了，很多鱼儿一起被困在陆地上，为了活下来，它们相互吐着湿气让对方呼吸，相互吐出唾沫让对方湿润，这多么感人啊！我们也常常用这样的精神来寓意亲情。庄子并不反对鱼儿的这种精神，但是他也不特别推崇这种精神。在"相濡以沫"之后，庄子还说了"不如相忘于江湖"这句话。相濡以沫救不了鱼儿，泉水不干涸才救得了鱼儿。我们刚才说庄子更注重内心的精神自由，但不是说庄子没有社会理想。"相濡以沫"就反映了庄子的一种社会理想：不要把每个人逼到鱼儿那样的境地，要让人像鱼儿那样自由自在地在江河湖海中游泳、生活，这比所谓的相濡以沫要好得多！

庄子认为，最理想的天下根本不需要拯救和寄托，本源的天下就是最好的天下。要把天下交给那些把自己看得比天下还要重要的人才行。因为，只有把自我生命看得重要，才会把其他人的生命也看得很重要。那些连自己生命都不重视的人，肯定也不会重视他人的生命。最无私的人其实也是最自私的人，越想拯救天下的人，越不能把天下交给他。试图拯救天下所有人的人，只能是一个狂妄（"替天行道"）、霸道（"当今之世，舍我其谁？"）的人，因为一个人根本拯救不了天下所有的人。狂妄、霸道的人如果掌握了管理天下的大权，加之其品行如果不好，那只会给天下带来灾难。正因如此，道家认为儒家"无私焉，乃私也"！你们把天下当成自己囊中物加以任意摆布，试图按照自己的意愿改造根本不可能改造成功的天下——这不就是自私吗？

（三）道家的"救世观"

1. 道家认为的理想社会

道家认为，最理想的社会是一个"民自治，君无为"的社会。"民自治，君无为"的社会也就是道家所讲的"道"的社会。在那个时期，"上如标枝，民如野鹿"（庄子）；"其政闷闷，其民淳淳"（老子）。在那个时期，"下知有之"——下级仅仅知道上级存在。在这种"无为"状态下，君主好像不存在，他不会刻意去追求什么业绩。老子就讲过，"我无为，而民自化。我好静，而民自正。我无事，而民自富。我无欲，而民自朴"。当然，"无为"并不是什么事都不干，搞放任自流，而是不一味按照自己的想法去"改造"社会。

2. 道家对天下大乱原因的认识

道家认为，天下之所以大乱，恰恰是因为"治"的缘故：就是因为那些自以为是的人试图治理天下而造成的。庄子借老子与子贡的对话阐述了这种思想：①黄帝治理天下，"使民心一"。这时，人们心地纯朴，大家平等。②尧治理天下，"使民心亲"，开始认识到亲疏远近，人与人之间出现隔阂。③舜治理天下，"使民心竞"，大家开始相互竞争。④禹治理天下，"使民心变"，大家开始用计谋害别人了。一路下来，结果是"天下大骇，儒墨皆起"。天下大乱，是因为礼坏乐崩。礼为什么坏，乐为什么崩？因为人心坏了。人心为什么坏？自然就可追溯到黄帝开始治理天下那时候。这一切可用道家批评儒家的两句话来概括："圣人生而大盗起"、"圣人不死，大盗不止"。

3. 道家开出的"治乱"药方

社会既然乱了，那如何治理呢？道家开出的药方是"顺其自然，无为而治"：天地创造了人类，自然会让他们存活下去；人类作为天地的子民，自然懂得如何生存，根本不需要能人来治理。大家该干什么就干什么,不要别人干涉,也不干涉别人,自己做好自己的事,天下就太平了。

具体治理方法有二:一是寡欲;二是去智。

"寡欲"方法有三:①"不尚贤"。推崇贤德之才,就会鼓励产生"满嘴仁义道德,满肚男盗女娼"之辈。就像我们拿钱奖励消灭老鼠一样,结果老鼠非但没少反而更多了,因为有些人为了获得奖励而开始养殖老鼠。不推崇贤德之才,就没有伪君子产生的土壤。②"不贵难得之货"。不把珍禽异兽、珍禽异宝当回事,人们就不会再珍爱它,也就不会有人为了这些东西而争得头破血流,杀人越货。③"不见可欲",也就是不炫耀,内心清静。外界事物对自己产生不了诱惑,自己欲望也随之没有了。

"去智"方法有二:一是"愚民"。"古之善为道者,非以明民,将以愚之"。二是"愚君"。领导者不能太聪明、不能太明察秋毫。"以智治国,国之贼;不以智治国,国之福"。

四、墨家

(一) 墨子及墨家主要观点

墨家的代表人物是墨子。墨子本人充满了神秘感,甚至人们连他的名字都无法确定,有的说叫墨翟,有的说叫翟乌。关于他的籍贯,人们也莫衷一是。有的说是宋人,有的说是楚人,有的说是鲁人;更有人说是印度人或阿拉伯人。但有一点可以肯定,他是中国历史上最早出现也是最伟大的剑侠。他给世人的印象就是一个典型的独行侠形象:光头,赤脚,穿粗布短衣,面目黧黑,步履匆匆,但目露刚毅。墨子的墨家思想风行当时,孟子说"杨朱、墨翟之言盈天下",韩非子说:"世之显学,儒墨也!"墨家学说影响大,但与儒家思想不对路,儒家必欲置之死地而后快:孟子就曾大骂墨子无父,是禽兽。其实,墨子曾"学儒者之业,受孔子之术",是孔子的学生,但越学儒术越觉得儒术不怎么样,就"背周道而用夏政"。也就是和儒家分道扬镳另创墨家之说。"又因为从旧垒中来,情形看得较为分明,反戈一击，易制强敌的死命。"也正因为从儒家分立出来，墨子分析儒家才分析得更为透彻。墨子的《非儒》、《非乐》、《非命》等文章，很多观点都和儒家观点针锋相对。

墨家观点主要有：

1. 尚勇

墨子在《修身》篇中说"战虽有阵，而用为本焉"。意思是说，打仗虽然要讲求排兵布阵，但根本还是取决于战士的勇敢作战。汉代陆贾在《新语》中说"墨子之门多勇士"。《淮南子》中说"墨子服役者百八十人，皆可使赴火蹈刃，死不旋踵"。墨子的尚勇与儒家的"恶"勇是相对的。孔子讲究温良恭俭让，对"勇"及"好勇之人"不太喜欢。他和子路讨论"勇"时，说："君子有勇而无义为乱，小人有勇而无义为盗"；他和子贡讨论君子所厌恶的事情，其中一条就是"勇而无礼"。儒家这种"恶"勇思想的结果是把人变成温顺的小"绵羊"，是一种"犬儒"思想。儒家和墨家对待"勇"有不同的看法，这与他们的立场有关。孔子站在统治阶级力量上，为统治阶级服务，当然希望老百姓全是无血性之人，任由统治者宰割为好。而墨子是站在平民立场上思考问题。

2. 非攻

孔子认为，"天下有道，礼乐征伐自天子出。天下无道，礼乐征伐自诸侯出"。在孔子看来，周王发动的战争是正义的，诸侯发动的战争为无道。但是在墨子看来，只有"天"，没有所谓天的代表，即无"天子"。墨子否认周王权威，认为周王（"天子"）发动的战争也是无道的。

3. 兼爱

墨家讲"无差等的爱"，反对"礼"所倡导的等级尊卑制度。而儒家讲"有差等的爱"。

4. 尚贤

墨子主张精英治国，反对"亲亲"的贵族世袭制度，认为最圣明的人担任天子，次圣明的人担任国君，依此类推。

5. 尚同

"上之所是，必皆是之；所非，必皆非之"。墨子认为，思想、观念和意见应该高度统一于上级：里长统一村民的意见，乡长统一里长的意见，最终天子统一大家的意见。或者是，村民意见不统一，里长说了算；里长意见不统一，乡长说了算；大家意见不统一，天子说了算。所有的意见统一于天子，也就是说，天子的意见就是大家的意见，所有的人都必须无条件地服从于天子一个人。当然，墨子也认为君王应该广泛听取下属意见，"上之为政，得下之情则治，不得下之情则乱"。实际上，按墨子的设想，天子管理民众要靠集权，而使集权必靠特务统治来维持：一个村民做了一件好事或者坏事，"其室人未遍知，乡里未遍闻"，然天子却知道得清清楚楚，并据此直接下令或赏或罚。天子怎么知道的呢？"使人之耳目助己视听"——这就是特务统治！墨子站在民众立场思考问题，结果却在帮统治阶级的忙；他希望建立人人平等的天堂，结果却把老百姓带入受君主欺压的地狱；他的政治主张看似民主集中，结果只会导致专制独裁。

6. 节用、节葬、非乐

这三个主张都是反对周王朝的文饰，而这正是孔子所称赞的"郁郁乎文哉"。当然，墨子提倡的节约有些不近人情，常人很难忍受。"节用"把人的欲望降到最低程度。"节葬"就是不顾人情而尽量节省丧葬费。"非乐"就是不要娱乐。

7. 天志、明鬼

墨家提出要"怕鬼神"，认为存在一个有意志的"天"，天子若暴虐人民，这个"天"就会惩罚他。在这里，墨家提出用"天"来对天子等统治阶级的世俗权力进行约束。通过"鬼"、"天"，让统治者有所畏惧，有所忌惮。实际上这是一种吓唬人的战术，这与孔子的依靠统治者的自我道德约束同样没有什么作用。

8. 非命

墨子用这个观点反对孔子的"死生有命，富贵在天"。

(二) 墨家思想的"平民性"

墨子认为当时的社会状况是"强执弱，众劫寡，富侮贫，贵傲贱，诈欺愚"，也就是弱肉强食，根本无公平正义：有的人"无故富贵"，有的人劳碌一生却食不果腹；老百姓拿一个别人的李子要受惩罚，国家掠夺他国却刻在青铜器上炫耀；一个人杀了人要偿命，那侵略别国杀了别国很多人的君却被万人膜拜。之所以这样，根源就在于西周开始实行的等级制，亦即孔子所向往的礼乐制度。针对此种社会现实，墨子主张人人生而平等（也应该平等），没有亲疏远近、高低贵贱之分。作为劳动者的代表，墨子看到劳动的重要性（人"赖其力者生，不赖其力者不生"），他理想中的具有公平与正义特质的社会标准就是自食其力（每个人都要劳动，包括体力劳动和脑力劳动），按劳分配（根据贡献大小取酬），各尽所能（"各从事其所能"），机会均等（"有能者举之，无能者下之"、"官无常贵而民无终贱"），互利互爱（社会出现问题，是因为"以不相爱生"。如果"天下之人皆相爱"，则"强不执弱，众不劫寡，富不侮贫，贵不傲贱，诈不欺愚"，所以墨子提出"兼爱"，亦即就像爱自己一样爱别人）。上述主张隐含着分配制度改革、人事制度改革的思想，墨子早在两千多年前就提出，真是难能可贵！墨子把道德（"爱"）与功利（"兼爱"会带来好处，"爱人者，人必从而爱之"）做了统一阐述。

但是墨家的主张在当时却根本无法实行。首先统治者肯定不干，让他们自食其力，那是根本不可能的事——让这些饭来张口、衣来伸手根本不会劳作的有闲阶层自食其力岂不是让他们饿死？其次，老百姓也不愿意。因为墨家主张人人劳动，谁愿意让自己过得苦行僧似的？墨家还反对劳动以外的任何事情，包括娱乐。墨家认为大家平等地过苦日子，就是幸福。此外，"兼爱"讲的是无差别的爱，爱别人就像爱自己一样，这也根本无法做到。常识告诉我们，爱自己的孩子肯定超过爱别人的孩子（看来还是孟子的"老吾老以及人之老，幼吾幼以及人之幼"更靠谱些）。墨家的这些思想的确有违人之常情，按庄子的话就是"反天下之心"，这样势必造成"天下不堪"。墨家的主张在统治者那里不受欢迎，在老百姓这里也得不到认同，难怪他在历史长河中消亡得最快。

（三）墨家思想的"实践性"

墨家不像其他学派那样是个纯粹的学术派别，墨家还建有一种专门的准军事组织用以实践自己的思想，并且是很执着地去实现自己的理想。这个组织的最高领导人叫"巨子"。巨子既是导师，又是首领，对弟子具有生杀予夺之权。巨子的学生叫"墨者"，都是训练有素、忠心耿耿的人，他们绝对服从巨子的命令。在楚国"吴起之难"中，为阳城君守城殉难的墨者多达186人，而这些人本来可弃城自全的。墨子听说楚国想攻打宋国，就从齐国出发，一走便是十天十夜，到达楚国后游说楚王，楚王被墨子门下勇士的名士所慑，就打消了进攻宋国的念头。有现代人称其为准恐怖组织。墨家动不动就让墨者去牺牲，视人命如草芥，这也是导致墨家人数越来越少的重要原因。

五、法家、儒家和道家关于人性的认识

诸子百家的各种政治主张都是建立在其对人性、对人心的认识基础上。社会出问题的根本原因是人心、人性出了问题。那么，诸子百家是如何看待人性的呢？

儒家代表人物对人性的认识各不相同。孟子认为"人性向善"。也就是说，人性本来既不是善的，也不是恶的，只是一种"向善"的趋势与方向。"人性之善也，犹水之就下也"。只要一心向善，则"人皆可以为尧舜"。既然"人性向善"，那为什么人又会作恶呢？孟子认为，这是外部环境造成的，使环境和条件"陷溺其心"，比如说灾荒之年多盗贼。荀子认为"人性有恶"（有恶就有善的一面）。在荀子看来，人的自然属性称为"性"，人后天养成的称之为"伪"（也就是社会属性）。人先天那个属性是恶的，人后天那个属性是善的（"人之性恶，其善者伪也"）。在荀子看来，人区别于动物的一个关键点是人有道德，故要"化性而起伪"，即改造天性，兴起善心。如能这样则"涂之人可以为禹"。如果说孔子强调"仁爱"，孟子强调"正义"的

话，荀子则强调"自强"（顺带说一句，儒家到了荀子这里，也就发展得比较完善了）。

法家认为"人性本恶"：人性本来是恶的，因此"制度比人更可靠"，要靠"法"来防范、治理"恶人"。从"人性本恶"出发，法家认为人与人之间不存在"礼让"、"互利"与"爱"，存在的只是买卖关系、利害关系：君主封官许愿的目的是让下属为自己卖命，下属尽力做事的目的是升官发财。在法家看来，人不为己，谁肯早起？君臣关系如此，父子关系、夫妻关系也是如此。皆是利益使然。法家让我们看到了人性中最不愿意看到的一面。

道家认为人的本性是天然的、自然的。是怎样就怎样，要顺其自然，保留真性情，不要刻意地、人为地去改变什么，更不应该人为地通过规制、制定什么东西来改变人的天性。野鸭的腿天生就是短的，仙鹤的腿天生就是长的，你非得把野鸭的腿变长、把仙鹤的腿变短不可，这有意义吗？鹰，就该在天上飞翔；鱼，就该在水里畅游。庄子在《至乐》篇中说，有一只海鸟飞到鲁国，国君非常喜欢这只鸟，就把它好生饲养起来，又是设酒宴，又是奏音乐，生怕这只鸟活得不开心，结果这只鸟不吃不喝，三天后就死掉了。你看，人为地改变天性，其结果是多么的不好。从本源上讲，道家追求自由、真实的生活态度。在《齐物论》中，庄子提出万事万物都平等的观念：谁也不比谁高贵，谁也不比谁低贱，在"道"面前，万物平等，都有权按照自己的天性来生存。这里又隐含着道家对别人、对人生、对万物的一种宽容精神。

第三节 文学艺术基础

艺术体现着和物化着人的一定审美观念、审美趣味与审美理想，因此要想全面了解一个民族就需要从该民族创造的各种艺术中进行探求。从广义来讲，艺术包括绘画、雕塑、建筑、书法等造型艺术，音乐、舞蹈、曲艺等表演艺术，电影、电视、戏剧、戏曲等综合艺术，以及以文字语言为媒介的文学艺术。鉴于我国文学艺术源远流长，从有文字记载至今连绵不绝，且留下大量的传世文献，本节即着重介绍中国的文学艺术。关于中国文学发展的历史及成就，可从以下三部书中选择一部进行阅读：郑振铎著的《中国文学史》，钱基博著的《中国文学史》以及孙康宜、宇文所安主编的《剑桥中国文学史》。

一、秦汉以前的文学

远古时代，在春种秋收时的祭神活动上，除奉献祭品外，还要有音乐、舞蹈、歌谣。这些音乐、舞蹈、歌谣以及"巫"在举办降神活动时的歌唱就成为我国古代文学的源流。后来，在诸侯国的宫廷里，有乐师从民间采集歌谣，并对其进行修改加工，然后在诸侯举办的宴会上进行演奏。此外，还有"滑稽"、"俳优"等为君主及卿、大夫服务的艺人，他们的说笑逗乐、演唱故事就更具有文学的内容。春秋战国时期，社会动荡，"滑稽"、"俳优"等宫廷艺人不断流散到民间，起到传播传说、故事的作用。起到类似作用的还有被后世称为"诸子百家"的那些人，他们为推销自己的政治主张，游走于诸侯国之间。为了使自己的主张能被诸侯所接受，首先必须让诸侯能理解。他们多使用寓言、比喻，这种表现技巧作为文学史上的进步改变了我国古代散文只简单记录事实的状况而变得更有可读性。

先秦时期产生了被后代称为历史散文的问题。这些著作不仅是那个时期的历史记录，而且是那个时期哲学思想和文学成就的反映，其丰富的文化含量使其成为中国传统文化的基本的和著名的经典。著名的先秦历史散文包括《尚书》、《春秋》、《春秋三传》、《国语》以及《战国策》等。此外，还诞生了哲学价值与文学价值极高的先秦诸子散文，如《孟子》、《老子》、《韩非子》、《墨子》等。这一时期，还出现了代表我国古代诗歌发展重要成就的《诗经》与《楚辞》。

二、秦汉时期的文学

秦代奠定了以"首都—宫廷"为中心的文化向地方扩展的文化构造的基础。汉代在武帝时建立了儒家思想中的采诗官制度，表明了朝廷自身重视文学、注重音乐的态度。汉武帝把司马相如等文人召集在身边并加以重用，更提升了文人的社会地位。汉代疆域广大、国力强盛，文风也显得特别"剽悍"：汉高祖刘邦的《大风歌》多么豪迈啊！这极大地影响了当时的社会精神。开疆拓土、建功立业、"饮马翰海，封狼居胥"成为时代追求。汉墓中的各种绘画以及留存到今天的各种文物，如马踏飞燕、金缕玉衣等，无不展现出一往无前、不可阻挡的气势。但在秦与西汉时期，文学尚无独立地位，只是供宫廷玩味、消遣。司马相如、东方朔等语言大师都是皇帝身边的弄臣，贾谊、司马迁、班固等人也首先不是作为文学家而存在，他们首先是政治家、史官、大臣等。秦汉在文学上的最大成就当推辞赋及古乐府。此外，司马迁、班固等史学家开创了历史文学这一文学领域。

汉赋代表了汉代的文学成就，出现了很多著名的辞赋作家及作品。如贾谊的《吊屈原赋》，司马相如的《子虚赋》、《上林赋》、《大人赋》、《长门赋》、《美人赋》，王褒的《洞箫赋》，杨雄的《蜀都赋》、《甘泉赋》、《羽猎赋》、《太玄赋》，班固的《两都赋》、《幽通赋》，张衡的《归田赋》、《思玄赋》等。需要说明的是，司马相如是汉赋的集大成者，也是汉赋最有成就的人物。另一个值得注意的现象是，汉赋取得重大成就的人，蜀地人较多。如司马相如、王褒、杨雄等都是蜀地人。汉赋里面有较多难懂的字，表现形式新颖夸张，文句异常华丽，美感性很强，但内容却较为空泛，大多为歌功颂德、点缀太平之作，基本丧失了文学的社会批评功能。

三、魏晋南北朝时期的文学

东汉末期到南北朝时期，门阀贵族统治逐步确立。具有文学才能的人为了能在官场上出人头地，不得不寻求门阀贵族的庇护，因此魏晋南北朝的文学就总体上来讲是迎合贵族趣味的。就文学体裁来讲，这是五言诗的兴盛时期。辞赋仍在发展，骈体文成为主流，以志怪为标志的小说登上文学舞台。就文学的主题来讲，无论流行的骈体文、辞赋还是新兴起来的五言诗大都以贵族们喜好的花鸟风月和美丽女性为主题。

在贵族文学之外，此一时期还有另一股思潮。由于是重大的社会变动时期，人们看得最多的是杀戮与死亡。在这样的氛围中，社会充斥着现在所讲的所谓怀疑论思潮：对外在权威、伦理道德、制度纲常的怀疑和否定。一切都值得怀疑，那么有没有值得肯定的呢？有，那就是人必然会死的。荣华富贵，转瞬即逝，帝王将相，转眼就是白骨荒丘，事业、功名、学问、信仰又都不怎么可靠，而人最终必然要死，况且生命是如此短促（连曹丕也只活了40岁），那为什么不在这短促而多难的人生中抓紧生活、尽情享受呢！因此，这一时期的文人雅士表面上颓废、悲观、消极，深藏着的却是对人生、生命、命运、生活的欲求和留恋。很多文学作品充斥着凄凉感慨，表述生命短促、人生易老、世事无常、命运坎坷、欢乐少有、悲伤常多。他们的作品今天读来仍让人感到莫名的伤感。如：

《古诗十九首》：生年不满百，常怀千岁忧。去者日以疏，来者日以亲。出郭门直视，但见丘与坟。古墓犁为田，松柏摧为薪。白杨多悲风，萧萧愁杀人。思还故里闾，欲归道无因。生年不满百，常怀千岁忧。昼短苦夜长，何不秉烛游！为乐当及时，何能待来兹？愚者爱惜费，但为后世嗤。仙人王子乔，难可与等期。

曹操：对酒当歌，人生几何？譬如朝露，去日苦多。

曹丕：人亦有言，忧令人老，蹉我白发，生亦何早。

曹植：人生处一世，去若朝露晞……自顾非金石，咄唶令人悲。

孔融：人生有何常，但患年岁暮。人生自有命，但恨生日希。生存多所虑，长寝万事毕。

陈琳：骋哉日月逝。年命将西倾。

王粲：生为百夫雄，死为壮士规。缟素易水上，涕泣不可挥。

徐干：人生一世间，忽若暮春草。岁月无穷极，会合安可知。

阮瑀：丁年难再遇，富贵不重来。良时忽一过，身体为土灰。

应玚：有鸟孤栖，哀鸣北林。嗟我怀矣，感物伤心。

刘桢：四节相推斥，岁月忽已殚。

陶渊明：善万物之得时，感吾生之行休。

王羲之：修短随化，终期于尽。固知一死生为虚诞，齐彭殇为妄作。

在魏晋南北朝时期，文学艺术开始逐渐摆脱两汉尤其是西汉时的功利性。作为魏的开国皇帝，曹丕不像秦始皇、汉武帝那样追求的是自然生命的不朽，他追求的是声名的不朽。在曹丕带动下，文学及其形式的价值得到更大体现，社会地位也大大提高。文人雅士们刻意作文，通过文章表达他们的思想、情感、精神、品格，追求的是诗文自身的价值意义，而不必依附于政治并作为政治工具存在。"曹丕的一个时代可说是文学的自觉时代，或如近代所说，是为艺术而艺术的一派"。

赋发展到魏晋南北朝时期，最初的讽谏功能变得淡薄，作为美文的特性更被强调。抒情性的赋大都为即兴所作，如魏时期曹丕的《感离赋》，曹植的《闲居赋》、《洛神赋》和《幽思赋》，王粲的《登楼赋》，西晋时期潘岳的《秋兴赋》、《怀旧赋》、《悼亡赋》、《闲居赋》，南北朝时期陶渊明的《归去来兮辞》，谢灵运的《山居赋》，鲍照的《芜城赋》，庾信的《哀江南赋》、《春赋》等。特别是曹植的《洛神赋》和庾信的《哀江南赋》，不仅内容上有深度，修辞上也非常精巧，给后世以巨大影响。具有写实倾向的则如西晋时期左思的《三都赋》、木华的《海赋》，南北朝时期嵇康的《琴赋》、陆机的《鼓吹赋》等。

东晋时期山水游览之赋较为引人注目,如孙绰的《游天台山赋》。南北朝时期具有写实倾向的赋具有咏物的特征,除嵇康的《琴赋》、陆机的《鼓吹赋》外,梁江淹的《恨赋》、《别赋》、《泣赋》,可谓最为著名。

骈体文从汉代的辞赋演变而来,在魏晋南北朝时期的齐、梁之际最终形成。形成的标志是这种文体同时具备了如下特征:大量使用典故、对句;以四字句、六字句为基调;讲求音声调和;追求修辞美。骈体文之所以在六朝时期大力发展,其温床在于当时以宫廷或王侯贵族宅第为文坛中心。此外,就文体来讲,所谓志怪(小说)在这一时期也发展起来。

四、唐与宋、金时期的文学

(一)初唐与盛唐

在唐代,门阀势力被压制,"旧时王谢堂前燕,飞入寻常百姓家",科举制最终确立,普通读书人通过科举也能做高官,因而诱发了人们的读书兴趣,从而扩大了有可能进入文学领域的人的规模。但同时,很多读书人由于通不过科举考试,或者虽通过科举考试但最终失去了登上高官位置的机会,就转而醉心于文学创作。这一时期,诗的成就尤其引人瞩目,但在唐代的各个时期,唐诗也呈现出不同的风格特色。在唐代,"古文运动"创造了与过去骈体文完全不同的风格,以唐代传奇为标志的小说也取得不小的成就。就文学展现的主题与内容看,由于唐朝东征西讨,大破突厥、战败吐蕃、招安回纥,充满希望的新道路展现在每个有抱负的人面前,故而为国立功的荣誉感和英雄主义弥漫在社会氛围和文学作品中。"宁为百夫长,胜作一书生"(杨炯诗),读书人也出入边塞,习武知兵。边塞诗成为唐诗中最绚丽的篇章之一。"北风卷地百草折,胡天八月即飞雪。忽如一夜春风来,千树万树梨花开……"(岑参诗)、"葡萄美酒夜光杯,欲饮琵琶马上催。醉卧沙场君莫笑,古来征战几人回"(王瀚诗),就是我们非常熟悉的诗句。与壮丽动荡充满豪气的边塞诗相辉映,热爱自然、追求优美宁静的田园诗在唐代也非常流行。像王维的"人闲桂花落,夜静春山空,月出惊山鸟,时鸣春涧中",读起来是多么得富有哲理,又生机盎然。盛唐欣欣向荣、充满进取精神,"千里黄云白日曛,北风吹雁雪纷纷。莫愁前路无知己,天下谁人不识君"(高适诗),你看,心胸是何等开阔。这就是盛唐之音,盛唐气象!

　　说到唐朝,我们不能不谈到四个人:李白、杜甫、颜真卿和韩愈。这四个人把诗词、散文、书法等文学艺术形式真正"大众化"了。他们为这些文学艺术形式创立了新的规范(他们要求在比较通俗和规范的形式里表达出富有现实内容的社会理想和政治伦理主张),使得普通人也可以学习和效仿。尤其杜诗颜字韩文几乎为千年的后期封建社会创造了标准,树立了楷模。这几个人都是儒家思想的崇奉者或提倡者(杜甫"致君尧舜上,再使风俗淳"体现的是忠君爱国的伦理政治观点,韩愈"博爱谓之仁,行而宜之之谓义,由是而之焉之谓之道"体现的是典型的儒家信念,颜真卿"忠义之节,明若日月而坚若金石"也是典型的儒家所要求的人格写照),他们的思想随之成为正统。

　　李白被后人称为"诗仙",被当代美学大师李泽厚喻为"青春诗人"。"白,陇西布衣,流落楚、汉。十五好剑术,遍干诸侯。三十成文章,历抵卿相。虽长不满七尺,而心雄万夫"。豪迈气概跃然纸上,这是李白在《与韩荆州书》所作的自我表白。"黄河之水天上来,奔流到海不复回"(《将进酒》);"开琼筵以坐花,飞羽觞而醉月。不有佳咏,何伸雅怀?如诗不成,罚依金谷酒数"(《春夜宴从弟桃花园序》)。写得何等大气!在《梦游天姥吟留别》中,李白发出了最响亮的呼声:"安能摧眉折腰事权贵,使我不得开心颜!"李白具有洒脱不羁的气质、傲视独立的人格、易于触动而又易爆发的强烈情感,他的诗充满着奔涌而出的激情,是盛唐精神气质的一种写照。

　　杜甫被后人称为"诗圣",其著名代表作品出现于"安史之乱"之后。与李白相比,杜甫更多的是对国家的忧虑及对老百姓困难生活的同情。故他的诗被称作"诗史"。名句"朱门酒肉臭,路有冻死骨"流传千古。"安史之乱"期间,杜甫从洛阳返回华州的途中,见到战乱给百姓带来的无穷灾难和人民忍辱负重参军参战的爱国行为，感慨万千，便奋笔创作了不朽的史诗——"三吏"（《新安吏》、《石壕吏》、《潼关吏》）和"三别"（《新婚别》、《垂老别》、《无家别》）。后来杜甫几经辗转，到了成都，居住在城西浣花溪畔，并在此写下千古名篇：《茅屋为秋风所破歌》、《闻官军收河南河北》（剑外忽传收蓟北，初闻涕泪满衣裳。却看妻子愁何在，漫卷诗书喜欲狂。白日放歌须纵酒，青春作伴好还乡。即从巴峡穿巫峡，便下襄阳向洛阳）。

颜真卿的书法风格体现了大唐帝国繁盛的风度，并与他高尚的人格契合，是书法美与人格美完美结合的典例。他的字体被称为"颜体"，与柳公权并称"颜柳"，有"颜筋柳骨"之誉。他晚年的得意作品"颜氏家庙碑"写得刚中有柔，方中有圆，直中有曲，看起来很美，却又通俗易学，人人都可模仿练习。这和王羲之的书法大有不同，王羲之的书法一般人只可欣赏，而很难学到。他还是个很厉害的诗人，他的《劝学》诗（三更灯火五更鸡，正是男儿读书时。黑发不知勤学早，白首方悔读书迟）。想来我们大部分人都知晓。

韩愈是唐代"古文运动"的倡导者，提出"文以载道"和"文道结合"的主张，反对六朝以来骈偶之风。杜牧把韩文与杜诗并列称为"杜诗韩笔"。宋代苏轼称他"文起八代之衰"（指韩愈的古文提振八代的萎靡文风），明人推他为唐宋八大家之首，与柳宗元并称"韩柳"，有"文章巨公"和"百代文宗"之名。我们熟知的《古文观止》总共222篇，韩愈一人就被选入24篇。像《原道》、《原毁》、《原性》、《原人》、《获麟解》、《进学解》、《应科目时与人书》、《送孟东野序》、《送石处士序》、《送李愿归盘谷序》、《送董邵南序》、《柳州罗池庙碑》、《柳子厚墓志铭》、《祭柳子厚文》、《殿中少监马君墓志铭》、《鳄鱼文》、《祭十二郎文》等都是韩愈写就的流传千古的名篇。

（二）中晚唐至宋代

进入中晚唐后，盛唐不再，雄风也就不再了。诗人们开始追求更为细腻的官能感受。时代精神已远离金戈铁马，开始走进闺房；不再追求建功立业，而是追求心境舒适。于是，山水画、爱情诗、宋词和陶瓷开始大行其道。晚唐诗句与宋词，描写景物，抒发感情，读起来很有美感，但终究不能给人以奋发向上之感，徒增留恋人生、贪恋声色之愿。在北宋的都城汴京和南宋的都城临安，都有热闹的演艺场所。我们读《东京梦华录》即可想见当时娱乐业的繁荣。在演艺场所内，各种演艺节目上演。加之出版业的形成，多种文学形式得以在更广范围内传播开来。与唐代的文学家大都没有做到高官位置不同，宋代的大文豪一般都做到了高官位置，像欧阳修、王安石等人，文坛就以他们为中心了。唐代李白、杜甫的文学成就是在宋代开始获得认可的，在唐代他们实际上并没有得到普遍的认可。

让我们先看看中晚唐时期的著名诗人及其诗作。李商隐写有"向晚意不适，驱车登古原。夕阳无限好，只是近黄昏"（《乐游原》），日落黄昏，哪里还有日出东方时的勃勃朝气？杜牧写有"青山隐隐水迢迢，秋尽江南草未凋。二十四桥明月夜，玉人何处教吹箫"（《寄扬州韩绰判官》），温庭筠写有"秋风凄切伤离，行客未归。塞外草先衰，江南雁到迟"（《玉蝴蝶》），秋风萧瑟，万木萧索，哪里还看得出勃勃生机？韦庄写有"如今却忆江南乐，当时年少春衫薄。骑马倚斜桥，满楼红袖招。翠屏金屈曲，醉入花丛宿。此度见花枝，白头誓不归"（《菩萨蛮》）、"劝君今夜须沉醉，尊前莫话明朝事。珍重主人心，酒深情亦深。须愁春漏短，莫诉金杯满。遇酒且呵呵，人生能几何"（《菩萨蛮》），沉迷声色，哪里还有奋发向上的事业追求？

我们再来看看宋朝著名词人及其作品。柳永的词在当时流传极其广泛，人称"凡有井水饮处，皆能歌柳词"，对宋词的发展有重大影响。但他的词是什么样的词呢？"忍把浮名，换了浅斟低唱"（《鹤冲天》）、"多情自古伤离别，更那堪，冷落清秋节！今宵酒醒何处？杨柳岸，晓风残月。此去经年，应是良辰好景虚设。便纵有千种风情，更与何人说"（《雨霖铃》）、"对潇潇暮雨洒江天，一番洗清秋。渐霜风凄紧，关河冷落，残照当楼。是处红衰翠减，苒苒物华休。唯有长江水，无语东流"（《八声甘州·对潇潇暮雨洒江天》）。到处是哭哭啼啼，到处是莺歌燕舞，全民都是这样，哪还能有冲天斗志？难怪宋朝老是被人欺负了。范仲淹写有:"塞下秋来风景异,衡阳雁去无留意。四面边声连角起。千嶂里,长烟落日孤城闭。浊酒一杯家万里,燕然未勒归无计。羌管悠悠霜满地,人不寐,将军白发征夫泪"(《渔家傲·秋思》)。也是写边塞,但读起来悲伤、无奈大于豪气。"先天下之忧而忧,后天下之乐而乐"(《岳阳楼记》),这千古名句是范仲淹发出的忧国忧民之声,也是自己政治抱负无法实现之语。宋祁(北宋,《新唐书》编撰者)写有"东城渐觉风光好。縠皱波纹迎客棹。绿杨烟外晓寒轻,红杏枝头春意闹。浮生长恨欢娱少。肯爱千金轻一笑。为君持酒劝斜阳,且向花间留晚照"(《玉楼春·春景》),悠闲、感伤、哀愁,这样的心态见了敌人,岂不在气势上就先输一着!辛弃疾(南宋)写有"醉里挑灯看剑,梦回吹角连营。八百里分麾下炙,五十弦翻塞外声,沙场秋点兵。马作的卢飞快,弓如霹雳弦惊。了却君王天下事,赢得生前身后名。可怜白发生"(《破阵子·醉里挑灯看剑》),读起来也有些许豪气,但仔细揣摩,才发现这已是国破家亡时无奈的呐喊!

如果说声色犬马愿意生活在人世间的话,那么从宋朝开始,逃避人世的心态已大行其道。这在苏轼身上表现得最为明显。苏轼成为封建社会后期文人们最喜好的人,很大的原因是苏轼的作品反映了他们的心声:苏轼把封建士大夫的退隐心态(退避政治,乃至退避社会)发展到了极致!

我们先来看看苏轼写的词。如"世事一场大梦,人生几度秋凉"(《西江月》)、"小舟从此逝,江海寄余生"(《临江仙》)、"休言万事转头空,未转头时皆梦"(《西江月》)。再来看看苏轼写的散文,苏轼所作散文中,最为著名的当属《前赤壁赋》和《后赤壁赋》。这两篇散文充满了对人世的感伤,对整个存在、宇宙、人生和社会的怀疑与厌倦,对退避社会、厌弃世间以求超脱的向往。"寄蜉蝣于天地,渺沧海之一粟。哀吾生之须臾,羡长江之无穷"是对人生无所寄托的提问,"挟飞仙以遨游,抱明月而长终。知不可乎骤得,托遗响于悲风"、"惟江上之清风与山间之明月……是造物者之无尽藏也,而吾与子之所共适"是摆脱人生孤寂的灵丹妙药。

到哪里才能远离社会？也只有深山老林了。宋代之前的山水画，在形象、技法、构图上都较为粗糙，且大都作为宗教画、人物画的背景或陪衬。山水画的真正独立，似在中唐以后，到宋代则发展到一个顶峰。宋代社会审美情趣由具体人事、仕女牛马发展到自然对象和山水花鸟。这反映了封建士大夫对田园牧歌式生活的追求与向往。与此相适应，在宋代，禅宗的流行也到达了一个顶点。禅宗要求自身与自然合为一体，希望从自然中激发灵感和顿悟，从而摆脱人事的羁绊并获得心灵的解放。到此时，人已完全厌倦于人世间的争斗，实质上是秦皇汉武时改天换地式的豪迈之气消失殆尽。

五、元、明、清时期的文学

元朝统治之初对中国的传统文化持冷淡态度，文学反而变得更为自由了。文人们结成诗社，彼此互作诗文，互为批评。音乐和戏曲变得流行，产生了影响深远的元曲。就内容来看，元曲更加世俗化，反映的大都是世俗人情。

到了明代，作品内容的世俗化更为明显。明代的白话小说代表着市民文学所达到的繁荣顶点。这些作品"极摹人情世态之歧，备写悲欢离合之致"，全无远大的理想和深刻的内容，有的是平淡无奇但又比较真实和丰富的世俗故事。与底层老百姓关注日常生活相比，此时的上层人士开始反思传统儒学。李贽是这一思潮中的代表人物。他继承和发展了王阳明的"心学"，反对正统思想的虚伪，他不服孔孟，宣讲童心（真心），大倡异端，揭发道学，反对权威，具有相当标准的个性解放思想。通过李贽等人的鼓吹，在内容、形式和语言上都更接近人们日常生活的文学形式（散文文学）取代了正统的古文。至此，人的主题得以彻底阐释。明代还是文学派别兴盛的时期。明朝统治者可能是出于文弱会成为亡国之源的认识，除少数皇族外，大都不关注文学。在此种情形下，一些高级官员觉得不能完全放弃对文学的责任，就主动自己出来试图把握文坛的风向。这些以模仿宋代欧阳修等大官僚而试图成为文坛中心的官员文人，被称为台阁派。然而，台阁派文人在文学素养及成就上远远不如前代的欧阳修，只是在文学形式上一味向前朝看齐，故引起古文辞派的对抗。对古文辞派，也有许多文人不满，这又形成了公安派、竟陵派等。

  清代采取了比明朝更为热心的文化政策。与此相对应，历史上的种种文学形式又被文人们挖掘出来，骈体文、诗、词等又都掀起了创作高峰。与明代文人相比，清代文人在以儒学为根底的文化修养上要更高一些（正统儒家理论在清代再次成为国家指导思想）。与传统诗文在士大夫阶层的再度兴盛相类似，戏曲和小说等通俗文学也按照另一线路在普通民众中得到大的发展。此时的文学作品，家国兴亡的悲伤充斥其间。通过王朝兴衰，文人们又透露出对整个人生的虚幻之感。"诌一套哀江南，放悲声，唱到老"（《桃花扇》）便是这种人生空幻的时代感伤。《桃花扇》、《长生殿》乃至《聊斋志异》、《红楼梦》、《儒林外史》大都像我们"文化大革命"结束后兴起的感伤文学。说到这一时期的感伤文学，不能不提到纳兰性德，他是个满人，少年得志，世代荣华，且为皇室近亲，但其"纳兰词"却充满着哀怨沉痛。"我是人间惆怅客，知君何事泪纵横。断肠声里忆平生"、"风一更，雪一更，聒碎乡心梦不成，故园无此声"、"满目荒凉谁可语？西风吹老丹枫树"、"从前幽怨应无数。铁马金戈，青冢黄昏路。一往情深深几许？深山夕照深秋雨。"皇家公子尚且如此，那整个大清朝的社会风貌也就可想而知了。也正所谓文学与时代相连，难怪鸦片战争爆发后，清军节节败退，中国进入了任列强宰割的悲惨时代。

六、近代以来的文学

  面对三千年未有的大变局，有良知的知识分子开始"警醒"，开始"呐喊"，尤其是1894年甲午战争战败之后，国人开始较大规模接纳欧美，国民精神开始振作。如谭嗣同发出"我自横刀向天笑，去留肝胆两昆仑"，国家兴亡责任感浸透到一批睁开眼看世界的国人心中，我们今天读到林觉民的《与妻书》，仍然能感受到那颗希望中国富强壮大的雄心。

新文学运动之后，一批新人一方面继承中国传统文化，另一方面接受西方思想，发出了对生活、人生、自然的新的感受、发现和赞叹。如二十出头的冰心以童心感知世界和人生，其创作的《繁星》、《春水》、《寄小读者》充满着对光明、成长、忠诚、和平等美好事物的向往。

20世纪二三十年代的中国，由于政治、社会动荡、战乱、饥荒不断，刚刚觉醒的知识分子面对残酷的血性斗争和内忧外患，很多人进入彷徨期，文学作品则大都集中在反映城市生活方面。随着救亡图存形势的发展，尤其是左翼思潮的兴起，反映农村、农民、无产者的文学作品逐渐多了起来。特别是毛泽东的《延安文艺座谈会上的讲话》发表后，为农民所喜闻乐见的文学形式及作品大量出现。《黄河大合唱》等作品则反映了国人的抗战心声和民族气概。

1949年后，歌颂人民、歌颂祖国、歌颂革命、歌颂解放军和歌颂党，成为文学创作的主流。"文化大革命"则是文学创作的停滞期，除《金光大道》等少数作品外，地下文学成为那时不可小视的文学现象。

"文化大革命"结束后，文学创作呈现多元取向，且呈大幅发展态势。一本文学杂志，卖到几十万册，乃至上百万册，根本不是问题。各种文学沙龙不断出现，爱好文学成为时尚，哪个小伙要是文学青年，就肯定能赢得不少女孩的芳心。伤痕文学、朦胧诗在"文化大革命"结束后兴盛过一段时间，但随着改革开放的进行，不仅伤痕文学、朦胧诗渐趋没落，整个文学创作也乏善可陈，热爱文学的人数急剧减少，发财、赚钱、创业、下海经商成为更多人的追求，不少文学杂志因越来越不能养活自己而被迫停刊转行。

随着时代的发展和人们对文学产品的需求，20世纪90年代后，文学进入平稳发展期，出现了一批读者喜爱的作家，如刘震云、苏童、叶兆言、池莉等。尤其可喜的是，2013年我国作家莫言获得诺贝尔文学奖，这是我国第一个获得该奖的作家，标志着我国的文学创作终于走出国界，得到了国际认可。

七、小结

文学虽然有时代特色，但是一些名篇佳作光耀千秋，对人影响颇大，它们记载的故事、反映的现象、揭示的道理能给人以启迪。了解中国的文学发展历史与成就，对拓宽营销人员的知识面，提升营销人员的人文修养，使营销人员掌握更多的营销知识大有裨益。现在企业家的素质在提升，营销人员只有迎头赶上，才能与企业家站在平等的交流平台。当前，银行营销人员大都已有一定的文学修养，但还远远不够，我们在中学及大学所学的文学知识及篇章也远远不能适应营销工作的需要。这就要求营销人员要大量阅读，对其中著名篇章及著名段落、著名句子要耳熟能详。新文化运动时期曾有人激愤地建议不要读中国（古）书，因为在他们看来中国（古）书禁锢了国人的思想与创造力，是造成近代以来中国日渐衰弱的罪魁祸首。其实很多古代文学篇章是我国的瑰宝，不读实在可惜。因此，我们除了阅读现代人写的文学作品，古文、辞赋、唐诗、宋词、元曲等也应多读一些。以古文为例，我认为有二十篇文章不读实在可惜，这二十篇古文声情并茂，是作者用真情实感来写的，向营销人员加以推荐：

1. 司马迁：报任安书

《报任安书》又名《报任少卿书》，是司马迁写给朋友任安的一封书信。在这封信中，司马迁叙述了自己的志向与不幸。通读全文，发现作者除悲愤忧郁之情洋溢字里行间，自强不息的精神更值得后人敬仰。毛主席在《为人民服务》中引用的"人固有一死，或重于泰山，或轻于鸿毛"一句话，即出自此篇。

2. 李陵：答苏武书

通过此信，李陵向苏武表白心迹，说明自己降敌之不得已（当时因为双方兵力悬殊，己方将帅不顾大局，武帝诛陵全家等）。读罢该信，让人对李陵的投降非但没有痛恨之情，反而顿生同情之意，原因在于他写出的当时的社会现实太能引起人的同感了。比如"昔萧樊囚縶，韩彭菹醢，晁错受戮，周魏见辜。其余佐命立功之士，贾谊亚夫之徒，皆信命世之才，抱将相之具，而受小人之谗，并受祸败之辱，卒使怀才受谤，能不得展。彼二子之遐举，谁不为之痛心哉？陵先将军，功略盖天地，义勇冠三军，徒失贵臣之意，到身绝域之表。此功臣义士所以负戟而长叹者也。何谓不薄哉"、"妨功害能之臣，尽为万户侯；亲戚贪佞之类，悉为廊庙宰"等。

3. 陶渊明：归去来兮辞

该文叙述了陶渊明辞官归隐后的生活情趣和内心感受，也表现了作者对官场的认识及对人生的思索。欧阳修说："晋无文章，惟陶渊明《归去来兮辞》一篇而已。"你看，作者这样写回家的欣喜："实迷途其未远，觉今是而昨非。舟遥遥以轻飏，风飘飘而吹衣。问征夫以前路，恨晨光之熹微。"写在家过田野生活的惬意："引壶觞以自酌，眄庭柯以怡颜。倚南窗以寄傲，审容膝之易安。园日涉以成趣，门虽设而常关。策扶老以流憩，时矫首而遐观。云无心以出岫，鸟倦飞而知还。景翳翳以将入，抚孤松而盘桓。"写对人生的思索："善万物之得时，感吾生之行休。"

"富贵非吾愿，帝乡不可期"等，均能引起我辈共鸣。

4. 丘迟：与陈伯之书

这是南朝梁文学家丘迟写给弃梁降魏的叛将陈伯之的信，据说陈伯之看完此信后即决定归降梁朝。原因就在于该信中除了拉关系、讲道理外，发自肺腑地写道"暮春三月，江南草长，杂花生树，群莺乱飞。见故国之旗鼓，感乎生于畴日，抚弦登陴，岂不怆恨"这一段话打动了投降在外而不得归乡的陈伯之对故乡的思念。

5. 李密：陈情表

这是西晋李密写给晋武帝的奏章。文章叙述祖母抚育自己的大恩，以及自己应该报养祖母的大义；除了感谢朝廷的知遇之恩，又倾诉自己不能从命的苦衷，真情流露，委婉畅达。其中写自己与祖母相依为命的话最为感人："刘夙婴疾病，常在床蓐，臣侍汤药，未曾废离"、"臣无祖母，无以至今日，祖母无臣，无以终余年。母孙二人，更相为命，是以区区不能废远"。

6. 王羲之：《兰亭集》序

该篇虽记叙兰亭周围山水之美和聚会的欢乐之情，实则抒发作者对人生好景不长、生死无常的感慨。你看，"向之所欣，俯仰之间，已为陈迹，犹不能不以之兴怀。况修短随化，终期于尽。古人云：'死生亦大矣！'岂不痛哉"是典型的对人生苦短的无奈！

7. 李商隐：祭小侄女寄文

李商隐"尤善为诔奠之辞"（《旧唐书》本传），本篇更是其此类文章的代表作。姜书阁在《骈文史论唐骈衰变第十三》中说"义山骈文，断以此篇为压卷之作"。亦可见此文在论者眼中的分量。"尔生四年，方复本族。既复数月，奄然归无。"小侄女刚生下来，就被送人了；到了四岁，才重新回家，可刚刚回家，就死了。由此可见自己小侄女的可悲！"白草枯荄，荒途古陌，朝饥谁饱？夜渴谁怜？"自己在外做官，不能将你安葬在老家，只能让你暂时埋在异乡，"尔之栖栖，吾有罪矣！"好在"今我仲姊，反葬有期。遂迁尔灵，来复先域"。从今往后，你就能回家和先人在一起了，"荥水之上，坛山之侧。汝乃曾乃祖，松槚森行；伯姑仲姑，冢坟相接。汝来往于此，勿怖勿惊。华彩衣裳，甘香饮食。汝来受此，无少无多。"通篇读来，谁又能不感叹生命的无常！

8. 李白：春夜宴桃李园序

本篇记叙了李白和其诸弟相聚，一同歌唱、一同饮酒的情景，表现出天伦之乐和兄弟之情。但读来仍能感觉淡淡的忧伤，谁让其中有如下这样的话呢："夫天地者，万物之逆旅也；光阴者，百代之过客也。而浮生若梦，为欢几何？"

9. 韩愈：祭十二郎文

在韩愈众多文章名篇中，大家可着重读一下《祭十二郎文》。这是一篇千百年来传诵不衰、影响深远的祭文名作，是为祭奠其侄子韩老成而写的。韩老成与韩愈两人自幼相守，由长嫂郑氏抚养成人，共历患难，因此感情特别深厚。但是长大之后，韩愈本人在外漂泊，与十二郎很少见面。韩老成早逝让韩愈悲从中来从而写下此文。南宋学者赵与时在《宾退录》中写道:"读诸葛孔明《出师表》而不堕泪者,其人必不忠。读李令伯《陈情表》而不堕泪者,其人必不孝。读韩退之《祭十二郎文》而不堕泪者,其人必不友。"请看文章的最后两段写的是何等情真意切:

"呜呼!汝病吾不知时,汝殁吾不知日,生不能相养于共居,殁不得抚汝以尽哀,敛不凭其棺,窆不临其穴。吾行负神明,而使汝夭;不孝不慈,而不能与汝相养以生,相守以死。一在天之涯,一在地之角,生而影不与吾形相依,死而魂不与吾梦相接。吾实为之,其又何尤!彼苍者天,曷其有极!自今已往,吾其无意于人世矣!当求数顷之田于伊颍之上,以待馀年,教吾子与汝子,幸其成;长吾女与汝女,待其嫁,如此而已。呜呼,言有穷而情不可终,汝其知也邪?其不知也邪?呜呼哀哉!尚飨!"

10. 欧阳修:泷冈阡表

该文是欧阳修在他父亲死后六十年为其父所作的墓表。在该文中,欧阳修盛赞父亲的孝顺与仁厚,母亲的俭约与安于贫贱。任何对父母养育之恩铭记于心的人,无不从该篇文章中找到心灵共鸣之处。

11. 范仲淹:严先生祠堂记

该文表达了范仲淹对光武帝与严光关系的赞美,抒发了自己不能得遇明君的感慨。

12. 苏轼:潮州韩文公庙碑

该碑文写得感情澎湃,气势磅礴。钱东湖在《苏长公合作》中誉其为"宋人集中无此文字,直然凌越四百年,迫文公(指韩愈)而上之"。黄震甚至在《三苏文范》中说:"《韩文公庙碑》,非东坡不能为此,非韩公不足以当此,千古奇观也。"开篇一句"匹夫而为百世师,一言而为天下法",紧扣人心,让人不能不继续下面之篇章。

13. 李格非:书《洛阳名园记》后

这是李清照之父李格非借唐讽宋的一篇文章,论证"洛阳之盛衰,天下治乱之候也"、"园圃之废兴,洛阳盛衰之候也",典型的因小见大、细微之处蕴含大义之作!

14. 李清照：《金石录》后序

该文是李清照为其丈夫赵明诚著作《金石录》作的序。通过回顾自己小家庭的兴衰，显示了北宋与南宋之交国家和民族遭受的巨大灾难，诚如李清照自己所言："三十四年间，忧患得失，何其多也！"

15. 孟元老：《东京梦华录》序

北宋灭亡后，大批臣民逃亡南方，颠沛流离的生活使他们经常回忆起北宋京城汴梁的繁华景象。孟元老是怀着对往昔的无限眷恋和对现实的无限感伤撰写《东京梦华录》的。该文是作者为该书所作的序文，文中一句"暗想当年，节物风流，人情和美，但成怅恨"，使该文达到感伤的高潮。

16. 岳飞：五岳祠盟记

我们熟读岳飞的《满江红》，但对《五岳祠盟记》好像有些陌生。其实，《五岳祠盟记》也是岳飞为数不多的文章中流传千古的名篇。该文是岳飞在1130年（南宋建炎四年）败金兵、收复建康后，于宜兴所作的题壁誓词（盟记）。文中先言自己从军抗金经历，再表自己剿灭金人、迎还二帝的志愿。一句"朝廷无虞，主上奠枕，余之愿也"写尽了岳飞的赤胆忠心。

17. 文天祥：《指南录》后序

《指南录》中的"指南"二字，表达了文天祥心系南宋的爱国情怀。该序文以主要篇幅叙述了自己与元军周旋的经过，是另一首感受人心、洋溢着爱国情怀的"正气歌"！

18. 谢翱：登西台恸哭记

南宋谢翱的这篇《登西台恸哭记》作于文天祥抗元失败被杀后八年（即元世祖至元二十七年）。当时，谢翱与其友人登西台祭之，并作此文以记其事。

19. 宋濂：送东阳马生序

相信绝大多数从20世纪八九十年代读过中学并考上大学的人，尤其是家境不太好的贫寒学子，大都会对自己那时候刻苦攻读的情形会铭刻于心、历历在目。读宋濂的这篇序文，就让我们回到了自己的那个时候!

20. 袁枚:祭妹文

该文以"情真"而备受世人推崇,与韩愈的《祭十二郎文》、欧阳修的《泷冈阡表》一起被古文家誉为"鼎足而立"的美文,被公认为是祭文中的绝唱。文中末句"生前既不可想,身后又不可知;哭汝既不闻汝言,奠汝又不见汝食。纸灰飞扬,朔风野大,阿兄归矣,犹屡屡回头望汝也。呜呼哀哉!呜呼哀哉!"写尽了作者对胞妹的挚爱。

第四章
围绕人性做营销

对"营销新组合",营销人员要学会灵活运用:对有些客户,可重点使用其中的一个方面;而对有些客户,则须组合使用。但对任何客户,在营销活动中都应坚持"人性化"营销。如果说"营销新组合"中的七个方面是"目",那"围绕人性做营销"就是"纲",要做到"纲举目张"。"围绕人性做营销"是营销活动的根本,要始终贯彻到营销活动中。这是因为,营销人员的任何营销活动,归根到底都是对人的营销。只有把人"琢磨"透了,才能营销到位,营销才能出成效。

第一节 树立自信心

营销人员自己有信心,在势力庞大的客户面前不自卑,这是做好营销工作的前提。如果还没见到客户就在心中自矮三分,那怎么还能与客户平等地洽谈业务?如果用乞求客户给点业务的语气与客户交谈,客户也会打心里瞧不起营销人员的。

《战国策·魏策》中讲了一个"唐雎不辱使命"的故事,说的是魏国著名策士凭一己之力挫败秦王嬴政试图吞没安陵国的事。安陵国是个小国,秦王嬴政给安陵国君画了一个饼:"寡人欲以五百里之地易安陵",并且威胁"安陵君其许寡人"!你可不能不同意啊!安陵国以祖先遗传之地为由拒绝了秦王嬴政的要求,使得"秦王不说"。秦国是个大国,国力强盛,眼看就要统一全国,惹得秦王不高兴,后果当然会很严重。安陵君也很害怕,"因使唐雎使于秦。"秦王也很有辩才,一见面就把唐雎置于不仁不义之地:"寡人以五百里之地易安陵,安陵君不听寡人,何也?且秦灭韩亡魏,而君以五十里之地存者,以君为长者,故不错意也。今吾以十倍之地,请广于君,而君逆寡人者,轻寡人与?"唐雎只能再次抬出安陵君拒绝秦王的理由:"安陵君受地于先王而守之,虽千里不敢易也,岂直五百里哉?"秦王见唐雎像祥林嫂似的又一次抬出这个理由,"怫然怒"。原来秦王只是"不悦",现在则是"怫然怒"。按照秦王的解释,"怫然怒"会引起如下后果:"伏尸百万,流血千里。"唐雎以一个与秦王地位相差十万八千里的策士的身份开始还击"大王尝闻布衣之怒乎?"按唐雎的解释,"若士必怒,伏尸二人,流血五步,天下缟素,今日是也。"并把自己与专诸、聂政、要离并列,这三人均以"布衣之怒"而刺杀别人留名于世。唐雎称自己是这三人之后的第四人,以表示与秦王决胜到底的决心。唐雎不光口若悬河地念叨这些决心,还配以动作:"挺剑而起。"按《战国策》

的说法，是"秦王色挠，长跪而谢之曰：'先生坐！何至于此！寡人谕矣：夫韩、魏灭亡，而安陵以五十里之地存者，徒以有先生也。'"我觉得事情恐怕不会这么简单，单凭唐雎的一番口舌肯定撼动不了秦王吞并安陵国的决心。但无论怎么说，唐雎暂时胜利了，安陵国也暂时摆脱危险了。唐雎如果怀着气馁的心态，低声下气地去求秦王，那么结果肯定不会是"秦王色挠"这个结局。营销人员做营销，不是去求客户，而是要给客户带来利益，要帮助客户解决问题，要满足客户需求，因而营销人员没有理由不理直气壮地去面见客户并与之交谈。

营销人员要有自信，但不能自恋、自大。前者如宋襄公，后者如《庄子》中记载的河伯与井蛙。宋襄公因毛泽东在《论持久战》中提到而在当代显得更加出名（毛泽东的原话是："我们不是宋襄公，不要那种蠢猪式的仁义道德。我们要把敌人的眼睛和耳朵尽可能地封住，使他们变成瞎子和聋子，要把他们的指挥员的心尽可能地弄得混乱些，使他们变成疯子，用以争取自己的胜利。"）宋襄公是春秋中前期宋国的国君，以仁义见称。根据《左传》记载，僖公二十二年冬天，宋襄公与楚国"战于泓"。一开始宋国的军队列阵整齐，很有气势。楚军还没有全部渡过河时，司马劝宋襄公："彼众我寡，及其未既济也请击之。"宋襄公如何回答的呢，他说"不可"，也就是不同意的意思。楚军渡过河还没有排开阵势的时候，司马又劝宋襄公发起攻击。宋襄公的回答仍然是"未可"，因为此时楚军"既济而未成列"。最后，在楚军摆好阵势时宋襄公才下令发起攻击，结果宋军被打得大败。宋军败得很惨，连宋襄公大腿也受了箭伤。宋国人都责怪宋襄公，没想到宋襄公还振振有词："君子不重伤，不禽二毛。之为军也，不以阻隘也。寡人虽亡国之余，不鼓不成列。"宋襄公迂腐至此，不失败才怪呢。毛泽东从宋襄公失败的案例中告诫革命军民不要对敌人讲仁义道德。我们得出的启示则是不能过分估量自己的力量：宋襄公以为自己靠仁德就能败退敌人，我们不能过分迷恋自己的营销能力，不能因为自己有些营销能力就不把客户放在眼里。宋襄公的军事、政治力量如果足够大，再去施行仁义，则四海可能会臣服，但他仅是一个小国的国君，根本不具备相应的力量空谈什么仁义的力量。如强要施行的话，则只会自取其辱。

《庄子》中记载了很多寓言故事。河伯和井蛙就是很著名的两个，前者出了个"望洋兴叹"的成语，后者出了个"井底之蛙"的成语。前者说的是，"秋水时至，百川灌河。泾流之大，两涘渚崖之间，不辩牛马。"看到自己统治的河流如此浩浩荡荡，"于是焉，河伯欣然自喜，以天下之美为尽在己。"然而当河伯"顺流而东行，至于北海。东面而视，不见水端"时，自大被自卑取代了，只好"望洋向若而叹"。井蛙也是如此。一开始它向东海里面的鳖吹牛："吾乐与！出跳梁乎井干之上，入休乎缺甃之崖。赴水则接腋持颐，蹶泥则没足灭跗。还虷蟹与科斗，莫吾能若也。且夫擅一壑之水，而跨跱埳井之乐，此亦至矣。"井蛙很快乐，很自足，但并不自私，它觉得自己过得很好，也希望别人过得像自己一样好，于是要求东海里面的鳖"夫子奚不时来入观乎"？对这一个可爱的井蛙，我想起了鲁迅先生在《〈呐喊〉自序》中所说的一段话："假如一间铁屋子，是绝无窗户而万难破毁的，里面有许多熟睡的人们，不久都要闷死了，然而是从昏睡入死灭，并不感到就死的悲哀。现在你大嚷起来，惊起了较为清醒的几个人，使这不幸的少数者来受无可挽救的临终的苦楚，你倒以为对得起他们么？"东海里面的鳖最后把井蛙叫醒了，"告之海曰：'夫千里之远，不足以举其大；千仞之高，不足以极其深。禹之时，十年九潦，而水弗为加益；汤之时，八年七旱，而崖不为加损。夫不为顷久推移，不以多少进退者，此亦东海之大乐也。'"井蛙听到井之外还有如此广阔的天地，"适适然惊，规规然自失也。"没有自满、自大，自然也就不会有自失、自卑。

自恋、自大并不可怕，可怕的是自恋、自大了而不自知。只要意识到自己患有自恋、自大的毛病并加以改掉，仍是值得称道的。《战国策》记载了一个"邹忌讽齐王纳谏"的故事。邹忌长得很美，"修八尺有余，而形貌昳丽。"难怪自己像个女同志一样经常"窥镜"，且分别向妻儿、小妾和客人询问"我孰与城北徐公美"？真是个典型的自恋者。妻儿、小妾和客人出于自身利益或人之常情的考虑当然只能说"君美甚，徐公何能及君也"、"徐公不若君之美也"。按《战国策》解释，"城北徐公，齐国之美丽者也。"邹忌虽然自恋倾向明显，但还有些自知之明，"明日，徐公来，孰视之，自以为不如；窥镜而自视，又弗如远甚。"邹忌真是个可爱的人，他意识到自己不如徐公美后就陷入了沉思，"暮寝而思之"，终于悟出一个道理："吾妻之美我者，私我也；妾之美我者，畏我也；客之美我者，欲有求于我也。"邹忌这种"朝闻道，夕死可矣"的精神值得我们学习。不仅如此，邹忌还把自己的所悟告知了齐威王，并根据宫中"妇左右莫不私王，朝廷之臣莫不畏王，四境之内莫不有求于王"的情况，得出了"王之蔽甚矣"的结论。齐威王也是个人物，虽然《战国策》没有交代齐威王是否是个自恋者，但交代了他善于听取别人的意见。邹忌说完后，齐威王很认可（曰："善。"）并颁布了欢迎群臣百姓提意见的命令。结果是"令初下，群臣进谏，门庭若市；数月之后，时时而间进；期年之后，虽欲言，无可进者。燕、赵、韩、魏闻之，皆朝于齐"。由此可见改正自恋毛病所能产生的效果是何等巨大！

通过上述事例，对营销人员得出的最大启示，就是：保持自信，平和心态，既不自卑，也不自大，不走极端。

第二节　保持高昂的士气与斗志

英国军事学家李德·哈特曾写道："精神与士气乃战争之主宰"，"拿破仑格言的新解是：士气以三比一重于实力"、"历史曾证明，丧失希望，即使未丧失生命，战争也即可拍板定案"。让我们来看看对辽沈战役至关重要的塔山阻击战的情况。塔山不是山，只有一些小丘陵，根本无险可守，是增援锦州的国民党军队的必经之路。能否取得锦州战役的胜利，关键就看能否在塔山顶住国民党的增援部队。承担正面扼守任务的东北野战军第四纵队只有三个师，而前来进攻的国民党军队却有十一个师。武器装备悬殊，国民党军队拥有重型装备，且有飞机支援，而解放军却没有这些。结果如何呢？蒋介石对杜聿明发火说："我们的将领真无用，以三个军加上空军炮火，把塔山都打平了，都不能攻进去。"塔山阻击战进行了六天六夜，直到锦州解放，国民党军仍无法突破这道防线。原因在什么呢？在于士气和斗志。解放军士兵大多是翻身农民，有着保卫土地改革胜利果实的巨大热情，且部队在战前进行了强有力的政治动员。一说塔山阻击战意义重大，能不能全歼东北敌人，关键在于能不能打下锦州，而锦州能否攻克，关键在能不能守住塔山。这就激起了解放军官兵参与塔山阻击战的自豪感与荣誉感。二说塔山阻击战将是一场激烈残酷的争夺战，这就引起了解放军将士的重视，不至于轻敌。三说塔山阻击战必将胜利。援锦敌军表面上气势汹汹，但内部矛盾重重、指挥混乱等。这就坚定了解放军将士的信心。解放军士气正旺，而国民党的进攻部队呢？蒋介石在日记中讲到进攻塔山的部队时写道："士气消沉至此，殊为悲痛。"塔山阻击战说明了"勇气和斗志可以转化成战斗力，在一定条件下能决定战争的胜负"这个道理。

一场战役如此，整个战争亦如此。甲午战争和朝鲜战争就证明了这一点。

甲午战争时，就经济力量和军事实力来讲，中国和日本不分伯仲。经济方面，日本的重工业还比较薄弱，轻工业中也只有纺织业比较发达。钢铁、煤、铜、煤油、机器制造的产量都比中国低得多。当时日本共有工业资本7000万元，银行资本9000万元，年进口额1.7亿元，年出口额9000万元，年财政收入8000万元，这些指标除了进口量与中国相当外，其他都低于中国。军事方面，到1893年，日本拥有军舰55艘，排水量6.1万吨，与中国海军主力北洋舰队相当（中国还有广东水师、福建水师）。日本常备陆军22万人，总兵力不到中国的一半，武器装备也相差不大。黄海海战时，中日双方舰队的实力不相上下。北洋舰队的优势是铁甲舰和重炮较多，其中定远、镇远两艘主力舰无论装甲、吨位、火炮口径都是当时世界领先、远东一流的战舰。日本舰队的优势是舰速较快、机动性强。单纯从军力上看，中国舰队还略占优势。具体情况如表4-1所示。

表4-1 中日甲午战争军力比较

国别	军舰总数	鱼雷艇数	铁甲舰	半铁甲舰	重炮	轻炮	排水量
中国	14	4	6	0	21	141	3.5
日本	12	0	1	2	11	209	4.1

但甲午战争的结果却是中国战败。关于战败原因，长期以来人们认为是武器不如日本、指挥不当、炮弹不足、质量不好等。这些的确是一个重要原因，但另一重要的原因恐怕还是士气不如日本。尤其是有些将领贪生怕死，士气低落，临阵脱逃，这不但削弱了战斗力，还严重扰乱了军心。当时的英国驻华公使欧格纳给本国政府汇报时就隐晦地指出了这点。他说："中国军队虽然在数量上较日本有相当的优势，但训练方面尤其是管理方面远不及日本。无远见和缺乏军事知识的中国当局，将面临着海军舰队被彻底摧毁的危险。"事实也是如此，请看当时清朝军队的一些表现：

黄海海战中，致远、经远二舰不幸被敌军击沉后，济远（管带方伯谦）、广甲（管带吴敬荣）二舰仓皇逃窜，自动脱离战斗序列。济远舰还挂起白旗。4艘鱼雷快艇居然有3艘慑于敌威，一直躲在远处不敢参战，没有发挥任何作用。

黄海海战后，北洋舰队龟缩在威海军港，更是不敢出海寻找战机作战，完全失去应有的战略主动权。

平壤保卫战中，中方前敌主帅叶志超下令在城头竖起白旗，放弃阵地逃回中国境内，致使中国战略防线一下子退到鸭绿江北。

清政府调集三万重兵防守鸭绿江防线，但清军一如既往采取守势，不敢反攻，士气低落，防御松懈。在没有发生重大战役的情况下，该防线三天即被日军攻陷，日军未费一枪一弹占领九连城、安东县及大孤山等地。

大连湾守军、海城守军闻风而逃，旅顺口守军将领龚照玙、卫汝成、赵怀业、黄仕林等闻知金州失守后也未战先逃，使日军轻松占领战略重地大连湾、旅顺口和海城等地。

日军攻占威海卫南岸炮台后，北岸守军纷纷逃散。

刘公岛形势恶化时，鱼雷艇管带王平策划鱼雷舰队集体逃亡。

威海卫陷落后，大批护军官兵多次齐聚刘公岛海军公所门前，哀求丁汝昌给予生路。"雷艇既逃，军心更乱，纷纷直向丁统领求生路。统领恐军心有变，只得温言慰之，但告各军粮草已绝，炮弹垂尽，进无以战，退无以守。"更有部分军舰官兵自行上岸，大批陆军官兵自动离开炮台。丁汝昌数次命令将"镇远"舰炸沉以免资敌，但已无人执行他的命令，"水陆兵勇又以到期相求，进退维谷，丁汝昌几次派人将镇远用雷击沉，众水手只顾哭求，无人动手。"

如上这些将领哪还能叫将领？士兵哪还能叫士兵？军人贪生怕死，哪还能叫军人，这样的军人打胜仗那才叫怪事呢！当然，甲午战争中，也有一些将领表现了高尚的民族气节，值得后人敬仰。比如海军提督丁汝昌（无奈之下吞鸦片自尽），刘步蟾、杨用霖、张文宣（自杀身亡），"致远"舰管带邓世昌（在舰身遭到重创的情况下，下令以自杀方式撞沉日舰"吉野"但不幸遭日军群炮齐发而沉没），"超勇"号管带黄建勋（"超勇"号不幸沉没后，拒绝营救，甘愿沉海），"扬威"号管带林履中（在"扬威"号不幸搁浅的情况下，愤然投海，壮烈牺牲）等。当时的美国《纽约时报》报道："三名中国海军将领，北洋舰队司令丁汝昌将军、右翼总兵兼'定远'舰舰长刘步蟾将军和张将军，在目前的战争中表现出了比他们的同胞更加坚贞的爱国精神和更高尚的民族气节，他们值得中国的人民引为骄傲。他们是通过一种令人哀伤的、悲剧性的方式——自杀，来表现出这种可贵品质的……他们向世人展示：在四万万中国人中，至少有三个人认为世界上还有一些别的什么东西要比自己的生命更宝贵。"

如果说甲午战争是中国人心中挥之不去的伤痛，那么朝鲜战争则让中国人赢得了世界的尊重，且为中国带来了后来的和平环境。当时中国的国力，无论经济实力，还是军事实力，与美国相差很大。如表4-2所示。

表4-2 朝鲜战争开始时中美两国实力（均引用1950年当年数字）

指标	中国	美国
人口数	5.7亿	1.5亿
军队数	550万	150万
钢产量	60万吨	8785万吨
原油产量	20万吨	26000万吨
发电量	45亿度	3880亿度
军舰吨位	4万	300万
军用飞机	60架	31000架
国民收入	150亿美元	2400亿美元
人均收入	24美元	1600美元
国防开支	10亿美元	150亿美元

我们在经济、军事悬殊的基础上搏击强敌，且取得战争均势，靠的是什么？灵活的战术固然重要，但那种为了保家卫国而甘愿牺牲的

精神更为重要。我们的军队是唱着"雄赳赳，气昂昂，跨过鸭绿江，保和平，卫祖国，就是保家乡，中国好儿女，齐心团结紧，抗美援朝，打败美国野心狼"这样气壮山河的歌曲去战斗的。在朝鲜战场上，我们涌现了黄继光、邱少云这样的英勇战士。试想，面对这样的军队，这样的战士，哪个敌人能不胆战心寒。而当时，美国军队的士气却不怎么高。"二战"结束时，美国很多海外驻军就曾举行过游行示威要求尽快退伍回国的事，试想，这样的军队，这样的士兵，在残酷的战斗中哪里还能保持坚强的斗志呢。

战役，乃至战争，很大程度上靠的是军队的士气。营销人员做营销也要有一股气——还没去营销，就想着营销不成功，那怎么能营销成功呢。在营销工作中，保险行业的营销是做得最成功的——保险行业营销成功的重要原因无疑就是营销人员的那种工作激情。

第三节　了解客户细微之处

只有了解了客户的喜好、需求、品行、财务、治理结构等情况，营销人员才能有的放矢，才能提出符合客户需要的服务方案。庖丁给梁惠王宰牛，能够做到"手之所触，肩之所倚，足之所履，膝之所踦，砉然响然，奏刀騞然，莫不中音。合于《桑林》之舞，乃中《经首》之会。"以至于梁惠王赞叹说："嘻，善哉！"一个普通的厨师宰牛能做到如此出神入化，其道理在于"臣之所好者，道也，进乎技矣。"庖丁向梁惠王解释了自己是如何做到这一步的："始臣之解牛之时，所见无非牛者。三年之后，未尝见全牛也。方今之时，臣以神遇而不以目视，官知止而神欲行。依乎天理，批大郤，导大窾，因其固然，技经肯綮之未尝，而况大軱乎！"可见，庖丁一开始也不是很熟悉如何宰牛。只不过他善于总结，能够从宰牛的实践中总结出牛的自然构造并根据牛的自然构造来因势利导，所以，"今臣之刀十九年矣，所解数千牛矣，而刀刃若新发于硎。"而那些不了解并利用牛的自然构造来宰牛的厨师，不是一年换一把刀，就是一月换一把刀。庖丁宰牛已做到这么高的水准，是否就洋洋自得了呢？他没有："虽然，每至于族，吾见其难为，怵然为戒，视为止，行为迟。动刀甚微，謋然已解，如土委地。"可见，庖丁仍然像刚开始宰牛时那样谨小慎微，非常重视自己每一次的宰牛工作，做到每次都能成功。柳宗元在传记性散文《种树郭橐驼传》中也塑造了一个类似庖丁的人物———一个没留下姓名、驼背的人。这个人树种得非常好，"凡长安豪富人为观游及卖果者，皆争迎取养。视驼所种树，或移徙，无不活，且硕茂，早实以蕃。他植者虽窥伺效慕，莫能如也。"这个人为什么能如此善于种树呢？"橐驼非能使木寿且孳也，能顺木之天，以致其性焉尔。凡植木之性，其本欲舒，其培欲平，其土欲故，其筑欲密。既然已，勿动勿虑，去不复顾。其莳也若子，其置也若弃，则其天者全而其性得矣。故吾不害其长而已，非有能硕茂之也；不抑耗其实而已，非有能早而蕃之也。他植者则不然，根拳而土易，其培之也，若不过焉则不及。苟有能反是者，则又爱之太恩，忧之太勤，旦视而暮抚，已去而复顾，甚者爪其肤以验其生枯，摇其本以观其疏密，而木之性日以离矣。虽曰爱之，其实害之；虽曰忧之，其实仇之，故不我若也。吾又何能为哉！"一句话，就是郭橐驼善于根据每种树的本性（特点）进行种植，而要能如此种植树木，前提当然是要能够发现每种树的本性。

梁惠王从庖丁的对答中，悟出了养生的道理（文惠君曰："善哉，吾闻庖丁之言，得养生焉。"），柳宗元从郭橐驼的种树中悟出做官的道理（"嘻，不亦善夫！吾问养树，得养人术。"传其事以为官戒）。

我们也能从中悟出营销的道理。一是对客户的内部情况要尽可能了解透彻，要全面把握、了解客户。那些不称职的厨师在不长的时间内就要换把新刀，吃不透客户需求等基本情况的营销人员换的就不是刀了，而很可能是新的工作。这也是"知己知彼，百战不殆"所表示的意思。二是即使对熟悉的老客户也不能掉以轻心，不要以为自己已完全掌握这个客户了。拜访老客户前，还要做些基础工作，如最近客户有无新的变化、有无新的需求等，要像拜访新客户那样精心准备。

第四节　善于总结客户的运作规律

仅仅发现客户某些具体特点还不够，还应该再提升一个层次，即要从众多具体特点中总结出带有一般规律性的东西，并用这种规律性的东西去指导更多的具体工作。长勺之战是公元前684年鲁国与齐国之间发生的一场战争，是我国古代战争中的著名案例。在这场战争中，小国、弱国（鲁国）打败了大国、强国（齐国），原因即在于鲁国（曹刿）认清了战争的规律并按照这一规律来进行战争。《左传》中的"曹刿论战"对这段史实进行了描述。曹刿从自身实践中总结出战争的基本规律："夫战，勇气也。一鼓作气，再而衰，三而竭。"并在战争实践中进行了贯彻。当战争开始时，因为此时敌军锐气正盛，"公将鼓之。刿曰：'未可'。"当"齐人三鼓"后，"刿曰：'可矣'。"这是因为此时已经"彼竭我盈"。当"齐师败绩，公将驰之"时，曹刿因为"夫大国，难测也，惧有伏焉"，故"下视其辙，登轼而望之"，"吾视其辙乱，望其旗靡"，才同意鲁庄公"逐齐师"。军事家、政治家会从这段史实中得出"只有取信于民和运用正确的战略战术，把握好作战时机，才能取得战争胜利"的道理。作为营销人员则可从另一个角度来解剖这段史实。战争的规律被曹刿总结出来（当然他总结的仅仅是战争规律中的一种，战争规律有很多），客户的运行规律是否也应被营销人员总结出来呢？当然应该如此，营销人员当然应该做个有心人，善于在营销实践中对客户的运行规律进行总结，并根据这些规律，更好地把握客户、认识客户，从而增加营销成功的把握。

如何总结出规律呢？基本的方法是归纳法，即从众多的现象、表象、事件中归纳出一般的特征、规律来。这就需要不被具体现象所迷惑。在《列子·汤问》记载的"两小儿辩日"故事中，一个小孩根据"远者小近者大"的常识得出"日始出时去人近，而日中时远"的结论,另一个小孩则根据"近者热而远者凉"的常识得出"日初出远,而日中时近"的结论。两个孩子显然被表象所迷惑而无法得出正确的结论。那么如何不被表象所迷惑呢?"得其精而忘其粗,在其内而忘其外。见其所见,不见其所不见;视其所视,而遗其所不视。"也就是说,要忽视表象而关注其精神,忽视其形体而关注其内在,不去看无须看的,不去观察不必观察的。此外,营销人员还应善于从蛛丝马迹、个别事例中引申出带有一般规律性的东西出来。因为"察己则可以知人,察今则可以知古。古今一也,人与我同耳。有道之士,贵以近知远,以今知古,以所见知所不见。故审堂下之阴,而知日月之行,阴阳之变;见瓶水之冰,而知天下之寒,鱼鳖之藏也。尝一脟肉,而知一镬之味,一鼎之调"。这种历史的经验,我们是应该继承下来的。

第五节　重视与客户的谈话

要能与客户谈得来，最好能通过自己的话给客户以启迪。

人与人之间的谈话有三种状态：一是向别人训话。在这种状态下，自己懂得比对方多，或自己处于优势位置。二是听别人讲话。在这种状态下，自己知道得少，或自己地位不如对方。三是与别人平等对话。在这种状态下，双方知识面旗鼓相当，或地位相对平等。作为营销人员，最起码也要做到能和客户"对话"。如果知道得比客户多，能向客户"训话"，那就更理想了。但要做到这点是非常难的，但也不是不可能的。由于客户天南地北，各行各业，什么样的人都有：有的喜欢文学，有的爱好天文，有的对历史感兴趣，有的却特别对八卦新闻情有独钟。"水之积也不厚，则负大舟也无力"、"风之积也不厚，则其负大翼也无力。"所以，水多了，大船就可畅行，风大了，大翅膀也可飞起。作为营销人员，如果涉猎的面不够宽，那是应付不了各式各样的客户的。所以，对营销人员来讲，要储备足够多的知识，知识面也要足够宽，这样才能适应与客户交流的需要。记得我刚博士毕业参加银行工作时，有天晚上跟随领导去参加一个客户宴请，当然是希望这个客户能把存款什么的业务交给我们银行做。由于我不是学银行出身的，故临出发前把银行知识猛补了一下。但我们在饭店见面后，刚补的银行知识根本用不上。因为那时自己尚不懂得客户是不会在饭桌上向你了解银行产品的。当时，我想自己既然参加了这个宴会，就要发挥作用。通过交换名片，我知道这个客户是某个国家级医药公司的总会计师。通过观察，我发现这个总会计师有个特点：喜欢回顾自己的青春年华——动不动就说我年轻的时候。这个人年轻时是"文化大革命"中的红卫兵，后来参加"上山下乡"运动，在农村过了几年苦日子，后来参加高考上了大学，大学毕业后分到这家医药公司，从普通会计做到总会计师的位置。了解到这些情况后，我就与他交谈起红卫兵、"上山下乡"、"文化大革命"、高考等话题。在交谈中，我当然不会他说什么就同意什么，因为这样会让对方小瞧自己。但又不能处处不同意他的谈话，因为这样他就会觉得自己很难堪。我的策略是，基本同意他的看法，并对他有如此深刻的看法而表示佩服。但也"顺理成章"地提出一些"补充意见"，借机把自己的认识告诉他，让他知道与他谈话的人也不是"吃素"的。比如，当谈到"上山下乡"时，他开始追忆自己的似水年华，觉得自己的青春岁月献给了"革命事业"。我对他的这番表白，表示充分认可，说他们那代人的确是激情燃烧，很了不起，很多时下的著名人士均有"上山下乡"这段难忘的经历。听到这里，这位"成功人士"当然很受用。我接着就谈到当时国家推动"上山下乡"运动的背景：要避免你们这些精力充沛的红卫兵小将在缺少就业机会的城市里惹是生非，赶到乡下去接受"贫下中农再教育"也是一个不错的选择。成千上万红卫兵分散到农村去，可暂时缓解城市中的就业压力，"上山下乡"的这一"功用"是这位总会计师所未曾认识到的。他马上就把我看作是一个可以谈天说地的人，我对于其他的话题也能恰到好处地发表自己的见解。可以说，那天晚上的交流让对方相当尽兴。客户心情大悦，听说第二天就把一些存款放在了我们银行。那天晚上的交流当然不会有让对方转移存款那么大的作用，但良好的谈话效果肯定也对那个总会计师增加在我们银行的存款起到一点促进作用。从那之后，我也明白了一个道理：银行营销在很多时候并不是营销产品，而是营销客户对你的感受。作诗的功夫往往在诗外，营销的功夫也往往在别的方面，有时甚至不用提自己将要营销的产品，对方实际上就已经决定是否购买你的产品了。

营销人员需要知识积累，而知识积累是个长时间的活儿，不是一朝一夕就可完成的。"一丝而累，以至于寸；累寸不已，遂成丈匹。"——从蚕茧到织成布匹，是要经过一步步的努力才能完成的。"业精于勤，荒于嬉；行成于思，毁于随。"——积累知识过程中还真的无法偷懒。我们从荀子的如下教诲中可领悟到拓宽自己知识面的要领："学不可以已。……故不登高山，不知天之高也；不临深溪，不知地之厚也；不闻先王之遗言，不知学问之大也。……积土成山，风雨兴焉；积水成渊，蛟龙生焉；积善成德，而神明自得，圣心备焉。故不积跬步，无以至千里；不积小流，无以成江海。骐骥一跃，不能十步；驽马十驾，功在不舍。锲而舍之，朽木不折；锲而不舍，金石可镂。螾无爪牙之利，筋骨之强，上食埃土，下饮黄泉，用心一也。蟹六跪而二螯，非蛇鳝之穴，无可寄托者，用心躁也。"在这段话中，荀子实际上只表达了三层意思：一是从时间上，要持之以恒，永不满足；二是从态度上，要用心专一，不可"三天打鱼，两天晒网"；三是从技巧上，要日积月累，不要老想着"一口就能吃成胖子"。

第六节 考虑客户的感受与需求

大家都很熟悉"扁鹊见蔡桓公"的故事。扁鹊数次指出蔡桓公生病了，但蔡桓公骄横自负、讳疾忌医，就是不肯承认自己有病，结果耽搁了诊治而死亡。这个故事寓意每个人都要正视自己的缺点与错误，要防微杜渐，及时改正、调整、修正自己，不能拒绝别人的批评与帮助。我想上述结论是每个读过这个故事的人都会体会到的。但换个角度得出的结论，恐怕就不是人人都能体会到了。"扁鹊见蔡桓公，立有间。扁鹊曰：'君有疾在腠理，不治将恐深。'"扁鹊站了一会儿，就能指出蔡桓公的病情，这固然说明扁鹊医术的高超，但我们是不是可以说扁鹊是个不太懂得病人心理的医生呢？扁鹊没有考虑病人的感受就直接指出了病人的病情。如果病人是我们自己，有个人在我们面前站了一会儿，就说我们有病，恐怕也会被我们骂走吧？扁鹊吃了一次亏，仍不思悔改。过了十天，扁鹊又见到蔡桓公，又是劈头就说："君之病在肌肤，不治将益深。"这次蔡桓公仍否认自己有病。我们常说"再一再二不能再三"，也就是说不能老犯同样的错误。可扁鹊又过了十天第三次见到蔡桓公时，又是上来就说："君之病在肠胃，不治将益深。"也真是赶巧了，扁鹊遇到的蔡桓公是个倔驴，连续三次都否认自己有病，他怎么就不想想一代名医扁鹊为何会连续说自己有病呢？实际上，扁鹊同蔡桓公一样也是个倔驴，第一次劝说病人不见成效，怎么就不检讨自己而换个说话的方式呢。这就像现在面对一个癌症病人，作为医生恐怕不能直接告诉这个病人"你得癌症了"，因为你这样说了，病人本来可再活半年的，恐怕连一个月也活不成了——吓也把自己吓坏了。所以说，告诉病人真实病情时，一定要考虑病人的心理。同样，面对自己的客户，营销人员也要考虑客户的心理，要考虑怎样才能让客户接受你要告诉他的话语。也就是说，要站在客户的角度思考即将向客户提供的建议。

在如何向对方提建议这方面，《战国策·赵策》记载的"触龙说赵太后"的故事就很有启发性。战国时期，赵国的赵惠文王死后，因其子孝成王年幼，故由其母威后即赵太后执政。赵太后执政不久，秦国就来侵犯。赵国向齐国求救，没想到齐国是个不见兔子不撒鹰的主——齐国让赵国把长安君送来做人质才能出兵。长安君是太后最小的儿子，太后当然舍不得，但不把儿子送给齐国作为人质，齐国就不会出兵，而赵国自己又打不过秦国，那就只好吃败仗了。大概是怕赵国吃败仗后，自家权势也不保的缘故吧，众大臣纷纷"强谏"赵太后，希望太后把自己的儿子长安君送到齐国当人质。"强谏"就是霸王硬上弓的意思，也就是说"太后啊，快把你儿子送给齐国做人质吧"。这样的"强谏"当然会引起太后的极大反感。即使本来有心想让自己的孩子去做人质，但看到这帮群臣"只管自家利益，不问太后感受"的丑态，恐怕太后也会不愿意了。果然"太后明谓左右：'有复言令长安君为质者，老妇必唾其面'"。话虽然说得像个没水平的农村老太太，但把赵太后生气时的神态惟妙惟肖地表现出来了。这时，触龙出场了。他没有"强谏"，而是分三步把赵太后搞定了。

第一步，拉家常式地关心赵太后的身体。先说什么"老臣病足，曾不能疾走，不得见久矣"。由此想到"恐太后玉体之有所郄也，故愿望见太后"。并问太后饮食情况："日食饮得无衰乎？"以自己的亲身做法劝告太后"自强步，日三四里，少益耆食"，这样"和于身"。——对身体健康是大有帮助的。别人来关心自己的身体，总不能抬手打笑面人吧，这也显得自己太不懂事了。果然，太后由触龙一开始见面时的"盛气而揖之"变得"太后之色少解"。表面上看，触龙没有谈拿长安君做人质的事，但已为说这事奠定了较好的谈话氛围。试想，如果仍是一个不好的谈话氛围，触龙上来就谈人质的事，恐怕真会被赵太后"唾其面"吧。

第二步，依然以自己的身边事来打动赵太后，即从父母都爱自己的孩子这一情感出发引发赵太后的共鸣。触龙先说自己十五岁的小儿子舒祺不成器，而自己又老了，希望给他在皇宫中谋个差事，这样自己死后才能瞑目。看到触龙这么为自己的小儿子着想，赵太后恐怕心中已有共鸣了。果然，她发出疑问："丈夫亦爱怜其少子乎？"触龙看话题已转到孩子身上了，就欣然回答道"甚于妇人"。太后喜爱自己的孩子，当然不肯输给男人，因此"笑曰：'妇人异甚'"。一个不知已上了触龙圈套的老太太的形象活脱脱跃然纸上。既然话题唠到孩子身上了，那谈到人质的事也就水到渠成了。

  第三步，从怎样才是真正爱孩子的角度劝说赵太后同意拿长安君做人质。触龙首先提出爱孩子的标准是："父母之爱子，则为之计深远。"并以赵太后送女儿奔赴燕国做皇后为例："已行，非弗思也，祭祀必祝之，祝曰：'必勿使反。'岂非计久长，有子孙相继为王也哉？"太后你想自己的女儿，但不希望她回到赵国，因为回赵国就等于被燕国给"休"了，那是很没面子的事情啊。只有她不回赵国，她的子孙才能相继为王啊！接着，触龙又进一步阐述自己的看法：爱孩子就要增加孩子的"阅历"、"资本"。如果不"令有功于国"，仅仅"封之以膏腴之地，多予之重器"，那不是爱他而是害他呀！那些"位尊而无功，奉厚而无劳，而挟重器"的人，会"近者祸及身，远者及其子孙"啊！这是被历史已经证明了的。如果不趁长安君年轻时把他送出去磨炼磨炼，那你老人家"一旦山陵崩"，"长安君何以自托于赵？"这就点明了把孩子留在自己身边并不是真正爱孩子，让孩子在自己死后能够依旧风光下去才是真正爱孩子。如此循循善诱，赵太后最终接纳了触龙的观点："诺，恣君之所使之。"人质到了齐国，"齐兵乃出"。

  触龙并未一上来就劝说赵太后同意长安君做人质，因为他知道这样做会像其他大臣一样吃闭门羹。触龙根据父母爱孩子这一人间常理，从缓和太后的情绪，引发太后的共鸣入手，进而让太后接受自己的观点，可以说是劝说别人接受自己观点的高手。

  如果说触龙劝说赵太后取得成功主要是考虑了赵太后内心感受了的话，那么下面所说的商鞅劝说秦孝公取得成功则主要是把握了秦孝公的真实需求。

商鞅希望成为秦孝公的重臣，进而能一展抱负。第一次见秦孝公的时候，商鞅大谈古时先帝之德，说君王要与民共苦、与民同乐，这样才能用自己的实际行动感动臣民，才能让自己的统治更加长久。秦孝公听了一会儿就开始昏昏欲睡了。这种纸上谈兵的做法，让秦孝公非常不满意。过了几天，商鞅又来拜见秦孝公。这次，商鞅把自己以前的想法全都进行了修正。不料又失败了，秦孝公还是不满意。几天后，商鞅又来拜见秦孝公。有了前两次的交谈基础，商鞅渐渐揣摩到秦孝公的心思，抓住了关键性问题。这次，商鞅和秦孝公谈了春秋五霸用武力强国的过程，并在谈话过程中，时刻仔细观察秦孝公的表情变化，从而确认秦孝公已经有采纳其建议的意思了。商鞅决定趁热打铁，与秦孝公再谈一次。此次交谈让秦孝公听得入了迷，忍不住要把座位向前移动。而且一谈就是几天，秦孝公还觉得听不够。商鞅是如何做到这点的呢？怎么没过几天，秦孝公对商鞅的态度就有了这么大的改变？关键在于商鞅通过前几次交谈，逐渐把握了秦孝公的心思："我向大王讲述尧舜禹汤的为帝之道，国君说这些太久远了，他等不及了。于是，我就向国君讲富国强兵之道，我观察到国君的言行举止开始发生了变化。直到最后听完非常高兴，我的建议就被他采纳了。"商鞅由秦孝公不怎么理睬自己到秦孝公热衷于听自己演说的过程，像不像我们营销客户的过程呢？我看非常像。商鞅之所以成功，采取的是攻心战术；营销人员要营销成功，也要攻客户的"心"。

第七节　赞美客户要讲艺术

你如果能恰如其分、有艺术地而不是一味地拍马屁或"捧杀"别人，别人会发自内心地高兴，也会真心地认可你。很多营销人员不懂得这个道理，只会违心地说奉承话，把客户吹捧上了天，且语言肉麻，毫无技术含量。除非那些脑袋进水的客户会认真对待你的吹捧，那些有水平、有内涵的客户只会把你的吹捧话当作耳旁风，且会从心中瞧不起你。

据说，有一个瞎了一只眼、瘸了一条腿的国王，想让画家来为他画像。请来的第一个画家将国王眼瞎、腿瘸的情形，实实在在地画了出来。国王一看画像，大怒，称自己作为一国之君，绝不是这等残疾的样子。他命令将画家立即斩首。为国王画像的第二个画家，知道第一个画家被斩首的原因，于是，他将国王画成一个眼没瞎、腿没瘸的国王。国王看过画像之后也大怒，认为自己并没有画中那么完美，这是在愚弄国王，遂下令将第二个画家也斩首了。请来为国王画像的第三位画家，画的国王的像是这样的：一只脚站立，另一只脚自然抬起，搭在一个物体上；一只眼紧闭，另一只眼在瞄准。原来画中的国王在弯弓搭箭，准备劲射。国王看到画像后，龙心大悦，重重奖赏了这位画家。这个画家既未违背国王眼瞎腿瘸的事实，又未仅刻板地画出这种实际情况，而是根据国王的真实情况，选择了一个恰当的视角，加以艺术性地创造加工，从而获得了国王的赞美。

与第三位画家一样，营销人员赞美客户时，也不能毫无根据地一味吹捧，而必须以事实为基础，适当"拔高"，关键在于角度新颖、视角独特，且语言有亲和力、穿透力。比如，当你去拜见一家大型石油公司的老板时，你再说些久仰大名的吹捧话又有什么意义呢？这样大型石油公司在国家那里都挂上了号，吹捧话听得多得都麻木了，只会像接待一个普通客户那样接待你，甚至你一出门这个公司的老总连你的名字都忘记了。假设你换个角度、换种语言，把你想吹捧他的话说出来，情况可能就不一样了。你可以这样说："我今天来拜访你，不是作为银行的营销总监来的，而是作为一个驾龄达二十多年的司机的身份来的。中国，甚至世界很多国家的汽车用的都是你所掌舵的公司的油。驾驶员想见你，就像穆斯林都想去麦加朝圣一样，你的公司就是所有驾驶员的麦加。我今天朝圣的梦成真了，比其他驾驶员都幸运。"这样的吹捧无疑比原来简单的吹捧要高明一些，客户也可能因此而眼前一亮。

第八节 关注客户的真实用意

元末明初的大才子、大名士刘基写过一篇寓言体散文《卖柑者言》。时至当代，著名经济学家张五常还借用这篇散文的题目出版过专著《卖橘者言》和《新卖橘者言》。刘基的这篇散文寓意深刻，社会批判意识浓厚，想必学过经济学的人都知晓。不过，我关注此文，不是关注它的社会意义和批判精神，而是关注它对于营销学及营销工作的启示。

刘基在文章一开始就指出，杭州有个卖果子的人，擅长储藏柑子。他储藏的柑子历经寒冬酷暑不会溃烂，"出之烨然，玉质而金色。"这样的果子拿到集市上去卖，当然会"贾十倍，人争鬻之"。刘基也从这个人那里买了一个果子，"剖之，如有烟扑口鼻，视其中，则干若败絮。"外表这么好的一个果子，剖开后却"败絮"得不成样子。看到此种情况，"予怪而问之曰：'若所市于人者，将以实笾豆，奉祭祀，供宾客乎？将炫外以惑愚瞽也？甚矣哉，为欺也！'"刘基看到柑子"金玉其外，败絮其中"的样子，立刻责怪这个卖柑者，显然他觉得自己有道理，也没有想到卖柑者还有他自己的道理。没想到，"予"的短短的一句责怪，引来了卖柑者的一通长篇大论。总的意思是，我依靠卖这样的柑子来养家糊口已有很多年了，别人都没提什么意见，只有你吃饱撑得来说三道四，那些"佩虎符、坐皋比者"、"峨大冠、拖长绅者"，哪个不像这些柑子呀。"今子是之不察，而以察吾柑！"面对这样的诘问，"予默默无以应。""予"是被朱元璋多次称为"吾之子房也"，并且在文学史上与宋濂、高启被并称为"明初诗文三大家"的刘基，就这样一个"大家"怎么还能被一个卖柑者数落得"默默无以应"呢？我想，关键就是"予"没有意识到卖柑者卖柑的本意并不是卖柑子，而是借卖柑子表达对社会，对那些"佩虎符、坐皋比者"、"峨大冠、拖长绅者"的不满。"予"仅从卖柑者卖那些"金玉其外,败絮其中"的柑子这一表面现象就诘问卖柑者,当然会"自讨没趣"。我们如果能从客户的表面行为、表面态度中去揣摩客户的真实用意,并根据这个"真实用意"去有针对性地展开对话,结果恐怕就不会是"默默无以应",而会是相谈甚欢了。

第九节　对客户的发问做有技巧的回应

在营销过程中，营销人员常常面临着一些客户已经提出而自己暂时又无法回答的问题。比如，客户要求贷款利率下调30%，但自己又没有这么大的权限。又如，自己压根就不想满足客户的实质性要求。遇到此种情况，该怎么办？

我们来看看毛泽东对柳亚子所提要求的回应。柳亚子是国民党老党员，在国民党与共产党相争中，他总是坚定地站在共产党一边。柳亚子本质上是一个文弱书生，其自视甚高，很"狂"，觉得自己有经天纬地之才。其实，他在政治上是极其幼稚的。所以，当他起身前往北平准备参加新政府时，对自己在新政府中的地位是怀着很高的期待的。但是，他实际得到的和期望得到的，差距很大。同住在六国饭店的一些柳亚子平素看不上的人，陆续被毛泽东接见。像黄炎培这样的民主人士，还配有专车，而柳亚子却不属于"有车族"，连去民盟开会都要不到车。新成立的全国文联，在七人组成的常务委员会中，也无自己的位置。如此种种，使柳亚子觉得自己不仅政治上被冷落，文艺上也"怀才不遇"，因而很快产生了强烈的不满。并且，柳亚子不像其他人把不满藏在心里，以他的"狂狷"性格，他很快就把自己的牢骚以给毛泽东写诗的方式倾泻出来："开天辟地君真健，说项依刘我大雄。夺席谈经非五鹿，无车弹铗怨冯驩。头颅早悔平生贱，肝胆宁存一寸丹！安得南征驰捷报，分湖便是子陵滩"（《感事呈毛主席一首》）。

柳亚子的这首诗除第一句称颂毛泽东的伟业外，通篇都是在发牢骚。总的意思是，我长期拥护共产党，且自己拥有真才实学，却不被重用，待遇也不好。过去为了共产党的事业而抛头颅，洒热血，现在想来真有些后悔。等到解放军占领了我的家乡，我就会回到那里去隐居。——这就等于说，我现在非常不满，如果不能满足我的要求，我就撂挑子走人。柳亚子有什么职位上的要求呢？"欲借头衔荣父老，今宵归梦落吴江"，也就是让毛泽东帮他实现荣归故里的愿望。荣归故里并不是风光地回家看一看，而是像他自提的"吴江一品大臣柳亚子"一样，要做江苏的"封疆大吏"。当时，毛泽东正忙着新政权的建设事宜，是很需要柳亚子这样的著名民主人士合作的。如果柳亚子真的一甩袖子走了或者闹出什么不利于新政府的事，那负面影响也是蛮大的。在毛泽东看来，这样的事情当然不能发生，但柳亚子这样的人，无疑又不堪大用，当然也就不可能让他当江苏省委书记或江苏省长。既不能满足柳亚子的实质性要求，又要稳住柳亚子，让他继续为新政权的建立和巩固发挥作用，这应该是毛泽东的基本策略。毛泽东是如何具体应对柳亚子的呢？毛泽东采取了一系列措施。首先，你不是觉得自己有文采吗，你不是给我写了首诗吗？那我就回你一首："饮茶粤海未能忘，索句渝州叶正黄。三十一年还旧国，落花时节读华章。牢骚太盛防肠断，风物长宜放眼量。莫道昆明池水浅，观鱼胜过富春江"（《七律·和柳亚子先生》）。

毛主席没有硬邦邦地把柳亚子的要求顶回去，因为那样柳亚子会很没面子，说不定真的会拂袖而去。毛主席先从回忆交情开始，并称赞柳亚子的诗是"华章"。对文人来讲，赞美他诗文写得好比赞美他长得英俊更会令他受用。然后，毛泽东对柳亚子的"归隐"牢骚进行了劝解。要知道在毛泽东一生中，能得到毛泽东写诗唱和的人只有三个啊（郭沫若、周士钊、柳亚子）。能得到毛泽东的和诗，本身就是巨大的荣耀啊。所以，通过和诗的方式让柳亚子得到了安慰。

光通过写诗唱和来安慰一下当然不够，因为柳亚子毕竟有自己的"要求"。毛泽东接下来，让柳亚子从众人集中居住的六国饭店搬进风景如画、条件较好的颐和园。并且在1949年5月1日这天携夫人和女儿，以私人名义，来颐和园看望柳亚子，并花半天时间陪柳亚子散步、聊天、划船。这对当时万事在身的毛泽东来讲是相当不容易的。同时，1949年5月5日这天派车接柳亚子上香山碧云寺拜孙中山灵堂和衣冠冢（柳亚子作为国民党元老，此行统战意义重大）。且于1949年5月5日中午在家设宴款待柳亚子。通过上述一系列活动，使得柳亚子的心由冷转热，由冬返春。当然，毛泽东对柳亚子"官居一品"的要求最后也未答应，只在中央人民政府56名委员中给他留了一个名额。

通过毛泽东应对柳亚子的故事，我们知道对不能满足的要求要采取迂回路线，不能直接驳回，要让客户在其他方面得到补偿。假如客户咨询某个专业性极强的问题，而自己的知识储备还不足以回答这个问题。换句话讲，对自己把握不准的事情该如何处理呢？基本原则是不要轻易作答。

鲁迅有篇文章叫《立论》。该篇通过对话的形式刻画了一个滑头式的人物。虽然鲁迅是对这样的人怀有深刻的厌恶感的，但我们仍然可从中悟到一些对我们营销人员有参考意义的东西。该篇文章篇幅不长，特转引如下：

立　论

我梦见自己正在小学校的讲堂上预备作文，向老师请教立论的方法。

"难！"老师从眼镜圈外斜射出眼光来，看着我，说，"我告诉你一件事——

一家人家生了一个男孩，合家高兴透顶了。满月的时候，抱出来给客人看，——大概自然是想得一点好兆头。

一个说：'这孩子将来要发财的。'他于是得到一番感谢。

一个说：'这孩子将来要做官的。'他于是收回几句恭维。

一个说：'这孩子将来是要死的。'他于是得到一顿大家合力的痛打。

"说要死的必然，说富贵的说谎。但说谎的得好报，说必然的遭打。你……"

"我愿意既不谎人，也不遭打。那么，老师，我得怎么说呢？"

"那么，你得说：'啊呀！这孩子呵！您瞧！多么……阿唷！哈哈！呵呵！'"

第十节　体现自己的修养

随着社会文明程度的提高，个人的修养也越来越高。营销人员要经常与高素质的人打交道，因此也需要提高自己的素质。素质低的营销人员只会得到客户的瞧不起。素质高不高，不是靠自我吹嘘就能成的。只有客户感受到你素质高，你才是真正的素质高。而客户的感受是通过营销人员的很多细节得来的。我们都很熟悉朱自清的散文《背影》。在这篇文章中，朱自清写道："我再向外看时，他已抱了朱红的橘子往回走了。过铁道时，他先将橘子散放在地上，自己慢慢爬下，再抱起橘子走。——我北来后，他写了一信给我，信中说道：'我身体平安，唯膀子疼痛厉害，举箸提笔，诸多不便，大约大去之期不远矣。'我读到此处，在晶莹的泪光中，又看见那肥胖的、青布棉袍黑布马褂的背影。唉！我不知何时再能与他相见！"

《背影》这篇散文之所以成为传颂名篇，关键是通过对父亲背影的描写，刻画了父亲对儿子的关心。这种感人的力量，到今天也不曾有丝毫衰减。如果营销人员能从这篇文章中意识到背影力量的伟大，那再离开客户的办公室时，是否也应该给客户留一个难忘的背影呢？

修养体现在很多细节上。比如，接听客户电话时，要仔细、态度好；拜访客户时，要带上笔记本，以便记录客户的重要谈话（这样一来，客户也感到受尊重）；听客户谈话时，要认真倾听，保持面部微笑，不要乱插话；不能顶撞客户，不要轻易许诺或拒绝；不能目空无人，无论什么时候都应谦虚谨慎；不能向客户提出客户回答不了的问题；不能在客户面前与同事争辩；拜访客户时要带上宣传资料；请客户吃饭一定要带够钱或信用卡有足够额度；经常问候客户；说话不能伤客户面子；在客户办公室里，如果客户不抽烟，自己也就不要抽烟；进客户办公室时，要先敲门；不要在客户楼道里大声说话；对客户的话语要有恰当的回应；要热情、向上；遇到客户身体不舒服或身体生病时，要给予恰当地关心。特别需要提出的是，离开客户办公室时要轻轻带上门。很多营销人员前面各项做得都很好，但临走时的一不小心可能会丢掉前面所有的努力成果，比如没和客户热情地告别，或把门"砰"的一声带上，如此等等。

营销人员要多考虑营销活动中的细微之处：采取什么方式向客户提交服务方案才能有成效？在什么档次、什么地方的餐馆宴请客户？餐馆外面有无足够的停车位？今天晚上怎样点菜才更能符合客户的胃口？采取什么样的行车路线才能让领导在最短的时间及时到达签协议会场？签协议现场的位次摆放是否合理？等等。借用革命前辈"外交无小事"这句话，营销人员在营销客户上也无"小事"：细节最能体现一个人的素养，"细节决定成败"。

在需要关注的众多细节中，哪些围绕人性的细节更需要关注。换句话说，那些体现了人性特色的细节最能打动客户。反之，如果营销人员不重视这些细节，很容易使客户不满意，进而导致营销不成功。为了不至于让细节影响到营销活动，营销人员应经常在内心思考，像过电影一样把所有想到的细节"过"一遍。可经常请同事帮忙，一同查找是否存在遗漏。

修养是一门很深的学问，需要我们经常通过学习来提升。以握手为例。握手，是人们见面表示友好的最常见动作之一。可是，英国的一项调查发现，超过70%的人表示自己在握手的时候存在一些问题和困惑。不少人在握手的时候存在一些坏习惯，如手心出汗、手腕无力、握得太紧、缺少眼神接触等。还有一些人表示自己不知道伸手的最佳时机和持续时间；另有一些人反映自己和他人握手时缺乏信心。为此，英国曼彻斯特大学心理学教授杰佛里·贝蒂等人总结出一个"完美握手动作公式"，具体要领是：不分男女，首先伸出右手，完整地握住对方的手，同时配合坚定且有一定力度地挤压，但不可太用力；其次，要确保手掌干燥凉爽，以中等速度均匀摇动约3下，时间不超过3秒；最后，在握手的过程中必须要有眼神交流，面露微笑，搭配贴切的称谓打声招呼。此外，另有一些细节值得我们注意：客人准备告辞时，主人不宜主动握手，这时的握手有逐客之嫌；男士不宜双手握住女性的手，时间不能过长，以免给对方留下轻浮、占便宜的感觉；看望老人时，握手用力要轻，但时间可以延长一些，让他们感到更多的关爱；身强力壮的男士之间握手可以适当加些力度，摇动幅度也可以加大，展现阳刚之气。你看，一个完美的握手就有如此多的学问，作为营销人员，提升修养的空间有多么大啊！

第十一节 妥善处理与客户的关系

营销工作的目的就是培育一种与客户的良好关系，并从良好关系中获得相应的财务效益。据《明史·海瑞传》记载，"瑞抚吴甫半岁。小民闻当去，号泣载道，家绘象祀之"、"卒时，佥都御史王用汲入视，葛帏敝籯，有寒士所不堪者。因泣下，醵金为敛。小民罢市。丧出江上，白衣冠送者夹岸，酹而哭者百里不绝。"可见海瑞受百姓爱戴之深，由此也可想见，海瑞与老百姓的关系是很融洽的。海瑞是如何做到这一点的呢？"瑞锐意兴革，请浚吴淞、白茆，通流入海，民赖其利。素疾大户兼并，力摧豪强，抚穷弱。贫民田入于富室者，率夺还之。"也就是说，海瑞是实实在在给百姓办事，且给老百姓带来了切切实实的好处。这就像我们如果能够给客户带来实实在在的利益，就可获得客户的认可乃至拥护一样。

海瑞与百姓关系融洽，但与上司、同僚之间的关系处得却不怎么样。《明史·海瑞传》记载了海瑞这么几件事。第一件事是，"御史诣学宫，属吏咸伏谒，瑞独长揖，曰：台谒当以属礼，此堂，师长教士地，不当屈。"——领导来视察，别人都下跪，唯独海瑞不下跪。领导肯定心里不舒服，责怪海瑞轻视自己；同僚心里也不会舒服，因为这样显得大家都没海瑞有骨气。通过这件事，海瑞得罪了上司和同僚。第二件事是，"宗宪子过淳安，怒驿吏，倒悬之。瑞曰：'曩胡公按部，令所过无供张。今其行装盛，必非胡公子'。发橐金数千，纳之库，驰告宗宪，宗宪无以罪。"这一回得罪的上司的官更大：不光羞辱了人家的公子，而且剥夺了人家的钱财。第三件事是，"都御史鄢懋卿行部过，供具甚薄，抗言邑小不足容车马。"海瑞这样做，领导当然很不高兴，"懋卿恚甚"、"又裁节邮传冗费，士大夫出其境率不得供顿"，当然会"由是怨颇兴"。第四件事是，"廷臣自杨最、杨爵得罪后，无敢言时政者。四十五年二月，瑞独上疏，帝得疏，大怒，抵之地，顾左右曰：'趣执之，无使得遁。'"海瑞这次得罪的是大明王朝的一把手——皇帝。第五件事是，"三年夏，以右佥都御史巡抚应天十府。属吏惮其威，墨者多自免去。有势家朱丹其门，闻瑞至，黝之。中人监织造者，为减舆从。"海瑞名声在外，居然没有人愿意做他的下属，并且作为当地"经济中坚力量"的富绅也不敢露富，真不知海瑞如何发展当地经济。第六件事是，"诸司素偷惰，瑞以身矫之。有御史偶陈戏乐，欲遵太祖法予之杖。"结果自然是"百司惴恐，多患苦之。"

　　看到海瑞与同僚的如此关系，我感到很不是滋味儿，海瑞以身作则，精神可嘉，但酷似只身挡风车的堂吉诃德，面对这个与他作对的世界，他又能取得什么成果呢？如果大家都像海瑞那样，这个社会当然会很好。但现实情况却不是这样，海瑞也不能被官场所容——同僚不断弹劾他，皇帝也只能给他个闲职。海瑞的做法不能见容于大明王朝，大明王朝最终也只能灭亡。我们固然希望海瑞的精神能始终发扬光大，但也希望海瑞在处理同僚关系时能变通一些——毕竟你要和同僚一同组成官场生态，这就像营销人员要处理好与所有客户的关系一样，你不能和一部分客户关系处得如鱼水一样，而与另一部分处得却形同水火。海瑞与同僚的关系处得如同水火，结果就不能与老百姓的关系处得如鱼水一样了——你连官职都保不住了，怎么还能在重要的位置上为老百姓服务呢？

第十二节　调动多方力量向客户打一通"营销组合拳"

在任何一个社会，尤其是现在这样一个高度全球化、网络化、商业化的社会，任何问题都是系统性的。我们解决任何问题也都需要系统性的思维和系统性的手段。孤立地看待某个问题或事物，往往把握不到问题或事物的实质及全部。营销也是如此。如果试图仅靠一个时间段的营销活动或仅靠某一种方式就想把一个理想的客户营销到位，恐怕是不现实的。

从时间上看，需要营销人员持续不断地开展营销活动。这主要是有三个方面的原因：一是客户的需求是不断变化的，或者说是要逐步扩大的，营销人员试图仅凭一种产品是无法牢牢抓住这个客户的，必须通过持续地营销，不断把新产品营销给同一个客户，才能不断满足这个客户"日益增长的需要"。二是市场经济条件下，有很多家银行在竞争同一个客户，我们如果稍有懈怠，就容易被其他银行"乘虚而入"。三是与客户关系、感情的培养需经过长时间的努力，只有经过若干个能巩固彼此关系的事情的考验，双方关系才能更进一步，亦即所谓"日久见人心"。

在营销方式上也要多种多样，且需组合使用。《战国策》记载了一个"三人市虎"的故事。庞恭和魏国的太子要被魏王送到赵国去做人质，担心从此以后被魏王疏远，就给魏王讲道："今一人言市有虎，王信之乎？"魏王说当然不信。庞恭又说："二人言市有虎，王信之乎？"这时候魏王有点犹豫了："寡人疑之矣。"庞恭接着又问："三人言市有虎，王信之乎？"这时候魏王终于相信了："寡人信之。"——一个人说，你可能不信；两个人说，你就会怀疑；三个人说，你就有可能相信。这也是"众口铄金"的意思。果不其然，庞恭和太子走后，很多人就开始议论他们的不是，魏王耳朵根子发软，当然就相信这些捕风捉影的议论了。等庞恭回来时，果然"竟不得见"。由此可见"众人都说（做）同一件事"的重要性。这给我们的营销活动以诸多启示，比如调动多种关系去接近某一个客户、运用多种方式去营销某一个客户，向客户提供多种产品等。通过多种营销方式的集中"轰炸"，不愁客户最后不"投降"。

后 记

为银行从业人员编写一套实用性较强的营销类图书，是我多年来的心愿。当这个心愿终于完成的时候，原以为会心潮澎湃，没想到内心却出奇的平静。关于业务方面的事，在这套书中，我能说到的，基本上都力所能及地说到了。作为后记，还是聊些别的吧。

自1997年博士毕业至今，将近20年了，俯仰之际，韶华尽逝，我的心境也在不知不觉中发生了重大变化。曾经的希冀早已不在，躁动的内心也已平复，只有奋力写作时才能依稀看到那个曾经努力追求、不敢懈怠的自己。从第一本关于银行营销的专著出版，到今天这套丛书的最终完稿，既为兴趣、责任所驱使，又属"寄兴托益"之作。此时最希望表达的，当是对许多人的谢意。

我要感谢我的家人。父母亲对我关爱有加、呵护倍至、以我为豪，二老恭俭仁爱、勤劳善良、与人为善，影响我终生。我与爱人田一恒相识、相恋于学校，相倚、相扶于社会，我们鹣鲽情深、恩爱逾常，她是我今生的最爱。宝贝女儿宋雨轩从出生给我们的家庭带来了无尽的生机与快乐，成为我们夫妻今生和睦如初、努力进取的不尽源泉。现在孩子已是一名中学生了，衷心希望她能一如既往地健康成长，在人生之路努力追求、勤奋耕耘，不断取得进步，对人生抱以积极向上、乐观豁达的态度，也对社会做出持续多样、价值颇大的贡献。

我要感谢我学生时代的各位老师，他们让我经常回忆起那登攀书山、泛舟学海、无所顾虑、力争上游的求学好时光。尤其我的博士导师吴世经先生，他在新中国成立前就很知名，在20世纪八九十年代的国内工商管理教育界德高望重，但他并不因为我没有背景、当时仅仅是个23岁的年轻人就拒绝录取。永远忘不了先生冬日里在膝盖上盖个小毛毯，在家中手捧英文原版营销学教材为我一人讲课的情景。"云山苍苍，江水泱泱。先生之风，山高水长"，先生在我毕业不久就仙逝了，但先生逝而不朽、逾远弥存。我想只有继承了先生的品格，才是对先生最好的报答。

我要感谢参加工作以来遇到的各位好领导、好同事。高云龙先生是清华大学博士，多年来担任政府高官和企业高管，他节高礼下、修身施事、学识渊博、思路开阔，待人接物充满君子之风，德才雅望、足为人法、俊采懿范、堪为人效。吴富林先生是复旦大学博士，多年来担任金融企业高管，他理论素养丰厚、实践经验丰富、德行为同人所敬仰，做事为人，亦皆所称誉，其言约而譪如，其文简而意深，吾辈望之弥高而莫逮。此外，尚有余龙文、张岚、王廷科、阎桂军、李晓远、孙强、张敬才、孙晓君、周君、宁咏、赵红石、陈凯慧、韩学智、黄学军、王正明、周江涛、宋亮、丁树博、王浩、陈久宁、王鹏虎、赵建华、耿黎、申秀文、郝晓强、张云、秦国楼、李朝霞、杨超、李旭、王秋阳诸君，这样的名单还可列出一长串。从他们身上，我学到很多东西。

我要感谢经济管理出版社的谭伟同志。我和他几乎同时参加工作，我的博士论文就是在他的青睐下公开出版的。这些年来，他经常督促我把所思所想记录下来并整理成书出版。在书籍撰写和学术交流中，我们成了很好的朋友。

借本套丛书出版的机会，对所有曾经关心过我及这套丛书的朋友，以及为写作本书而参考的众多书目的作者，我也致以衷心地感谢。希望通过这套丛书的出版，能够结识更多的朋友。我一如既往地欢迎各位读者朋友与我联系、交流。我的联系电话常年不变：13511071933；E－mail：songbf@bj.ebchina.com。

我还要感谢为本丛书出版而辛苦、细致工作的各位编辑，没有他们的努力，这套丛书也不可能如此迅速且高质量地面世。

"年寿有时而尽，荣乐止乎其身，二者必至之常期，未若文章之无穷。"对于古人如此情怀，我虽不能至，但心向往之。我深知我所撰之书，无资格藏之名山，但能收之同好，心愿足矣！

岁月不居，时节如流。四十又三，忽焉已至。"浮生若梦，为欢几何？"人之相与，俯仰一世，如白驹过隙。转瞬之间、不知不觉中我渐渐变成了我曾经反对的那个人。有感于斯，就把这套丛书献给自己吧，就算是送给自己进入不惑之年的一份礼物，也算是对已逝时光的一种追忆。

"往者不可谏，来者犹可追。"多年来的读书生涯，让我养成了对"问题研究"的"路径依赖"。作为一名金融从业者，我会继续以我的所知、所悟、所想、所做，帮助银行从业人员更加卓有成效地开展工作。就我个人而言，东隅已逝、桑榆未晚，我将秉承知书、知耻、知乐、知足的"四知"理念，积极探究未知领域，讲求礼义廉耻、为适而安，努力向上。

言有尽而情无终，唯愿读者安好！

宋炳方

2014 年 3 月